幸せになるための
心理学ワークブック

実践的に心理学を学ぶ

中坪太久郎 編

ナカニシヤ出版

A Psychological Workbook
for Your Happiness
Edited by Takuro Nakatsubo

はじめに

本書のねらいと構成

　本書のねらいの1つめは，特に，発達・社会・臨床といった，「応用的・実践的心理学の概要を理解し，それぞれが心理学全体の中でもどのように特徴的で多様なテーマをもって研究・実践されているのかを把握すること」です。本書のねらいの2つめは，実践的に心理学を学ぶという観点から，「『幸福感』という比較的新しい心理学での研究テーマを軸とし，心理学の各領域における理論，使われ方，考え方等について理解をすること」です。

　これら2つの目的のために，本書では「実践編」と「理論編」を設けました。「実践編」では，幸福について考える際の視点（または切り口や立ち位置）で3つのパートに区切って，各心理学領域についてみていくことにします。また，「理論編」では，幸福という言葉を聞いたときに疑問に思うようなテーマを取り上げて，心理学的な解説を行っていきます。

本書における幸福の定義についてのスタンス

　心理学において，研究や実践のテーマとなる概念に関する定義を行うことは重要なことです。実験や調査で用いる尺度が何を測定するものなのか，前提となる概念の定義がなければ，目的と結果に整合性をつけるのが難しくなります。もしみなさんが幸福感に関する研究を行う場合には，最初にその研究における幸福感の定義を明確に述べた上で，問題設定に合致するデザインや尺度を採用する，または必要に応じて尺度の作成や修正を行い，データを収集する，ということになります。また，概念自体を生成するようなアプローチであれば，そのことを最初に述べておく必要があります。これは心理学が科学として進歩するために重要な学問的ルールと考えることもできるでしょう。

　これまでの幸福感に関する心理学研究においても，このような学問的なルールに沿った研究が多数行われてきており，それは「人間の幸福に関する科学的知見を蓄積する」という，ポジティブ心理学が目指す一つの形とも言えます。しかし，一つの定義や尺度を用いることによって，そこに入りきらない幸福にまつわる行動や思考や感情が出てくることもみなさんにはぜひ理解しておいて欲しいと思います。心理学を学んだ成果として，幸福度ランキングをみて「この国は幸福なんだ！」と単純に受け取ることには慎重になって欲しいということでもあります。例えば，幸福を「快感情」と定義する研究もあり，気持ち良いと感じられるような感情（ずっと遡ればそのような感情を生じさせる脳内物質の量や変化）こそが幸福だという説です。しかし，これについては既にノージック（Nozick, 1974 嶋津訳，1995）による「経験機械」という思考実験などによって反論がされています。あるボタンを押しさえすれば快感情を感じ続けられるとしても，多くの人はただボタンを押すだけの生活には満足しないのです。そのため，幸福を「人生満足度」という捉え方で研究する人たちもいますが，これにも「では好きなときに好きな欲求を満たせればそれで幸せか」「満足と幸福は同義か」といった議論があります。

　このような前提に立つと，概念の定義のしにくさという点において，幸福を心理学の研究や実践のテーマとすることがいかに困難かということが想像できるかと思います。同じように，愛や意識，正義といったテーマも定義がしづらく，なかなか心理学のテーマとして発展させにくいものです（もちろん要素をできるだけ細分化したり，テーマを限定して研究対象としたものはたくさんあります）。心理学

が幸福感研究に取り組むのに長い時間を要したのは，このような学問的な扱いにくさから心理学が避けてきた歴史とも考えられます。そのため，幸福に関する研究は哲学の分野で長い間，そしてこれからも議論されるテーマでもあります。しかし，日常的，実践的な観点から言えば，心理学にとって幸福感研究に取り組むことが避けられなくなったとも言えます。

　避けられなくなった理由の一つとして，心理学，特に応用の心理学が人の生活に根ざした学問であるということが挙げられるでしょう。例えば臨床心理学のことを考えてみます。「知能」という概念がありますが，これも研究や道具によって実に様々な定義がされる概念です。それでも，世界中のサイコロジストが知能検査を使い，クライエントの知的領域への理解から援助を行うことができるのは，ウェクスラー式やビネー式のような知能検査がその検査で測定される能力（知能）に関して操作的定義（この検査では知能を○○と定義することにしますという宣言）を行っていることに依ります。したがって，知能について語るときにはどの検査（どの操作的定義）で測定されたものについて語っているのかを明確にして話すことが本来は必要であると言えますが，おそらく多くのクライエントにとっては知能の定義よりも現在の苦しみが軽減されることの方が重要でしょう。

　心理学における幸福感研究の高まりも，どちらかと言うとこのような現場（日常生活）からの要請が大きいのかもしれません。幸福の得点が国の豊かさを表す指標として用いられるようになるなど，人々にとって重要な概念であるからこそ，心理学がきちんと研究テーマとして扱っていく必要が出てきたとも考えられます（心理学がきちんと扱うようになったことで重要な指標になりつつあるとも言えなくもないでしょう）。このような学問的に扱うことの難しさと，日常的・実践的な必要性の間での格闘は，今なお心理学における幸福感研究の中で続いていると言えます。

　以上を踏まえて，本書では全体の章に共通するような明確な「幸福感に関する定義」を行っていません。現在の幸福感研究を取り巻く心理学の状況と，今後みなさんが自分の研究や生活に幸福感の心理学的知見を活かしていくことを考えて，一つの定義に頼らずに解説していくことのメリットの方が大きいと考えました。学問的にはこのような多様性を新しい幸福感研究を行うための基礎知識として活用してもらい，日常的には気に入った内容を自分が幸福に生きるためのヒントとしてください。

　本書の副題が「実践的に心理学を学ぶ」である通り，この後に続く章では，一つの定義や尺度には収まりきらない，これまでの心理学の歴史で様々に考えられてきた幸福の形や枠組み，心理学理論と幸福とのつながりなどが紹介されます。例えばある章では，「幸福になるような行動」として定義された説明がされます。またある章では，「このような状態や現象は幸福といっていいのでは？」といった提案がされます。ぜひ，心理学が幸福感研究に取り組むことの背景にある多様性や困難についてみなさんも知ってください。先達の心理学者が心という目に見えないものを「行動」という物差しで測ることを思いついたように，幸福についての心理学的定義についても，一定の見解とそれに対する反論といった歴史が繰り返されると思います。そして，この本を読んで様々な幸福の捉え方や形があることを知った後には，既定の尺度で幸福を測ることを超えて，オリジナルな幸福の定義による新たな研究の展開や，みなさん自身の自己理解が生まれることを願っています。そしてそれは，みなさんが毎日を，これからの人生を生きる上でも，実践的に大きな糧になると思っています。

引用文献

Nozick, R. (1974). *Anarchy, state, and utopia*. New York: Basic Books.（嶋津　格（訳）（1995）．アナーキー・国家・ユートピア—国家の正当性とその限界—　木鐸社）

目　　次

実　践　編

Part Ⅰ　ハピネスの心理学

理　論　編

第0章　心理学的に幸福を考えるために

中坪太久郎

この章では，この後の章を読み進めるためにみなさんに知っておいて欲しい，心理学における幸福感研究の概要について紹介したいと思います。幸福という用語の心理学での使われ方と幸福感研究の現在の状況を理解することで，この後に続く章を読み進めるためのヒントとしてください。

第1節　「幸福」という用語の使われ方

はじめに本書のテーマでもある「幸福」という言葉について考えてみたいと思います。「幸福」という用語は一般的によく用いられる言葉であり，品詞で言うと名詞または形容動詞として使われます。「幸せ」という場合にもほぼ同義で使われることが多く，幸福な人生，幸せになりたい，のような表現がされます。幸福の類義語を調べてみると，果報や幸い，仕合せのようなものが出てきますが，日本語のバリエーションはそれほど多くありません。一方でハッピーやラッキーのような言葉も浮かんできます。日本人であっても，元々は外国語であるこれらの言葉を幸福の表現として使うことも多いようですが，語感としてはやや軽い印象になるでしょうか。幸福にまつわる用語の，心理学での使われ方に関しては，実は英語の方が難しい問題を孕んでいます。幸福の英訳を引くと，「eudaemonia」，「happiness」，「well-being」といった言葉が並びますが，心理学の幸福感研究ではこれらの用語がどのように使い分けられているのでしょうか。

(1) エウダイモニアとは？

最初の「eudaemonia」（エウダイモニア，ユーダイモニア）はみなさんにはあまり馴染みのない用語かもしれません。その起源は，ギリシャの哲学者アリストテレスがニコマコス倫理学において，人間の行動の目的となる善の中で最も優れたものを最高善と名づけ，その最高善にあたるものを幸福とした（長谷川，2018）ところから始まります。その上で，人の幸福とは人間らしい諸機能の達成のことだというアリストテレスの思想を「エウダイモニア主義」と呼んでいます（森村，2018）。思い切って簡潔に言うならば，「有意義な人生を送っていること」と言えるかもしれません。

この「eudaemonia」の概念を直接的に用いた心理尺度もいくつかありますが，その多くは「hedonia（ヘドニア）」または「hedonic（ヘドニック）」とのセットで使用されます。これは，ライアンとデシ（Ryan & Deci, 2001）が，「幸福感（原文は well-being）という概念は，①幸福（原文は happiness）に焦点を当て快楽の達成と苦痛の回避の観点から幸福感（原文は well-being）を定義する<u>ヘドニック・アプローチ</u>と，②人生の意味と自己実現に焦点を当て人がどの程度完全に機能しているかという観点から幸福感（原文は well-being）を定義する<u>エウダイモニア・アプローチから成る</u>」（カッコと下線および数字は筆者挿入）と述べているように，心理学ではよく用いられる2要因による幸福感の説明と言えます。これら2つの因子からなる幸福感について内田（2020）は，主観的幸福感が「短期的な瞬間的・感覚的喜びあるいは快感情（ヘドニア）と，長期的な視点でみて人生における意味や方向性を感じること（エウダイモニア）」に分けて議論されることがあるとし，ヘドニアを「快楽主義」，エウダイモニアを「生

きがい追求主義」とまとめています。一方で，浅野ら（2014）の，快楽追求（hedonia）と幸福追求（eudaimonia）の観点から成る，幸せへの動機づけを測定する尺度（Hedonic and Eudaimonic Motives for Activities（HEMA）尺度）の日本版開発においては，オリジナルでは快楽追求と幸福追求の信頼性はいずれも高く，互いの相関も中程度にとどまっていたものの，日本版においては快楽追求が「喜び追求」と「くつろぎ追求」として独立しており，「幸福追求」を加えて 3 因子で構成されたことが報告されています。このことから，幸福感がいつでも「エウダイモニア」と「ヘドニア」の 2 因子のみで成り立つかどうかについては今後の検討も重要と言えるでしょう。それでも幸福感研究全体でみれば，「eudaemonia」という表現を用いるときは，元来のアリストテレス的な意味を包含しながら，快楽的な側面（ヘドニア）との対概念の文脈で，「生き方や姿勢としての幸福感」を意味するものとして使われることが多く，幸福感を説明する概念の一つという理解が主流な考え方となっています。

(2) ハピネスとは？

　次の「happiness」（ハピネス）は私たち日本人にも馴染みのある言葉と言えるでしょう。辞書では幸福，満足，喜びのような意味が挙げられています。心理学の幸福感研究の中でもよく用いられますが，後で触れる well-being との関連については，幸福（happiness）と well-being はきわめて近接した意味をもつ概念であり，必ずしも厳密な使い分けがなされていない（大坊，2012），ウェルビーイング（well-being）は客観的に定義されて測定されることがある（例えば，基本的なニーズを満たすのに十分な資源や教育の機会，環境汚染物質がないことなど）一方で，主観的に定義されることもあり，研究論文では「幸福（happiness）」，「主観的ウェルビーイング（subjective well-being）」などの用語がしばしば互換的に使用されている（Butler & Kern, 2016）と言われています。実際，幸福感研究で用いられる尺度についても「happiness scale」や「well-being scale」があり，また「happiness or psychological（または subjective）well-being」といった表現もよくみられます。大石（Oishi, 2013）はこの「happiness」と「well-being」の使い分けの始まりについて，ディーナー（Diener, 1984）の主張を用いながら「happiness の概念は捉えどころのないものであった。Ed Diener は，happiness という用語が曖昧であるため，happiness とは対照的な，科学的な用語としての SWB（subjective well-being）の使用を提唱した。一方で，SWB に関する研究が心理学の分野で一般的になると，happiness という言葉を使う研究者も出てきた。しかし，幸福（happiness）の意味についての根本的な疑問はほとんど検討されていない」と説明しています。

　以上のことから，これらを特に区別せずに日本語では「幸福」として扱うこともできますが，上記のライアンとデシの主張ではこれらの用語が区別して使われているようでした。もし日本語でこれらを区別しないでいると，「幸福に焦点を当てて幸福を定義する」となり，よく意味がつかめません。さきほど登場した幸せ博士とも言われるエド・ディーナーも，「subjective well-being（主観的幸福感）」を構成する要素の一つとして「happiness（幸福）」を挙げており（Diener et al., 1999），これらを明確に区別しています。さらに，ポジティブ心理学の創始者であるマーティン・セリグマン（Seligman, M. E. P.）も，「幸福理論」と「ウェルビーイング理論」として分けて解説しています（Seligman, 2011 宇野訳 2014）。デシもディーナーもセリグマンも幸福感研究ではよく著書や論文が引用される研究者ですが，これらの表現から考えられることは，人が一般的に感じる感情や日常用語としての幸福については「happiness」と表現し，subjective に限定せずとも尺度で測れるような構成概念として学問的に幸福感を指す場合には「well-being」を用いているようです。これは使われ方の一つの例ですが，英語で書かれたものを読むときには注意が必要だと言えるでしょう。

(3) ウェルビーイングとは？

　最後に，「well-being」について，ウェルビーイング自体の辞書的な意味は，良好な状態，満たされた状態とされています。これも日本語で幸福感またはウェルビーイングとそのまま書かれることもありますが，いまいちカタカナだけではピンとこないかもしれません。しかし「happiness」との違いのところで述べたように，心理学で「幸福感」という概念を用いる場合にはこの「well-being」を使うことが一般的になっています。さらに「well-being」の前に「psychological」や「subjective」を付けて用いる場合も多くあります。「psychological well-being」と言ったときには「心理学的なウェルビーイング（幸福感や満足感）」と訳されるので，心が満足している良好な状態とか，心理学領域でのウェルビーイングのように，文脈に即して考えてもらえばいいと思います。一方で「subjective well-being」と言うときには，「主観的ウェルビーイング」「主観的幸福感」と訳されます。「主観的」なので，その人が客観的にお金持ちか，嬉しそうな顔をしているかではなく，個人がどう感じているかが重視されます。この主観的幸福感（subjective well-being）を用いた研究は，「どれくらい自分の人生に満足しているかやどれくらい頻繁に幸せを感じるかの判断自体は，個人の価値観によって判断してもらい，研究者の価値観（何が幸福感なのか）を押し付けない方法である（大石，2009）」とされています。また，主観的という表現について島井ら（2004）は，「これまでの幸福感に関する研究について整理してみると，一部には，主観的な，あるいは，心理的な評価を避けようとする方向性があったように思われる。（中略）つまり，幸福感は，基本的には主観的な過程であるので，客観的な条件から幸福感を推定する方法を考案するのではなく，むしろ幸福感についての心理社会的研究を盛んに行うことによって，その基礎的事実を明らかにするべきだと考えられる」と述べており，やはり幸福感研究においては「主観的」であることが重要視されているようです。これは幸福がごくごく個人的なものであり，そのバリエーションも多岐にわたるものでありながら，それでも心理学的に一定の定義をもって研究対象とするための，現状ではとりあえず有効な一つの答え（方法）と言えるでしょう。

　また，「subjective well-being」を測る尺度として「The Satisfaction With Life Scale: SWLS（Diener, 1985）（日本語版は『人生に対する満足度尺度（角野，1994）』）」があります。この尺度は項目数が 5 項目と少ないこともあって非常に多くの国や地域で用いられていることや，信頼性や妥当性に関する検証も積極的に行われている（大石，2009；Diener, 2013 など）ことから，幸福感研究でよく使われる尺度の一つです。この尺度では，主観的幸福感（subjective well-being）を測定するために，人生における満足度（satisfaction with life）が用いられています。主観的幸福感の測定に人生への満足度を用いることについて大石（2009）は，トロント大学のサムナー教授（Sumner, L. W.）の「ウェルビーイングを理解するうえで，人生の満足度が誰にも共通の尺度を与えてくれる数少ない概念のひとつである」という主張を用いた上で，人生の満足度はウェルビーイングの指標としてほぼ普遍的に有効であるという意見に同意すると述べています。「subjective well-being」を「主観的幸福感」と訳して用いることは大きな問題はなさそうです。より安全に訳すのであれば，「主観的ウェルビーイング」でしょうか。一方で「(subjective) well-being」が必ず「人生満足度」という訳ではなく，また，単に「well-being」と言ったときには主観と客観の両方の指標が用いられることがありますので，その尺度がどのような定義で「well-being」を測定しようとしているのか確認しておく必要があります。

第 2 節　幸福感研究の現在

　これまでも心理学における幸福感研究が新しいものであることは述べてきました。一方で，過去にも

幸福に関する研究は行われており，例えばウィルソン（Wilson, 1967）は，それまでの様々な関連する研究データに基づいて幸福（ここでは avowed happiness: 自認された幸福，と表現されています）な人に関する記述を行っており，「幸福な人とは，若く，健康で，高学歴で，高給取りで，外交的で，楽観的で，心配事がなく，信心深く，結婚していて，自尊心が高く，仕事へのモチベーションが高く，控えめな願望をもっていて，男女問わず，幅広い知性を有している人である」と述べています。

　歴史的にみると，心理学では幸せという問題は，つい 30 年ほど前まで，研究に値するような現象とはみなされておらず（大石，2009）（筆者注：2009 年の 30 年前なので約 40 年前くらいでしょうか），1980 年代前半までは心理学においても主観的な幸福に切り込むことは難しいと考えられる傾向があり，客観的な観察が可能なデータの測定が研究の主流でした（内田，2020）。「well-being」や「happiness」をキーワードに検索してみると，特に 1990 年代後半から研究の数がぐっと伸びてきている（内田，2020）と言われているように，この時代が心理学における幸福感研究の転換点だったと考えられます。初期の研究者の多くは，それまでの心理学における幸福感研究に対する批判として，（主観的な指標ではあるが）科学的実証的な根拠に基づく「幸福の定義」を行うことを試みたと言えます。研究の前提となる概念の提案（とその構成要素の説明）に加えて，もう一つの実証的に検討していくための道具としての尺度を開発，検討することで，幸福感に関する心理学的知見を現在まで積み重ねてきています。

　幸福感研究を取り巻く状況が現在のように変化した理由は様々に考えられますが，一つは本書のテーマでもある「実践的」な理由が思いつきます。第二次世界大戦が終わって 70 年以上が経ちますが，戦争の傷跡が残る社会においては，経済的な復興や物質的豊かさが目指されました。そのため，経済的な豊かさを表す GDP（国内総生産）などの指標は，国や地域の発展や権威を表すものとして重要な役割を果たしてきました。一方で，戦後長い時間が経ったことで，人々が経済的な豊かさだけではない指標を重視するようになったと言えます。現代に生まれ育ったみなさんにとっては当たり前の話ですが，街の住みやすさや会社の働きやすさなど，安定・安心感につながるような指標が必要になってきました。ここ数十年の幸福感研究の高まりは，このような実践的理由から考えることもできるでしょう。

　変化が起こった理由のもう一つとして，幸福を測定する道具（概念や定義や尺度）が開発されたことが挙げられるでしょう。いくら人々の関心が高くても，心理学では道具がなければ実証的に検討することはできません。心理学調査で最もよく使われる主観的指標は，人生に対する主観的な評価を表す「人生満足感尺度」，「感情経験を調べる尺度」，「はしご型尺度」とされています（内田，2020）。このような頻繁に用いられている尺度をみていくと，現在の心理学における幸福感研究がどのように扱われて進められているのか推測することができます。まず，人生満足感尺度については，ウェルビーイングの中核にあるのは何が理想の人生なのだろうかという問いであり，理想の人生を歩んでいる人は自分の人生に満足している人である（大石，2009）との前提から，人生への満足度によって主観的幸福感を測定する，というものです。次の感情経験については，幸福感の構成要素には感情的側面と認知的側面の 2 つがあり，感情的な側面としては快感情を有していることと不快感情がないことが，認知的な側面としては人生満足感が挙げられる（橋本・子安，2012）ことから，幸福感を 2 つに分類したときの片輪を成すものと言えます。最後にはしご型尺度についてですが，これを使った最も有名な調査はアメリカの調査会社であるギャラップ社のデータを用いて報告されている「World Happiness Report」（Helliwell et al., 2020）です。毎年 1 回報告されていますが，そこでは調査対象者に 0 から 10 までの番号（可能な限り最悪の生活を 0，最高の生活を 10 とする）が付けられたはしごの上での自分の現在の幸福の位置を想像してもらうという「Cantril のはしご」の質問への回答によって個人の人生の評価を行っています。ここで得られた幸福度について，経済的指標やソーシャルサポートなどの 6 つの説明変数が幸福度にどの程

度影響をもつのか検討がされます。自分の幸福度についての位置を聞かれるというたった一つのシンプルな質問ですが，世界中の国で調査が行われていることもあり，幸福感研究でも主要な方法の一つとなっています。

　このような歴史的，研究的発展を踏まえて，現在では幸福感に関する知見が様々な分野で利用されるようになってきています。内田（2020）は，幸福感研究が「政治や経済の実社会のなかにもインパクトをもちはじめた」と指摘した上で，日本においては内閣府が 2010 年に「幸福度に関する研究会」を発足させ（現在は解散），国際的には経済協力開発機構（OECD）による指標の作成，幸せの国と言われるブータンの GHH 指標（国民総幸福度）等が注目を集めていることを紹介しています。

第 3 節　本書の読み進め方について

　用語の使われ方をまとめると，エウダイモニアはヘドニアとセットで用いられることも多い用語であり「人生の意味と自己実現に焦点を当てて，人がどの程度完全に機能しているかという観点で，主に認知的側面から幸福感を構成・説明するもの」と言えます。ハピネスとウェルビーイングは同じように使われることも多いようですが，ハピネスは個人の状態や感じるものとしての「幸福」を指し，ウェルビーイングは学問的な構成概念としての「幸福感」を指す，と理解しておくのがよさそうです。また，ウェルビーイングは個人の価値観を用いるために「主観的ウェルビーイング（幸福感）」という表現をすることが多く，例えば世界的によく使われる尺度においては「自分の人生に対してどの程度満足しているか，といった観点から測定される」ものとして考えられていると言えます。したがって，用語間のつながりとしては，ウェルビーイングという構成概念の中にエウダイモニアおよびハピネスという下位概念があり，人が日常で感じたりもっていたりする幸福を指す場合についてはハピネスという表現をする，としておくと用語で混乱せずに済みそうです。また，日本語の表現については「幸福観」という表現もありますが，これは「幸福感のメタ理論ともいえる『文化的幸福観』」（内田・荻原，2012）のように，幸福感を俯瞰してみる（観は人間観，人生観のような使われ方）際に用いられます。

　以上のようなとりあえずのまとめ方を踏まえて，本書でもこのような分類方法を見取り図として採用し論を進めていきたいと思います。実践編のパート 1 は，自分の幸せに関するワークの内容なので「ハピネス（幸福）の心理学」として紹介していきます。パート 2 は，自分も含めた社会に関するワークの内容なので「ウェルビーイング（幸福感）の心理学」として説明していきます。最後にパート 3 は，個人と社会（他者）との相互作用に関するワークの内容なので「ハピネス×ウェルビーイングの心理学」として解説していきたいと思います。なお，ウェルビーイングを扱うパート 2 とパート 3 においては，「主観的（subjective）」ではない，外的客観的な指標によるウェルビーイングの内容も含まれますので，各章がどのような幸福感を想定し扱おうとしているのか確認した上で読み進めてください。

第 4 節　この章のまとめ

　第 0 章では，この後の章を読み進めるための基礎知識として，「幸福」という用語の使われ方やその心理学での扱われ方等についてみてきました。「はじめに」で述べた通り，本書内では明確に共通した幸福感の定義を行っていません。その理由は，現在の心理学における幸福感研究が多様であること，そして今後みなさんが，一つの見方にこだわらずに，心理学における幸福感研究を進めたり，得られた知識を自分の生活に役立てられるようになることが筆者たちの願いであるためです。第 0 章で書かれてい

る内容は，みなさんが幸福について考える際のきっかけでしかありません。一方で，心理学が「幸福」というたった一つの言葉にどれだけ苦労しているか，そして価値を見いだしているかといった点についても知っておいてもらえればと思います。次から続く章で展開される心理学と幸福に関する知見については，とりあえず頭をクリアにして楽しんで読んでもらえることを望みます。

引用文献

浅野良輔・五十嵐祐・塚本早織 (2014). 日本版 HEMA 尺度の作成と検討―幸せへの動機づけとは― 心理学研究, *85*(1), 69-79.

Butler, J., & Kern, M. L. (2016). The PERMA-Profiler: A brief multidimensional measure of flourishing. *International Journal of Wellbeing, 6*(3), 1-48.

大坊郁夫 (編) (2012). 幸福を目指す対人社会心理学―対人コミュニケーションと対人関係の科学― ナカニシヤ出版

Diener, E. (1984). Subjective well-being. *Psychological Bulletin, 95*(3), 542-575.

Diener, E., Emmons, R., Larsen, J., & Griffin, S. (1985). The satisfaction with life scale. *Journal of Personality Assessmemt, 49*(1), 71-75.

Diener, E., Inglehart, R., & Tay, L. (2013). Theory and Validity of Life Satisfaction Scales. *Social Indicators Research, 112*(3), 497-527.

Diener, E., Suh, E. M., Lucas, R. E., & Smith, H. L. (1999). Subjective well-being: Three decades of progress. *Psychological Bulletin, 125*(2), 276-302.

橋本京子・子安増生 (2012). 楽観性とポジティブ志向が幸福感に及ぼす影響 心理学評論, *55*(1), 178-190.

Helliwell, J. F., Layard, R., Sachs, J. D., & De Neve, J.-E. (2020). *World Happiness Report 2020.* New York: Sustainable Development Solutions Network.

森村 進 (2018). 幸福とは何か―思考実験で学ぶ倫理学入門― 筑摩書房

長谷川宏 (2018). 幸福とは何か―ソクラテスからアラン，ラッセルまで― 中央公論新社

大石繁宏 (2009). 幸せを科学する―心理学から分かったこと― 新曜社

Oishi, S., Graham, J., Kesebir, S., & Galinha, I. C. (2013). Concepts of happiness across time and cultures. *Personality and Social Psychology Bulletin, 39*(5), 559-577.

Ryan, R. M., & Deci, E. L. (2001). On happiness and human potentials: A review of research on hedonic and eudaimonic well-being. *Annual Review of Psychology, 52*, 141-166.

Seligman, M. E. P. (2011). *Flourish: A visionary new understanding of happiness and well-being.* New York: Simon and Schuster. (宇野カオリ (監訳) (2014). ポジティブ心理学の挑戦―"幸福"から"持続的幸福"へ― ディスカヴァー・トゥエンティワン)

島井哲志・大竹恵子・宇津木成介・池見 陽・Lyubomirsky, S. (2004). 日本版主観的幸福感尺度 (Subjective Happiness Scale: SHS) の信頼性と妥当性の検討 日本公衆衛生雑誌, *51*(10), 7.

角野善司 (1994). 人生に対する満足尺度 (the Satisfaction With Life Scale [SWLS]) 日本版作成の試み 日本教育心理学会総会発表論文集, *36*, 192.

内田由紀子 (2020). これからの幸福について―文化的幸福感のすすめ― 新曜社

内田由紀子・荻原祐二 (2012). 文化的幸福観―文化心理学的知見と将来への展望― 心理学評論, *55*(1), 26-42.

Watson, D., Clark, L. A., & Tellegen, A. (1988). Development and validation of brief measures of positive and negative affect: The PANAS Scales. *Journal of Personality and Social Psychology, 54*(6), 1063-1070.

Wilson, W. R. (1967). Correlates of avowed happiness. *Psychological Bulletin, 67*(4), 294-306.

実 践 編

　第0章では，「幸福」という用語の使われ方について理解し，その上で，心理学における幸福感研究が現在どのような位置にあるのかについても解説しました。この実践編では，第0章で得られた事前知識をもとにそこから一歩進んで，心理学の各領域の概要を知り，その領域と関連した幸福感についての心理学的理解およびワークについて取り組んでもらいます。

　心理学の中で「幸福感」を扱うことには様々な困難があります。その難しさの一因として，研究領域や研究者によって「誰のどのような事象を幸福の内容として扱うのか？」といった定義が様々である，ということが挙げられます。日本は他の国と比べて幸福な国なのだろうか，大人と子どもはどちらが幸福なのだろうか，カウンセリングを受けることで人はどれくらい不安と距離を取って幸福を感じられるのか，といった問いは，誰しもが抱きやすい疑問であり，心理学の中でも扱われるものです。しかし，同じように幸福をテーマとしていても，その主体や切り口によって全く違う研究領域になり得ますし，データの収集や分析の方法も変わってくるものです。

　このような心理学で幸福を扱うことの難しさに対して，ある特定の切り口や定義をもって考えていく方法もあると思いますが，本書では心理学の多様性や全体像を理解するという目的から，あえてそれらを残しながら大枠としての区分を設けて解説していくことにしました。そのため，直接的に「幸福」という概念だけでは括りきれない部分もたくさんあります。一方で，各領域の概論（その分野はどのような研究テーマをもっているのか）と幸福について考えるワークの2点については，実践編での各章で共通して取り上げられています。概論については必要最低限の内容になっているため，関心が出てきた領域についてはぜひその領域の概論書や専門書を用いて詳しい学びにつなげてもらえればと思います。

　実践編は，「ハピネスの心理学」，「ウェルビーイングの心理学」，「ハピネス×ウェルビーイングの心理学」という3つのパートに分かれています。それぞれの内容についてはパートの最初に解説をしていますので参照してください。

　実践編では，みなさんが心理学と幸福について理解するために「実践してみる」ことが重要です。それぞれの章で準備されているワークに積極的に取り組んでみてください。それによって，誰かが決めたものではない自分なりの幸せのイメージと，心理学からみた幸福感の形がみえてくると思います。「自分なりの幸せのイメージ」と，「心理学からみた幸福感」のそれぞれを知り，それぞれがどのように関連するのか把握することで，本書のねらいである「心理学の各領域の基礎的内容を理解すること」と「幸福感が心理学の各領域でどのように用いられているのか理解すること」という目標が達成されます。これらの知識が，今後みなさんが自分の幸福について継続的に考えていく際の素材となることを期待しています。

Part I
ハピネスの心理学

自分の幸福について考えてみよう

　パートIでは，「自分」に視点を置いて，幸福について考えるワークが準備されています。例えば，「自分は何をしているときに幸福を感じるのだろうか？」「人とご飯を食べるとなぜ楽しいのだろう？」「家族といるときに幸せを感じるのは自分だけ？」「自分が幸福に生きていくためには自分自身のどのような点に注目するといいのだろうか？」といった疑問は，このパートIで扱われます。最初にこの内容を取り上げたのは，幸福感はきわめて個人的なものでもあることを知っておくためです。「あなたにとっての幸福とは何ですか？」という質問を100人にすれば，100通りの答えが返ってきます。ある人はお腹いっぱい食べること，と言いますし，ある人は家族が健康であること，と言います。北欧諸国の幸福度が高い，という情報を目にしたときに，そこには何千万，何億ものバリエーションをもった個人が存在することを念頭に置いておかないと，「じゃあ北欧の国に移住しよう！　そうすれば自分も幸福になれるんだ！」となりかねません。そして同じ個人であっても，行動の種類やそのときの気分によっても幸福感は変化します。そのような点を理解するために，まず読者のみなさんが自分自身を題材として幸福について考えてもらうことがパートIの目的です。

　パートIでは，臨床心理学，食行動，家族心理学，青年期を章のテーマとして挙げました。これらの章では主に自分の幸福について想いを馳せるのに役立つ内容や，自分自身について深く考えてみるためのワークが準備されています。心理学における幸福感の全体像を理解するために，まずは自分自身を研究素材として使ってみましょう。

第1章　臨床心理学と幸福

千葉浩彦

● 第1節　臨床心理学とは

(1) 臨床心理学の扱う「苦悩」と「幸福」

　はじめに，対人恐怖症（社交不安症）の女子大学生Ａさんに登場してもらいます。彼女は，いろいろな人と仲良くなって，楽しく豊かな大学生活を送りたい（幸福）という希望をもって大学に入学しました。しかし，高校生の頃から同級生の視線が怖くなって，思うように友達に関わることが難しくなり，学校にも行きにくくなったまま（苦悩）卒業し，かろうじて大学に来たのです。

> 　Ａさんは，悩み始めると同級生の評価が気になり，いろいろな小さな記憶がよみがえって，授業に集中できなくなります。「大学では，今度こそ明るく過ごしていきたい」という願いと，「いや，今まで人から蔑まれてきた自分が，何を出しゃばっているんだ！」という思いが交錯し，そうすると目の前の課題に集中できなくなり，単位取得に必要な課題の提出も遅れっぱなしです。

①ウェルビーイングの7つの基盤

　臨床心理学は，例えばＡさんの例にあるような「苦悩」を出発点としています。ポジティブ心理学を提唱したセリグマン（Seligman, 2011 宇野監訳 2014）も，初めはうつ病の学習モデルの研究をしていました。そのモデルを作り上げ，評価され，アメリカ心理学会会長になった年に，娘から，「5歳になって，もう泣き言を言わないと決めたの。…私が泣き言を止められるなら，パパも不機嫌になるのを止められるわ」と言われたそうです（Bannink, 2012 津川・大野監訳 2015）。その後彼は苦悩の仕組みを解明しただけで人の幸せに貢献できるわけではないと考え，ポジティブ心理学を提唱しました。その流れの中で，チャロッキら（Ciarrochi et al., 2013）は，ポジティブ心理学の重要要素として，表1-1の7つの基盤を挙げています。他の研究者は，「愛の能力」「リーダーシップ」「自己制御」「セルフコンパッション」「スピリチュアリティ」などの概念も提唱しましたが，重なるところが多く，この7つだけでも大きな矛盾はなさそうです。

表1-1　ウェルビーイングの7つの基盤

①「自己・他者・世界への機能的信念」とは，（自他を含む）「世界」に対して，自分に価値があると考え，問題には挑戦できると捉え，目標を達成できると信じることです。
②「マインドフルネス」は，自己の内外の感情・行為・思考の変化に常に気づいていることです。
③「視点取得」は，他者の視点に立つことができ，今の自分のあり方を距離を置いて眺め返すことができることです。
④「価値」は，自分が何を大切にして生きるかを分かっていることです。
⑤「体験のアクセプタンス」は，④の価値に沿って生きるために，苦悩や懐疑をあえてありのままに認めて受け容れてみることです。
⑥「行動のコントロール」は，失敗しても立ち直り（レジリエンス），自分の行動をコントロールし続けることです。
⑦「認知のスキル」は，注意をそらすような刺激を避け，論理的に推論できる力です。

②力動的心理療法の扱う「苦悩」と「幸福」

　臨床心理学の第 1 の源流は，フロイト（Freud, S.）の精神分析療法の流れを汲む，力動的心理療法です。ざっくり言うと，無意識の欲動（リビドー）が超自我によって抑圧されることで，神経症的な諸症状が現れるが，その抑圧を意識化することで神経症の治療ができるとします。7 基盤で説明すると，抑圧している事実に②マインドフルに気づき，⑦論理的に認知できるようになり，⑤体験を受け入れられるようになると，⑥行動も変わっていくということでしょう。また，精神分析的発達理論では，乳児期の親子関係において「基本的信頼感」を確立できるかどうかなどの発達課題の達成が，無意識の抑圧方法に影響を与えることも指摘されています。信頼感，自律性，積極性，勤勉性，同一性…などを獲得していくことが，「幸福」につながる，と言えるかもしれません。

③認知行動療法が扱う 3 つの「苦悩」と「幸福」

　科学的心理療法を標榜する認知行動療法は「苦悩からの解放」の 3 方策を提示しています。第 1 に，不安障害の原因は，不安が条件づけられることなので，治療原理はその消去であり，代表的技法がエクスポージャー法です。②マインドフルになって⑤体験をアクセプトし（受け入れ），⑥行動をコントロールして，不安を喚起する状況に立ち向かっていくことで不安を解放します。第 2 に，対人関係などの問題の原因は，適応的行動の無学習・誤学習であり，その対応方法は，対人スキルの再学習（SST など）ということになります。⑥行動をコントロールしたり，⑦認知スキルを獲得したり，③他者の視点を取得したりします。第 3 に，自動思考と呼ばれる，自己矮小化，世界の破局視，すべき思考などの硬直した思考が，ネガティブ感情の悪循環をもたらすので，ポジティブ思考に再構成しよう，というアプローチです。⑦認知のスキル，③視点取得などが中心でしょう。

④人間学的心理療法が扱う「苦悩」と「幸福」

　代表的な人間学的心理療法家であるロジャーズ（Rogers, C. R.）は，苦悩の根源として，実際に体験している感情や行動などの過程と，自己概念とが食い違ってしまうことを挙げました。しかし，人間はもともと，成長の可能性や自己実現傾向を有しているので，条件を整えて本来の可能性が動き出すようにサポートするのが，カウンセラーの仕事だとします。カウンセラーに受容・共感されることで，①自己・他者・世界への機能的信念が成長し，②マインドフルな気づきが促進され，④価値を明確化して，必要な⑥行動や⑦認知が動き出します。力動的心理療法，認知行動療法のアプローチとは異なり，ポジティブな心理的原動力をはじめから見据えてその力を頼みにするポジティブ心理学であるともいえるかもしれません。

⑤システム論的心理療法が扱う「苦悩」と「幸福」

　システム論的心理療法では，個人，家族，組織などのさまざまなシステムがもつ，互いにバランスを取る力を想定します。夫婦が意思疎通できなくなるなど，システム間の境界が硬くなりすぎると，変化への順応性が低下し，システムは固定化されて自己壊滅します。他方，親子が密着しすぎるなど，境界が緩くなりすぎると，システムを維持できなくなって，システム崩壊を招きます。偽解決といって，システムのバランスを直そうとするのに，かえって悪循環を拡大する動きは，家族療法などのシステム論的心理療法の最大のターゲットです。システムが本来もつ，調整や均衡化の力を引き出そうとします。この力を引き出すため，互いに②マインドフルになり，④家族の価値を見直して，システムを外から見つめる③視点取得を行ったり，課題に従って⑥別の行動を試してみたりして，悪循環とは別の⑤体験を

受け容れてみるように勧めたりしていきます。

（2）心理支援は，何を育てるのか
①治療関係は，何を育てるのか？

　このような各種の心理療法には，実は共通の支援要因があるとも言われています。心理療法の効果の源泉として，まずはカウンセラー（治療者）－クライエントの関係性が挙げられます（Lambert, 1992）。訓練された，経験のあるカウンセラーがカウンセリングを進めると，あたたかな治療関係が生まれ，その要因だけでも，クライエントに変化が生じ，成長が促進されると言われています。つまり，「悩み」が語られても批判せずにあたたかく受けとめ，迷っていても「それでいい」「何とかなる」と受けとめ，背中を押すことで，①自己・他者・世界への信念の機能を促進します。それは，クライエントが現在の⑤体験をありのままに受けとめる土台となり，新たな⑥行動を応援することになります。

②よい傾聴のスキル「主将で器用に」は，何を育てるのか？

　ほとんどの治療者の基本的な関わり方は，かなり共通していると考えられています。その中身についてミラーとロルニック（Miller & Rollnick, 2013 原井監訳 2019）の「動機づけ面接（motivational interviewing）」では，以下の4つの傾聴スキル（オー承で聞要に）であるとしています。第1の「オープンに聞く」スキルとは，yes-no question などの答が閉じられた質問ではなく，how, what, などの答が開かれている質問を多用することです。「あなたには社交性がありますか？」と聞くよりも，「あなたが社交的になるのはどのような時，どのような人に対してですか？」と聞く方が，豊かな展開が期待されます。第2の「承認・是認」のスキルは，つらくて，ネガティブな言動をとってしまうことも含めて，クライエントの立場・言動を肯定することです。「自分のからだを傷つけてはいけないと思うよ」ではなく，「自分のからだを傷つけないと爆発してしまいそうなくらい，どうにもならない，大きな何かに突き動かされたの？」の方が，クライエントの主体的な生き方につながりそうです。第3の「聞き返し」スキルは，クライエントの言葉に何と返すかです。次項に具体例があります。第4の「要約」スキルは，クライエントのひとまとまりの会話を要約して返すことです。カウンセリングの意味がまとまり，次のステップに進むきっかけとなります。このような「傾聴」をされたクライエントは，カウンセラーから理解され，受け容れられていると感じることで，①自己肯定感が高まり，②まわりの状況や，自分の感情により気づきやすく（マインドフルに）なり自己探索するようになり，次第に⑥行動や⑦認知のあり方を変えていきます。

③聞き返しは何を育てるのか？

　傾聴の中に，「聞き返し」がありました。クライエントの大切な言葉をほぼそのまま繰り返す，「単純な聞き返し」にも効果はありますが，複雑な聞き返しには，「両価性」の統合など，より複雑な効果が期待されます。多くの「苦悩」には，「Aでいいのか，それともBの方がいいのか…」といったような，矛盾する考え・感情・行動に関する葛藤（両価性）が含まれています。それを「両面」で聞き返されると，①機能的信念は肯定され，矛盾を抱えていること自体を⑤受け容れられ，③別の視点に立ちやすくなって，葛藤の統合に向けたエネルギーが引き出されやすくなります。

第 2 節　臨床心理学と幸福の関連― ACT によるアプローチから

　チャロッキの共著者ハリスは,『幸福になりたいなら幸福になろうとしてはいけない』(Harris, 2008 岩下訳 2015) という本も書いています。彼らの認知行動療法は, ACT (アクセプタンス&コミットメントセラピー) といいます。Aさんの例で, この本の主張をみてみましょう。

> 　Aさんは, 1 年生の春に, 同級生と一度目があって, 慌てて視線を外し, その後「変に思われているに違いない」という考えがすぐに浮かびました。その子だけでなく, みんなが私を馬鹿にしている, 嫌われているにちがいない, と根拠もなく思うようになりました。当然, 視線を合わせることはなく, 自分から人の目を見ることはありません。そういえば, 家族以外の生身の人の目を入学前に最後に見たのがいつだったか, はっきりしません。
> 　人の目を見ない時間が長くなるうち, 目の周辺を見るだけでも意識してしまって, 以前以上に視線が怖くなっていることに, カウンセリングの中で気がつきました。

(1)「幸福の罠」からの脱出方法―アクセプタンス

> 　「『見られているかも』って気づいたとき, どうしたくなるの?」とカウンセラーに聞かれ, 「ヤバイ!と慌てて視線をできるだけ遠くに移す」と答えたところ, 「まるで, "視線逃避スイッチ"をONにしてるようだね」と言われました。「そのスイッチの効果はあるの?」と言われましたが, かえって事態はひどくなっているような気がします。そう伝えると, 「そのスイッチを入れると, 全身に力が入って, 視野が狭くなって, 冷や汗がでて, 胸がドキドキするんだよね」と言われた言葉が図星でした。

　このように, 幸福になろうとがんばっているとき, ストレスとの「格闘スイッチ」を入れてしまい, かえって苦悩の悪循環から抜け出せなくなり, しかも泥沼にはまっていること自体に気づけなくなってしまうことがよくあります。そのとき, いったん立ち止まってみて, 「スイッチを切って」ストレス状況を受けとめてみることを, ACT では「アクセプタンス」と呼びます。幸福になろうとしないことが, 幸福への近道だというわけです。心を「開いて」アクセプトすることは, 7 つの基盤の⑤体験のアクセプタンスです。

> 　カウンセラーは, 「そのスイッチを, OFF にすることができる?」と訊ねました。思ってもみませんでした。スイッチを切ると, 同級生が話をしていたり, 本を読んでいたりする光景が見えます。でも, 別に私をバカにしたり, 排除したりしているようには見えませんでした。

　ACT では, 開く‐集中する‐着手する, という 3 つのプロセスで治療を進めますが, ⑤アクセプタンス (硬直した心を開く) は, その治療の第一歩です。

(2)「苦悩」と距離をとる, マインドフルネスエクササイズ

　1990 年代以降の臨床心理学の潮流の中では, 「マインドフルネス」の活用に焦点が当てられています。これは, 心理的問題の解明ではなく, 今ここの自分を意識して, 自分らしく生きる礎を築くものですから, ポジティブ心理学に属するということができます。マインドフルネスエクササイズとは, 今ここで起きていることに集中する体験です。呼吸に意識を向ける瞑想や, 「見えるもの・聞こえる音・皮膚に触れる感覚それぞれ 4 つずつを, 同時に同程度に感じてみる」エクササイズなど, 多数の手法があります。

> 　Aさんが試みたのは，「電車に乗ったときに，目に入る乗客数人を，一人に集中せずにできるだけ等分に注意を分散させて，一度に数人の様子を（なんとなく）観察する」という課題です。はじめはとてもドキドキしましたが，目を見る必要はないので，電車内に小さなドローンを飛ばしてその映像を見ているイメージにしたら，面白くなり，最近では聞こえてくる車輪の音，空調の音，車内アナウンスなども一緒に感じられるようになりました。

　悩んでいると，自然に悩みの方に注意が向いてしまい，「心ここにあらず」の状態となり，さまざまな悪循環に陥りやすくなります。しかし，マインドフルになる経験を積むと，「今ここ」に意識を戻せるようになり，自分の力を最大限に発揮しやすくなります。被害者・犠牲者・異邦人としての自己ではなく，「もう一人の自分」として，距離を置いて全体を眺める余裕をもてるようになるのです。ウェルビーイングの基盤で言えば，当然②マインドフルネスと気づきが促進され，③もう一人の自分などの視点取得がしやすくなります。

(3) ACTにおける「価値」の明確化

　通常の心理療法では，苦悩（Aさんなら視線が気になってひどい不安に襲われる）からの解放が目指されます。不安が十分に低下したら，自然に自分らしい生き方を始められるだろうとみなして治療を終結にします。しかし，ACTでは，開く－集中する－着手する，という3つのプロセスまでを治療の目標に含めます。3つ目の「着手する」とは，自分の人生の価値に沿った生き方・生活に着手する，という意味です。視線への不安が低下したAさんは，どのように人と関わり，何を成し遂げたら，自分らしい生き方だと（幸福だと）思えるのでしょうか。幸福な人生へのお手伝いをする心理療法では，苦悩からの解放だけでなく，幸福の"見える化"をする必要があるようです。7つの基盤で言えば，④の「価値」にあたります。

第3節　臨床心理学と幸福に関するワーク

(1) 動詞のエクササイズ—価値のワークシートの作成（ワークシート1）

　では，幸福の"見える化"のための「動詞のエクササイズ」をやってみましょう。表1-2を眺めて，あなたが「この行動をしているとワクワクする」「この行動を持続させ，強めていきたい」と思う動詞を数語選んで，○をつけてください。あまり考えすぎずに判断していきましょう。

(2) 動詞への注目（ワークシート2）

　表1-2で○をつけた「動詞（行動）」のうち，特に重要なものを3つほど選んで，表1-3のA欄に転記してください。それぞれの動詞に，目的語（何を，誰に，etc.）をつけてみて，B欄に記入しましょう。
　次に，その動詞（行動）をどのように行いたいのかをC欄に書き入れてみましょう。
　書き出した動詞（行動）すべてが具体的になったら，全体を眺め直して，どの行動を最優先したいか，あらためて順位をつけてD欄に書いてみましょう。

(3) 価値に向かうアクションの明確化（ワークシート3）

　①表1-3でDの順位が1番になった価値（〜をどのように〜する）を，表1-4の一番右の列に転記します。

表1-2　動詞による価値のエクササイズワークシート1（動詞リスト）

1	組み立てる	18	助ける	35	捨てる	52	勝つ	69	直す	86	飲む
2	チャレンジする	19	参加する	36	褒める	53	選ぶ	70	頼む	87	歌う
3	紹介する	20	心配する	37	教える	54	習う	71	眠る	88	探す
4	ゆっくりする	21	片付ける	38	混ぜる	55	取る	72	着る	89	登る
5	世話をする	22	発見する	39	食べる	56	知る	73	倒す	90	見る
6	感謝する	23	説明する	40	集まる	57	乗る	74	会う	91	読む
7	整理する	24	運動する	41	楽しむ	58	走る	75	触る	92	壊す
8	代わりをする	25	集める	42	考える	59	分かる	76	守る	93	笑う
9	仲良くする	26	頑張る	43	止める	60	答える	77	休む	94	待つ
10	調節する	27	協力する	44	比べる	61	変える	78	治す	95	動く
11	成功する	28	案内する	45	尋ねる	62	増やす	79	磨く	96	踊る
12	親切にする	29	知らせる	46	決める	63	始める	80	書く	97	騒ぐ
13	手に入れる	30	見つける	47	育てる	64	見せる	81	話す	98	作る
14	相談にのる	31	思い出す	48	届ける	65	手伝う	82	聞く	99	遊ぶ
15	無理をする	32	閉じる	49	信じる	66	続ける	83	飛ぶ	100	歩く
16	研究する	33	確かめる	50	活かす	67	建てる	84	交わる	101	買う
17	活用する	34	勉強する	51	調べる	68	伝える	85	もらう	102	思う

表1-3　動詞による価値のエクササイズワークシート2（動詞の文章化）

D．順位	B．誰を／何を	C．どのように	A．表1-2から選んだ動詞

表1-4　動詞による価値のエクササイズワークシート3（価値の実現への道）

G．今日から実行可能な第一歩のアクション	F．3ヶ月くらいで達成したい短期目標	E．数年後に達成したい長期目標	（BCA）表1-3で1位になった価値を転記

②①の方向に進んでいって数年後にどのようになりたいかの長期目標をE欄に記入してください。

③Eに向かって変化していったとき，3ヶ月くらいで達成できるといい短期目標をF欄に記入します。

④EやFに向かっていくとき，今日から実行可能な第一歩となるアクションをG欄に記入します。

⑤Gの行動は，受け身や否定形ではなく，現実的なあなたの行動ですか？

⑥ゴールに向かうときにバリアになるものは何で，それと仲良くなるにはどうしたらよいでしょう？

（4）エクササイズのふりかえり

　続けていきたい行動の動詞リストから，数年後に実現したい価値への道を考えて，今日，実行したいアクションまでたどり着きました。今続けたい行動（動詞）から出発して，数年後を描いて，そして今

日のアクションに戻ってきたわけです。現在－未来－現在を行き来することで、「未来の幸福」のために今何が必要か、が明らかにされたとも言えるでしょう。

　価値のエクササイズを行ったAさんは、人と仲良くなって信頼関係をつくり、そして、人の助けになれるかどうかが自分が生きていく上での羅針盤であることを確信しました。そこで、今の学科で友達をつくって一緒に勉強し、将来対人援助の仕事につくために何が必要かをカウンセラーとともに考え、ある程度の手応えをつかんで、カウンセリングを終了しました。

　さあ、次はあなたの番です。このエクササイズを通し、あなたは何をつかんだでしょうか？

 ## 第4節　この章のまとめ

　「価値のエクササイズ」には、他にも、自分が入社式（または結婚式、定年のお別れ会、お葬式…）を迎えるとき、自分の人生をどのようにみているかを想像してみるだとか、全人類を思い通りにすることができる「魔法の杖」を手に入れたら、何をしたいか考えてみるだとか、さまざまな方法があります。こうしたエクササイズを実際に行ってみると、ただ頭の中で考えていた抽象的な「価値」とは異なる、具体的なイメージを体験することができます。漠然とした「幸福」や「価値」ではなく、自分がどう生きたいのかを具体的に「体験」した人は、その「価値」のために、いろいろなチャレンジをすることができるようになります。多少の「苦悩」を伴おうとも、「価値」に少しずつでも近づけることが、「幸せ」だと思うようになります。Aさんは、対人援助の仕事につくための努力であれば、同級生と一緒に勉強したり、同級生と「面接のロールプレイ」をしたりすることもできるようになりました。最初は汗をかき、ドキドキもしましたが、今ではロールプレイも板についてきて、少しは目標に近づいてきていると思えるようになりました。

　これまでの臨床心理学は、どちらかというと「苦悩の軽減」を目指してきており、その中でウェルビーイングの7つの基盤を明らかにしてきました。この章では、こうした基盤をどのように紡いでいくのか、ACTを例にして説明してきました。これからの臨床心理学は、ヒトの「幸福」に対しても、少しはお手伝いができそうです。

引用文献

Bannink, F. (2012). *Practicing positive CBT: From reducing distress to building success.* Oxford: Wiley Blackwell.（津川秀夫・大野裕史（監訳）(2015).　ポジティブ認知行動療法　北大路書房）

Ciarrochi, J., Kashdan, T. B., & Harris, R. (2013). The Foundations of Flourishing. In Kashdan, T. B., & Ciarrochi, J. (Ed.), *Mindfulness, acceptance, and positive psychology: The seven foundations of well-being* (pp. 1-29). Oakland, CA: Context Press.（小原圭司（訳）(2019).　持続的幸福の基盤　小原圭司（監訳）　ポジティブ心理学，ACT，マインドフルネス―しあわせな人生のための7つの基本― (pp. 1-33)　星和書店）

Lambert, M. J. (1992). *The handbook of psychology integration.* New York: Basic Books.

Miller, W. R., & Rollnick, S. (2013). *Motivational interviewing* (3rd ed.). New York: Guilford Press.（原井宏明（監訳）(2019).　動機づけ面接〈第3版〉上・下　星和書店）

Harris, R. (2009). *ACT made simple: An easy-to-read primer on acceptance and commitment therapy.* Oakland, CA: New Harbinger Publications.（武藤　崇（監訳）(2012).　よくわかるACT　星和書店）

Harris, R. (2008). *The happiness trap: How to stop struggling and start living.* London: Robinson Publishing.（岩下慶一（訳）(2015).　幸福になりたいなら幸福になろうとしてはいけない　筑摩書房）

Seligman, M. E. P. (2011). *Flourish: A visionary new understanding of happiness and well-being.* New York: Simon and Schuster.（宇野カオリ（監訳）(2014).　ポジティブ心理学の挑戦―"幸福"から"持続的幸福"へ―　ディスカヴァー・トゥエンティワン）

第2章　食行動と幸福

三村千春

● 第1節　心理学における食行動とは

　食べることは，私たちが生きていくために必要不可欠な基礎的な行動です。食べることで心臓は動き，体温が保たれています。また，食べるという行動は健康に直接結びつくものであり，エネルギーを摂取できていたとしても栄養の偏った食事を続けていると健康が損なわれてしまいます。例えば，肥満は，冠状動脈性心疾患，癌などの疾患との関連が報告されており（Ogden, 2016），生活習慣病につながるリスクとして社会的にも問題視されています。こういった背景の中で，食生活の乱れについても注目が集まっており，バランスが整っている食事を適量，規則正しく食べることが推奨されています。さらに食べるという行動は，誰かと一緒にコミュニケーションをとりながら食べる，雰囲気を楽しみながら食べるといった側面も有しています。つまり食行動は，必要なカロリーおよび栄養素を適量摂取するという生きるための基礎的な行動でありながら，他者との関係性の中で行われるという社会的な側面もあると言えます。

　このような食行動に関して，心理学の領域では，学習心理学の理論や認知的要因との関連など，行動や現象の背景を探るといった観点から，様々な研究が行われてきました。

（1）学習心理学の理論と食行動

　心理学で言う「学習」とは，経験を通じて行動に持続的な変化が生じる現象のことです。何かを経験したことで以前とは異なる行動のパターンが形成されることを指します。食行動も，学習の結果として捉えることができます。例えば，2限の授業を受けている最中は大してお腹は減っていなかったのに，お昼のチャイムを聞いた途端，空腹を感じたという経験はないでしょうか。これは，私たちが普段お昼時間に食事をとるという経験を繰り返しているために起こる現象です。お昼のチャイムという条件刺激が昼食という無条件刺激と対呈示されることによって，お昼のチャイムを聞いただけで空腹を感じるという条件反応が生じるようになったと考えられます。また，食べ物の好き嫌いも学習の結果として捉えることができます。例えば，初めてトマトを食べた後，たまたま気分が悪くなったという経験をすると，トマトの味覚自体に嫌悪感を抱くようになるといったことがあります。これを味覚嫌悪学習と言います。

　これらは古典的条件づけで説明されますが，当たり付きのアイスを買ったら，たまたま当たりが出たのが嬉しくて，コンビニに寄る度に同じアイスを買って食べるようになったといったような現象は，「当たり」が強化子となって学習されたオペラント条件づけであると言えます。また，「子どもに苦手な食べ物を食べさせるためには，親しみのある他者がその食べ物をおいしそうに食べているところを見せると良い」という話を聞いたことがあるでしょうか。これは，学習の中の観察学習（モデリング）の応用です。幼稚園に入園するまでは食べ物の好き嫌いが激しかった子が，昼食の時間に他の友達が美味しそうに食べている姿を見るようになってから好き嫌いが減った，という現象はよくあることのようです。このように，私たちが普段何気なく行っている「食べる」という行動も，学習心理学の観点から捉える

と，過去の経験の積み重ねによって定着したパターンとして考えることができます。

(2) 認知的要因と食行動

　食行動は，様々な認知的要因と結びついています。ここでは，食行動に影響する認知的要因について
その一部を紹介します。例えば食べ物への「期待」によって，食べ物のおいしさへの評価が影響を受け
ることが知られています。ワンシンクら（Wansink et al., 2005）は，提供される料理のメニュー名が，
食べた後の評価に影響するのか実験を行いました。すると，料理自体は全く同じものであるにもかかわ
らず，通常のメニュー名（例：白身魚のソテー）を提示されたグループよりも，凝ったメニュー名
（例：イタリアン風とれたて白身魚のソテー）を提示されたグループの方が，料理をよりおいしいと評
価していたことが分かりました。さらに，美味しさだけでなく見た目の印象に関しても，凝ったメ
ニューの方が評価が高かったことが示されています。このことから，私たちは単に食べ物の味からのみ
おいしさを感じ取っているのではなく，メニューの名前から連想する期待等，様々な認知的要因からも
影響を受けていることが分かります。

　さらに食行動は，他者の存在の影響も受けると言われています。例えば，初対面の人との食事の際，
本当はいつものように沢山食べたいけれど，相手の目が気になってしまい少量に抑えた，という経験を
したことはないでしょうか。このような状態は抑制的規範説（Herman et al., 2003）という理論で説明
されます。「沢山食べる人だと思われてしまうのではないか」「自己管理ができない人だと思われてしま
うかもしれない」といったステレオタイプ的認知の影響を受けることによって，食事の摂取量を減らそ
うと試みる心理的機制が生じると考えられています。先行研究では，この際，相手の食事摂取量に合わ
せようとする傾向があることが示されており，一緒に食べている相手の摂取量が多ければ沢山食べ，逆
に少なければ少なく食べていたことが分かりました。また，その後の実験において，一緒に食べている
相手の体型も，食事の摂取量に影響することが報告されています（Herman et al., 2008）。一緒に食べる
相手が「普通体型」だった場合，相手が沢山食べる条件のときには実験参加者も食事摂取量が増えてい
ましたが，相手が「スリムな体型」だった場合，相手が沢山食べていたとしても実験参加者の食事摂取
量はそれほど増えていませんでした。この実験の参加者は全員女性であり，一緒に食べる相手の体型が
スリムであることによって「女性はスリムである方が望ましい」といった体型へのステレオタイプ的認
知が働き，食事の摂取量が抑制された可能性が考えられます。

　このように，心理学的な観点から食行動を捉えると，毎日何気なく行っていることであっても，これ
までの経験や認知的要因等によって影響を受けていることが分かります。

(3) 臨床心理学の理論と食行動

　ここまでは基礎心理学と食行動の関連についてみてきましたが，食行動に関する問題が生じた場合，
臨床心理学的な支援の対象となることもあります。具体的には「食べられなくなってしまう」，「食べ過
ぎてしまう」といった食行動の制御の問題や，偏食，異食の問題を対象に，様々な心理学的介入が行わ
れています。特に食行動制御の問題は，命の危険につながるリスクもあることから，多くの臨床心理学
的な知見が積み重ねられてきました。三村（2020）は，食行動を制御できない問題として，肥満，食を
「拒否」する摂食障害，食に「固執」するオルトレキシアを挙げています。摂食障害は，体重についての
こだわりと，体重や体型の自己評価に関する認知の歪み，そして痩せや食行動異常をきたす器質的な疾
患を認めない病態を示す疾患であり（久保・河合，2010），認知行動療法をはじめとした様々な心理学
的介入が行われています。摂食障害は主に，神経性過食症と神経性無食欲症のことを指しますが，ダイ

エットの一環として食行動を「抑制」することが摂食障害発症のリスク要因とされており，中でも短期間で大幅な体重減少を目標とするような過剰なダイエットは危険であると言われています。また，食事の量ではなく，添加物を含まない食品といった食事の質にこだわるあまり，それが強迫観念となってしまうような病態を示すオルトレキシアが近年注目されつつあります。オルトレキシアは，「痩せて綺麗になりたい」といったような痩身願望が顕著ではないことが摂食障害との大きな違いであり，食事の質にこだわるあまり，栄養失調や対人関係上の問題が生じてしまいます。健康志向が行き過ぎると，オルトレキシアの病態に至ってしまうことも報告されています（Brytek-Matera et al., 2019）。このように，適切に食行動を制御できない問題は，食行動の抑制や選択といった何気ない行動がきっかけとなり生じている可能性があり（三村，2020），食行動制御不能の問題まで至ってしまうことを防ぐための予防的な介入を行うことが求められています。

第 2 節　食行動と幸福の関連─「楽しく」食べること

(1) 現代の食生活

　前節で述べたように，これまで心理学では行動やその背景を探るといった観点，および食行動異常を治療・予防しようとする観点から食行動研究が積み重ねられてきました。しかし，毎日の食行動のような，身近な問題はあまり研究されてきませんでした（高野ら，2009）。もっと身近な食行動について考えていくために，まずは現代の食生活の実態についての報告を紹介します。厚生労働省（2019）の調査によると，20～30歳代の世代において，栄養バランスに配慮した食生活を「ほぼ毎日」実践していると回答した人の割合は約 4 割にとどまっており，約 1 割が「ほとんどない」と回答していました。さらに，40 歳以上の人に，20～30 歳代の頃の健全な食生活の実践状況について聞いたところ，「悪かった」と回答した人の割合が 35.8%，「やや悪かった」29.2%，「とても悪かった」6.7% となっていたことが示されています。その理由については，健康への意識の低さ，時間的な余裕のなさ，健康的な食生活を実践するための知識不足といった要因が挙げられています。また，20 歳代の男性において共食の頻度が低いことも報告されているなど，特に若い世代において食事への意識が疎かになってしまっている可能性が指摘されています。この年代は親から自立して自分で生活の基盤を作っていく発達段階にあるものの，学業や仕事などに費やす時間が必然的に多くなる世代です。そのために，ついつい食事に割く時間が短くなる，簡便に手に入る食物を選択する機会が増える，さらには食事を抜くことが増えるということが起こりやすいことが推察されます。このような実態に対して，栄養学や家政学の立場からは，食行動は身体的な健康に直結するという観点のもと，生活習慣病や肥満を予防するための食育や栄養教育が実践されています。

(2) 食事に注意を向ける

　一方で，幸福の観点から食行動を捉えると，「いかに健康的な食行動を実践していくか」といったことだけでなく，「いかに楽しく，幸せに食行動を実践していくか」といった観点から食行動を見つめてみることも大切と言えます。例えば食行動には食事の美味しさを味わう機能や，一緒に食べる相手とのコミュニケーションを楽しむ機能があります。食べ物を口にしたとき，食感としてのテクスチャー，冷たい・温かいといった温度感覚，嗅覚（食べ物のにおい）や味覚などが生じますが，これらの情報が取りまとめられた結果，快と判断されれば美味しいと感じるというプロセスがあります（山本，2012）。私たちは食べることによって生じる様々な感覚を統合して美味しさを感じ取っていることから，それらの

感覚に十分に注意を向けることによって，より美味しさを感じやすくなると言えます。日常の例を挙げると，失恋などの大きなショックなことがあったときに，美味しいものを食べているはずなのにあまり味を感じられなかったという経験をしたことがないでしょうか。そのような場合，ショックな出来事のことで頭がいっぱいで，食べ物に注意が向きづらいために感覚情報が入ってきにくい状況にあり，結果として美味しさを感じられない，というメカニズムが生じています。また，仕事をしながら食事をとったり，食事中テレビを鑑賞したりしていると，注意が食べ物以外の対象に分散されてしまうため，食事そのものの感覚を受け取りにくくなってしまう可能性もあります。食事の美味しさを十分に味わうためには，注意を食事に向けるよう意識することが大切です。

(3) 誰かと食べる共食

また，誰かとコミュニケーションをとりながら食事を楽しむことも，幸せを感じながら食行動を実践していく上で重要となってきます。食行動研究の領域では，誰かと一緒に食卓を囲む「共食」が注目を集めており，多くの研究や介入が行われています。農林水産省による第3次食育推進基本計画においても，朝食または夕食を家族と一緒に食べる「共食」の回数を増やすという目標が立てられています（農林水産省，2015）。青年期においては，共食の機会が多いほど精神的健康度も高かったという報告もあります（Eisenberg et al., 2004）。しかし，これらの研究においては，共食の定義が研究間で統一されていないという問題があり，加えて単に回数のみを増やせばいいのかという批判もあります。そのような中で木村ら（2018）は，共食の質的側面に着目し，共食の質を「食を媒介とした共食者との楽しさの共有」と定義した上で尺度を開発しています。いくつか項目を紹介すると，「友人との食事は明るい話題が多い」，「友人との食事中，よく冗談などを言い合う」，「家族との食事中，その日に感じたことについてよく話す」，「家族と食事をすると食べ物が美味しく感じられる」，「幼少期から，食べ残しをすると注意された」等の内容で構成されています。食事中の会話の量や会話から得られる楽しさといった側面を測定できる尺度になっており，共食の質が高いほど精神的健康度も高いことが示されています。幸せに食行動を実践していくためには，単に共食の回数を増やすのではなく，食事を通したコミュニケーションの中でポジティブな感情を抱けることが重要であると考えられます。

第3節　食行動と幸福に関するワーク

(1) マインドフル・イーティング・エクササイズ

本節では「食べることに注意を向けるワーク」を行ってみたいと思います。授業やアルバイト，試験勉強などに追われて忙しい日々を送っていると，ついつい急いで食事をとってしまうことも多いかもしれません。忙しいと，食事を選ぶ際にも短時間で食べられる簡便なものや，安価で手に入る食べ物などを選ぶことが多くなってしまうかと思われます。しかし前節において学んだように，食行動においては，美味しさを十分に味わいながら食べる，誰かと楽しみながら食べる，といった点に留意することが幸福と関連します。毎食は難しくても，食事に注意を向けるポイントを知ることで，より食事を楽しむことができます。図2-1には，食べているときの感覚に注意を向けるためのヒントが記載されています。これらのことを意識しながら，食事をとってみましょう。今すぐ食事をとるのが難しいという方は，好きなお菓子を口に入れて味わうのでも構いません。また，食事の場で誰かと会話を楽しむことも，食事の時間をより楽しむために大切です。もし一緒に食べることのできる人が周りにいたら，一緒に食事を味わってみてください。

～ワークに取り組む前の準備～

①なるべくお腹が空いている食事の時間帯に実施してみましょう。

②誰かと一緒に食べられる環境にある方は，お互いの感覚を共有しながら取り組んでみましょう。

③食事に集中するために，テレビは消しましょう。また，スマートフォンなどの通知も切っておくようにしてください。

④リラックスできる環境を整えましょう。ゆっくり味わうために，時間的な余裕を持つことがとても大切です。

（1）食べている時の感覚に注意を向けてみましょう

あなたが食べるもの：「　　　　　　　　　　　　　　　　　　　　　　　　　　　」

※食事をとるという方は一番メインの食べ物を記入してください。例：赤魚の西京焼き等

以下の感覚に注意を向けて，じっくりと味わってみましょう。
食べている最中に感覚に変化があれば，その変化についても記入してみてください。

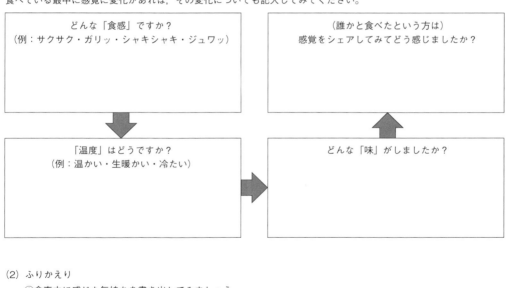

（2）ふりかえり
　①食事中に感じた気持ちを書き出してみましょう。

　②あなたにとってどんな時間でしたか？

図2-1　食べているときの感覚に注意を向けるためのワークシート

　図2-1に記載されているポイントを意識しながら食事をとった後，その食事についてふりかえりを行いましょう。今回の食事の時間は，あなたにとってどんな時間でしたか？　誰かと一緒に食べたという方は，一緒に食べることでどんな気持ちになりましたか？　どのようなやりとりがありましたか？　食事の時間を思い返しながら，そのときの感覚や気持ちについて書き出してみてください。

(2) ワークを終えて

　今回のワークは，マインドフル・イーティングを参考としています。マインドフル・イーティングとは，食べることに関する今この瞬間の経験に，注意・気づきを向けることを指します（万福，2017）。海外においては臨床の現場でも着目されている心理技法であり，肥満の患者に対する体重のコントロールにも有用であるようです（Michail & Janet, 2015）。長期的な効果の検証は今後の報告を待つ必要がありますが，忙しい生活の中で，食事を楽しむための手がかりとして有用であるように思われます。

　今回のワークでは，食事に注意を向けるポイントの一つとして，「テレビなどの刺激は消して，スマートフォン等の通知を切ること」を挙げました。これは，そのような刺激があるとそちらに注意が向いてしまい，なかなか目の前の食事に集中できなくなってしまうためです。目の前の食事に集中するためには，リラックスできるように環境を調整することも大切です。焦る気持ちがあると，目の前の食事に対してマインドフルな状態でいることが難しいためです。また，食べたときの食感や，冷たい・温かいといった温度感覚，味覚や嗅覚，お腹の感覚などを十分に味わうことが，食事の美味しさを感じるためには重要となります。ワークを通して感じたことを活かして，時には時間的な余裕をもち，感覚に注意を向けて食事をとれると良いでしょう。

　また，誰かと一緒に食べてみたという方は，食事中の会話ややりとりを思い出してみて，どのように感じたかあらためてふりかえってみると良いでしょう。一緒に食べたことで，より楽しさや美味しさを感じられた実感はあるでしょうか。食べ物への嗜好は人それぞれですが，同じ食感，温度，味覚の食べ物を共有するというのは，同じ経験の共有であると言えます。また，その中で食べ物についての感覚や感想をシェアすることは，相手の感じていることを推測しながらやりとりを行うという，コミュニケーションの基本とも言えるかもしれません。ワークをふりかえってみて，いつもの食事と違ったと感じた点が，これからの生活においてより食事を味わうために大切となるポイントになる可能性があります。

第4節　この章のまとめ

　このように食行動には，美味しさを十分に味わいながら食べる，誰かと楽しみながら食べる，といった大切な側面があります。そのような中で，食行動にまつわる「幸福感」においては，性別や食事区分および食事への価値観によって，影響要因が異なっていることが想像されます。田辺・金子（2001）は，大学生を対象として食行動および食事の満足感についての実態について調査を行いました。その結果，性別では男性よりも女性の方が食事の満足感が高いこと，食事区分においては夕食が最も食事の満足感が高いことが示されました。性差に関しては，男性よりも女性の方が食事の選択場面において「美味しさ」を重視していたことから，女性はより嗜好にあった食物選択を行うことで食事の満足感を高めているのではないかと考察されています。また食事区分に関しては，朝食においては「健康性」，昼食においては「おいしさ」や「コミュニケーション」を重視することが食事の満足感を高める有意な要因でしたが，夕食では，「おいしさ」および「健康性」が食事の満足感を高めていたことが分かりました。これらの結果からも，食行動にまつわる幸福感は性別や食事区分によって様相が異なり，また年代によっても

異なる可能性があります。今後は，年代や生活環境等の要因によって，食行動にまつわる幸福がどのように異なるのか，詳細に検討していく必要があると言えます。一方で，幸福は多様性のある概念であり，食への嗜好や価値観，生活様式にも個人差があることを踏まえると，食行動にまつわる幸福においても個別性がある可能性があります。すなわち，食行動にまつわる幸福には色々な形があるため，自分にとっての幸せな食事について考えてみることが，最初の1歩として重要だと言えます。

　生涯，幸福な人生を送るために，幸せを感じる食事は絶対に必要か？というと，必ずしもそうとは言い切れません。極端な例を挙げれば，毎食一人でサプリメントと栄養調整食品を食べて，ゲームに没頭するのが幸せ，という価値観の人もいるかもしれないからです。一方で，食べることは毎日必ず行う行動であり，健康に直結する行動だからこそ，「食べる幸せを実感すること」は全体的な幸福を考える上でも重要だと言えます。食行動にまつわる幸福感が高いと，好ましい食事頻度，野菜と果物のより頻繁な摂取など，健康的な食生活につながりやすいことから，結果としてからだの健康にもつながることが報告されています（Sproesser et al., 2017）。また，生活の質や満足感にも直接関連するという報告もあり（鈴鴨ら，2000），食べることに対して幸せを感じることは，健康的な食生活だけでなく，人生における全体的な幸福にもつながると言えるでしょう。

引用文献

Brytek-Matera, A., Czepczor-Bernat, K., Juzak, H., Koanacka, M., & Kolodziejczyk, N. (2019). Strict health-oriented eating patterns (orthorexic eating behaviors) and their connection with a vegetarian and vegan diet. *Eating and Weight Disorders -Studies on Anorexia, Bulimia and Obesity, 24,* 441-452.

Eisenberg, M. E., Olson, R. E., Neumark-Sztainer, D., Story, M., & Bearinger, L. H. (2004). Correlations between family meals and psychosocial well-being among adolescents. *Archives Pediatrics Adolescent Medicine, 158,* 792-796.

木村駿介・嘉瀬貴祥・大石和男（2018）．共食の質尺度の作成および精神的健康との関連　日本家政学会誌, *69,* 439-447.

久保千春・河合啓介（2010）．摂食障害の治療　こころのりんしょう, *29*(3), 383-388.

農林水産省（2015）．第3次食育推進基本計画　https://www.maff.go.jp/j/syokuiku/kannrennhou.html

農林水産省（2019）．食育に関する意識調査報告書（平成31年3月）　https://www.maff.go.jp/j/syokuiku/ishiki/h31/pdf_index.html

Herman, C. P., Roth, D. A., & Polivy, J. (2003). Effects of the presence of others on food intake: A normative interpretation. *Psychological Bulletin, 129* (6), 873-886.

Herman, R. C., Larsen, J. K., Peter, C. P., & Engels, R. C. (2008). Modeling of palatable food intake in female young adults. Effects of perceived body size. *Appetite, 51,* 512-518.

万福尚紀（2017）．肥満とダイエット　青山謙二郎・武藤　崇（編）心理学からみた食べる行動―基礎から臨床までを科学する（pp. 177-180）　北大路書房

Michail, M., & Janet, C. (2015). Mindfulness, eating behaviours, and obesity: A review and reflection on current findings. *Current Obesity Reports, 4,* 141-146.

三村千春（2020）．食行動の制御に関する心理学研究の概観　淑徳心理臨床研究, *17,* 1-11.

Ogden, J. (2016) *The psychology of eating: From healthy to disordered behavior* (2nd ed.). Wiley-Blackwell.

Sproesser, G., Klusmann, V., Ruby, M., Arbit, N., Rozin, P., Schupp, H., & Renner, B. (2017). The Positive Eating Scale: Relationship with objective health parameters and validity in Germany, the USA and India. *Psychology & Health, 33*(3), 313-339.

鈴鴨よしみ・小野智子・福原俊一（2000）．食事に関連する Quality of Life の評価　*Diabetes Journal, 28*(3), 87-90.

高野裕治・野内　類・高野春香・小嶋明子・佐藤眞一（2009）．大学生の食生活スタイル―精神的健康及び食行動異常との関連　心理学研究, *80,* 321-329.

田辺由紀・金子佳代子（2001）．大学生における食の満足感に影響を及ぼす因子　日本家政学会誌, *52,* 839-848.

Wansink, B., Koert, I., & James, P. (2005). How descriptive food names bias sensor perceptions in restaurants. *Food Quality and Preference, 16,* 393-400.

山本　隆（2012）．おいしさと食行動における脳内物質の役割　顎機能誌, *18,* 107-114.

第3章　家族心理学と幸福

中坪太久郎

第1節　家族心理学とは

(1) 家族とは何か

　みなさんが「家族」と聞いたときに真っ先に頭に浮かぶものは何でしょうか？　お母さんやお父さんのような個人の顔が浮かんだ人もいれば，家族何人かで一緒にご飯を食べている場面が浮かんだ人もいるかもしれません。これはどちらも「家族」にまつわるイメージであり，個人が集まって作った，または作られた，または生まれたときから既に集まっていた，特別な集団のことを私たちは「家族」という呼び名で表現し理解しています。

　一般的な人間の家族の特徴として，主に男女が長い時間を一緒に過ごし，その男女の間に生まれた子どもの養育がされることで，次の世代が誕生することになります。例えば他の動物だとどうでしょうか。ペットショップで購入することで犬を家族として迎える場合がありますが，この場合はその犬の父親と母親は近くにはいません。一方で馬や猿の群れの場合には，母親が近くにいて世話を焼いていることもありますし，鳥だと親鳥が餌を運んできたりします。このように他の動物と比較して考えてみると，人間の家族（親子）がいかに長い時間を一緒に過ごしているかが分かります。

　しかし，特に現代は「家族」の定義が複雑になってきています。上に挙げたような，男女が長い時間を一緒に過ごし，その男女の間に生まれた子どもの養育がされる形態は，もちろん今でもそしてこれからも家族の一つの形，イメージではありますが，その中には収まりきらない家族の形がたくさん見られるようになってきています。そしてそのように多様で複雑であるからこそ，「家族」が心理学の一領域として学問的探求の対象になるとも言えるでしょう。

(2) 家族心理学が扱う「家族」

　家族心理学の研究対象は，家族という「生物学的」「心理的」「社会的」集団，というように理解することができます。「生物学的」とは，血縁や遺伝子上のつながりをもった集団であるということです。具体的には，血のつながった親子やきょうだい，親戚などがあります。「生物学的」なつながりの指標は最も客観的であり，証明のしやすいものです。一方で，血がつながっている家族が全て良い関係かというと，そうとも限りません。場合によっては生まれてすぐに別れて一生会えない場合もありますし，時には憎しみや喧嘩のようなことも起こり得るため，「血はつながっているが家族と思ったことはない」といったことも十分に起こり得ます。

　「心理的」とは，心理的なつながりや関係性をもった集団であるということです。生物学的なつながりが含まれることもあれば，含まれないこともあります。血縁関係はないものの，小さい頃からきょうだいのように育てられてきたことで「家族」として認識されることもあるでしょう。「同じ釜の飯を食った仲」のような表現がされますが，これは主に生物学的なつながりはないもののそれと同等の関係を示すような場合に使われると言えます。具体的には，カップルの一部（内縁関係や同性婚など）はこ

の「心理的」家族として捉えることができます。「心理的」なつながりの指標は主観的であり，非常に曖昧なものでもあります。生物学的つながりは関係の事実を断つことはできませんが，心理的なつながりは個人がそう思えばいつでも断つことができます。ただし，しがらみや周囲への影響によって，思うように関係が整理できないことも多くあります。

　「社会的」とは，法律によって社会制度的に「家族」と認められた集団であるということです。具体的には婚姻関係にある夫婦やその子，また養子縁組が行われた親子などがこれにあたります。近年同性婚については多くの議論があり，一部法的な根拠が与えられるような地域もありますが，これは社会が「家族」とみなすことによって，関係を周囲に認められることや，病室への入室や遺産の相続などの様々な実益が得られるようになることとも関係しています。

　家族心理学では，このような様々な形・イメージにある「家族」を研究対象として，その心理学的な知見を積み上げていくことが目指されています。例えば，「恋愛結婚と見合い結婚の 30 年後の夫婦の満足度にはどのような差があるのか？」「家族との会話の頻度と青年期にある子どもの自尊心にはどのような関係があるのか？」「中年期にある父親の家庭の居場所にはどのような機能があるのか？」「離婚による子どもへの影響はどのようなものが考えられるのか？」といった問いは，全て家族心理学の中で研究テーマとなるものです。心理学の中で家族を含んだ用語としては「家族療法」もよくみられるものですが，家族療法は心理療法における理論の一つであり，家族心理学とは別の文脈で使われます。ただし，家族心理学で見いだされた知見を用いた介入は行われますし，家族への支援という枠組みを考える上では家族心理学の範疇にもなり得ます。

(3) 家族の発達段階

　家族心理学の全体像を把握するために便利な道具として，「家族の発達段階」があります（表 3-1）。エリクソン（Erikson, E. H.）やフロイト（Freud, S.），ピアジェ（Piaget, J.）の理論は個人の発達段階を理解するものとして有名ですが，この家族版と言えます。家族の発達段階をみると，家族がどのように発達していき，その過程でどのような危機が生じ，どのように変化することが求められるのか理解することができます。中でも大きな変化が生じやすい 3 つの時期を取り上げてみたいと思います。

　第 1 に「幼児を育てる時期」は，結婚後に子どもが生まれ，夫婦が初めて育児をする段階です。夫婦がそれまでの「二者関係」から，子どもを加えた「三者関係」に移る時期でもあります。それまでは夫婦それぞれの仕事づきあいや友人関係に割く時間も多かったのが，子育てによってママ友や地域社会など家族を単位とした別のつきあいも生まれるようになります。家族心理学では，育児ストレスや父親のコミットメント，家族内のバランスの変化や家族を取り巻くネットワークに関する研究などがテーマとなります。第 2 に「子どもの巣立ちと移行が起こる時期」は，それまで家族と一緒に暮らしていた子どもが原家族（元々の出身の家族）を離れる段階となります。進学，就職，結婚といった様々な理由から子どもが家を出て生活をすることになるため，家族内にも大きな変化が生じることになります。他に子どもや家族成員がいなければ，夫婦は再び二者関係に戻ることを求められるため，これまで子どもを中心に成り立っていた関係を再構築することが求められます。場合によっては子どもがいない生活にうまく適応できずに，「空の巣症候群」と言われるような抑うつ状態を呈することもあります。一方で現代では，ある程度の年齢になっても原家族と生活をする子どもも多く，また，成人した子どものひきこもりのような問題を抱える家族もあり，家族心理学では様々な家族の事情に応じた支援についても検討をすることが求められています。最後に「老年期の家族の時期」は，親の加齢による関係性の変化や介護の問題が生じる段階です。この時期には年老いた親への対応が必要となります。子どもやその配偶者に

表 3-1　家族の発達段階

（岡堂（1991）によるカーター（Carter, E. A.）とマクゴールドリック（McGoldrick, M.）の家族発達段階の記述をもとに作表）

発達段階	心理的な移行過程	発達に必須の家族システムの変化
第1段階 親元を離れて生活し未婚の時期	親子の分離を受容する	自己を出生家族から分化 親密な仲間関係の発達 職業面での自己の確立
第2段階 結婚後の新婚夫婦の時期	新しい家族へ適応する	夫婦システムの形成 拡大家族と友人との関係を再編
第3段階 幼児を育てる時期	新しい家族成員を受容する	子どもを含めるように夫婦システムを調整 親役割の取得 父母祖父母の役割を含めて拡大家族との関係の調整
第4段階 青年期の子どもを持つ時期	子どもの独立をすすめ，家族の境界を柔軟にする	青年が家族システムを出入りできるように親子関係を変える 中年の夫婦関係，職業上の達成に再焦点化 老後への関心
第5段階 子どもの巣立ちと移行が起こる時期	家族システムからの出入りの増加を受容する	二者関係としての夫婦関係の再調整 親子関係を成人同士の関係に発展 拡大家族関係の再編成 父母（祖父母）の老化や死に対応する
第6段階 老年期の家族の時期	世代的な役割の変化を受容する	自分および夫婦の機能を維持 経験者としての知恵で若い世代を支援 身近な人たちの死に直面し，自身の死への準備 ライフ・レビューによる人生の統合

による介護のあり方については，家族心理学でも近年特に重要なテーマとなってきた分野です。介護による子どもやその配偶者へのストレス，高齢者による高齢者の介護といった問題は，家族心理学でその心理学的影響を明らかにし，適切な支援や制度設計へとつなげていくことが求められていると言えるでしょう。

第2節　家族心理学と幸福の関連─続 柄による違い

（1）家族は幸福のキーワード

　幸福感研究においても「家族」は重要な概念となっています。例えば民間会社が行った最近の調査で「安心でいるためにいちばん不可欠なことは？」という質問に対する回答として多かったのが，「経済的安定」「健康」「家族」でした（ソニー損害保険株式会社, 2020）。同様の結果を，国や文化，時代に関係なくみることができます。1999 年にアメリカで出された論文に「主観的幸福感」の構成要素として満足の「領域」に関する記述がありますが，そこでは「仕事（work）」「家族（family）」「余暇と健康（leisure, health）」「財政状態（finances）」「自己（self）」「仲間グループ（one's group）」が挙げられており（Diener et al., 1999），時代や文化に関係なく「家族」が幸福感と強いつながりをもつことが見て取れます。「あなたにとって幸せのイメージとは？」と聞かれた場合に，家族団らんの状況を想像する人も多いでしょう。では，実際に「家族」と「幸福感」はどのような関連があるのでしょうか。ここでは，家族関係や形態と幸福感の関連を直接的に検証した研究結果に関する知見を用いて，その様相についてみていきたいと思います。

（2）結婚と幸福

　新しい家族を形成する上で最初のステップとなるのが夫婦関係ですが，以前と比べると結婚をしない

という選択をする人も増えています。我が国の 50 歳時の未婚割合について，1970 年には男性 1.7%，女性 3.3%であったのが，2015 年には男性 23.4%，女性 14.1%まで上昇しており，その割合は今後も上昇することが予想されています（内閣府令和 2 年版少子化社会対策白書全体版，2020）。結婚すること，しないことによる個人への影響を調査した研究は数多く行われており，これまでの実証研究からは，既婚者は未婚者よりも健康で，統計的に年齢，社会経済的地位，人種をコントロールした場合でもその影響が持続するとされています（Carr & Springer, 2010）。一方で，1972 年から 2003 年までのデータの推移を調査した報告では，男性の場合は未婚者の健康状態が過去 30 年間で改善していることが示されている一方で，女性はそれほど変わっていないことが示されています（Liu & Umberson, 2008）。また，この研究では，配偶者に先立たれた人，離婚した人，別居した人の健康度が悪化しており，婚姻関係解消の悪影響は男性よりも女性の方が大きくなっていたことも報告されています。これらの結果を参考にすると，結婚している人の方が健康や幸福の点では利点が多そうですが，特に男性においては未婚者との差が小さくなっていることから，健康や幸福だけを目的に結婚するというわけにはいかないようです。結婚しないという選択をする人が増えたために，一人や仲間関係で成り立つサービスが増えたとも考えられますし，そのようなサービスのおかげで未婚者の健康や幸福が上昇したとも考えられるでしょう。婚姻関係解消のリスクを人々が敏感に感じ取り，そもそも結婚をしないという選択をしている可能性もあるかもしれません。

（3）親子関係と幸福

　人が親になることは，その個人の状況や役割（未婚か既婚か，母親か父親か，など）に応じて，多くのコストと高いレベルの利益の両方をもたらす可能性があると言われてきました（Nomaguchi et al., 2003）。子育てによる身体的・精神的負荷の程度や，ジェンダーの影響も大きいと考えられます。一方で日本で行われた研究（福島・沼山，2015）では，「45 歳から 60 歳の有配偶者においては，子どもの有無および性別による主観的幸福感の違いはみられなかった」「子どもを持つ者のほうが幸福感が高いとする通俗理論を，本研究の結果は支持していない」「英語圏での多くの研究で示されている，子どもを持たない者のほうが幸福感が高いという傾向も本研究の結果は支持していない」と報告されており，子どもの有無による夫婦の幸福度については議論の余地があります。また，成人した子どもとその親の世代による支援交換（関心や助言などの情緒的支援や，家事や雑用などの道具的支援）については子どもの幸福感とは関連がないものの，世代間の関係の質は子どもの幸福感と関連があることが報告されています（Merz et al., 2009）。日本で行われた研究（菅原ら，2002）においても，「配偶者間の愛情関係と子どもの抑うつ傾向との間に相関は見られなかったが，家庭の雰囲気や家族の凝集性といった家族機能変数を媒介として検討すると，両親間の愛情の強固さと家族機能の良好さが，また，家族機能の良好さと子どもの抑うつ傾向とが関連することが明らかになった」とされており，夫婦関係が，または親子関係が子どもの幸福度に与える影響についても考慮すべき知見があります。

（4）きょうだい関係と幸福

　特に成人のきょうだい関係と幸福の関連についての研究はそれほど多くありませんが，きょうだい関係は最も長く続くことがあり（Thomas et al., 2017），その関係の質が個人に与える影響については今後も検討を重ねていく必要があると言えます。例えば，幼少期のきょうだい関係の問題が，成人期の大うつ病の重要かつ特異的な予測因子である可能性に関する報告もあります（Waldinger et al., 2007）。実際には，他の家族関係と同様に，きょうだい関係はストレスプロセスの要素に影響を与える可能性の

あるポジティブな側面とネガティブな側面の両方をもち，幸福に影響を与える資源とストレス要因の両方を提供する（Thomas et al., 2017）ものと考えられています。一方で，障害児・者のきょうだいの心理的状態に関する研究は多く行われており，一般的に介護者の幸福度は介護をしていない者に比べると低いものの，兄弟姉妹の介護者は親や配偶者の介護者よりも介護の影響を受けていなかった（Namkung et al., 2016）との報告もあります。日本でも発達障害児や慢性疾患児のきょうだいの心理的問題に関する研究は多く行われており，その幸福感についても検討していくことが求められていると言えます。

(5) 祖父母と孫関係と幸福

　日本は世界的にみても少子高齢化が進んだ国ですが，共働きによる子育ての負担の一部を祖父母に担ってもらうなど，親族内での祖父母による家族支援も行われており，その意味でも祖父母と孫の関係はますます重要になってきています。例えば，祖父母の養育者は，他の親族の養育者と比較して，高いレベルの子育てストレスを経験しており，世代間格差や罪悪感，子どもの親に対する懸念などの課題に直面している（Lee et al., 2016）といった報告もあります。また，祖父母としてのアイデンティティの意味づけおよび祖父母役割満足度は主観的ウェルビーイングと関連しているが，祖父母役割の中心性（様々な役割の中で「祖父母」という役割が重要視されているか）および孫との接触頻度は主観的ウェルビーイングと直接は関連しない，祖父母アイデンティティの意味づけがポジティブであることは，祖父母役割を満足させるだけでなく，主観的ウェルビーイングの維持や増進に直接寄与している（中原，2011）という結果もあります。これらのことから，子育ての一部を担ってもらう場合には，単純に経済的，時間的状況だけでなく，祖父母自身の心理状態も考慮しておくことが，祖父母の幸福感を高めることにつながると考えられます。

第 3 節　家族心理学と幸福に関するワーク

(1) 家族への感謝の訪問ワーク

　家族心理学と幸福の関係についてみてきたことを受けて，ここでは家族と幸福に関連するワークに取り組んでみたいと思います。セリグマン（Seligman, M. E. P.）らを中心としてポジティブ心理学ではさまざまなワーク，エクササイズが開発されています（詳細は第 13 章参照）。今回はその中の一つである「感謝の訪問（gratitude visit）」というメニュー（Seligman, 2011 宇野監訳 2014; Seligman et al., 2006）を参考に，家族に関するワークを行ってみましょう。家族をイメージして行うことが難しい，という場合には，誰か別の「感謝をしているがまだその思いをきちんと伝えることができていない人」に変更してもらっても構いません。

表 3-2　家族への感謝の訪問ワーク（Seligman, 2011 宇野訳 2014; Seligman et al., 2006 を参考に筆者作成）

ステップ 1	手紙が書きやすい用紙とえんぴつまたはペンを準備する （B5 から A4 程度の便箋などが書きやすいでしょう。）
ステップ 2	手紙を書く相手を決める （手紙の宛先となる家族メンバーは誰でも構いません。普段または思い返すと感謝をしているが，これまであまり感謝を伝える機会がなかった相手を想定します。）
ステップ 3	手紙を書く （その相手を思い浮かべて，自分がもっている感謝の気持ちを書いてみましょう。具体的なエピソードが入っていても構いません。）
ステップ 4	手紙を読み聞かせる （手紙の相手の人にお願いをして時間を作ってもらいます。実際に会うのが難しい場合には，電話でも構いません。）
ステップ 5	感想を聞いてみる （相手が嫌でなさそうならば，簡単な感想を聞いてみましょう。）
ステップ 6	手紙を渡す （手紙をその場でまたは郵送で渡します。）
ステップ 7	自分の気持ちも書き出してみる （手紙を書いてみてどうだったか，そのときの自分の気持ちを書き出すことによって，後で見返すこともできます。）

(2) ワークを終えて

　今回のワークは，日頃なかなか伝える機会のない大切な人に向けて，自分の思いをきちんと形にして伝えるという行動が，身近な人との関係を（こちらの意識と相手の気持ちの両方にとって）良いものにするということを意図したものです。私たちは身近な人であるほど，「言わなくても伝わる」と思いがちなのですが，意外に正確には伝わっていないことや，違う形で伝わってしまっていることがあります。特に家族にはそのようなコミュニケーション上の問題がよく起こります。家族療法のワークの中でも，「自分が伝えようとしたことが意図どおりに伝わっているか」を確認するような取り組みを実践することがあります。

　また，今回は「あらためて家族に手紙を書くなんて恥ずかしい」「手紙は書いてみたけど相手の前で読むまではできなかった」という人もいたと思います。もし何か伝えたいことがあればいつの日か書けるといいですし，せっかく書いた手紙であればいつか渡せる日がくるまで持っておいてもいいと思います。場合によっては，現在の家族との関係から，「とても感謝の手紙なんて書けない」と考えた人もいるかもしれません。次の節でも触れますが，そのこと自体を悪いことだと思う必要は全くありません。「家族だから」感謝しなければいけないということでもありません。一方で，幸福感を考える際には他者との関係はとても重要なものです。これは家族とは限らず，友人であったり，先輩であったり，SNS でつながっている顔は知らない誰かかもしれません。自分にとって重要な他者との関係を見つめ直し，自分が与えている影響と与えられている影響について考えてみることは，自己肯定感とも関連する重要な取り組みになります。

第 4 節　この章のまとめ

　幸福という概念の定義が難しいものであること，人によって様々な捉え方があることは第 0 章でも述べました。一方で，多くの幸福感研究が示していることは，「他者との関係が個人の幸福感に重要な影響をもつ」ということです。社会的な孤立感および生活上の孤独感と幸福感の関連を示唆する研究

（Shanker et al., 2015）や，幸福感を測定する際の評価指標として家族や地域社会とのつながりを含んだ「関係性」が提案されている（内閣府幸福度に関する研究会，2011）点からもそのことを見て取ることができます。家族心理学と幸福感の関連についての様々な研究結果をみても，夫婦関係，親子関係，きょうだい関係，祖父母と孫関係，どのような関係であっても，良好な関係であることに越したことはありません。多くの人にとって，信頼できる誰かとつながっていることが，幸福感を高める一つの要素となり得ると考えられます。

　ではなぜ人とのつながりの中でも，特に家族との関係が重要なのでしょうか。また，様々な文化や時代に関わらずに，なぜ幸福と家族が結びついてイメージされるのでしょうか。この理由の一つとして，家族が「私側」とみなしやすい最小の，最終的な集団になりやすいということが考えられます。例えば，社会心理学の重要な知見の一つとして，内集団・外集団という概念がありますが，「個人が集団に所属して対人相互作用を行う場合，内集団に対しては協力的に，外集団に対しては非協力的に振る舞う傾向がある（これを内集団バイアスという）（神・山岸，1997）」と言われています。このような，他者を「内側と外側」に区分するような心理的行動は，日常生活でもよく体験することがあります。例えば，「私の手」「私の家族」「私の大学」「私の国」といった用語が並んだときに，線を引いて境界を決めるように言われたらどこに線を引くでしょうか。「私の家族」と「私の大学」の間には少し温度差があるかもしれません。すなわち，家族が「私」側でいられる最小の最終の集団となりやすいことによって，私たちは家族に期待し，そして影響を受けます。人によっては「私の家族」と「私の大学」を同じ温度で語る人もおり，そのような人は家族の悪口を言われたときと同じくらい，大学の悪口を言われたら傷つくかもしれません。家族は「私」側の内集団と認識されやすいことによって，プラスの影響もマイナスの影響も大きく受けることになります。また，上記の神らの実験からは，「たとえ相手が内集団成員であるとしても，相手からの協力が期待できない場合は，協力的な反応が生じない」ことが示唆されています。もしこれを，「今は家族にあまり愛情をもてない」という人の立場で応用して考えるならば，それは家族からの協力が期待できないと感じていて，一時的に自分も家族に対して好意的に振る舞えない状況にあるのかもしれません。

　「大学」や「国」を「私」側と捉えていない人にとっては，「家族」もそれと同程度のレベルで捉えることによって，家族に期待もせずに済みますし，影響も受けずに済みます。重要なことは，家族に対して，マイナスを覚悟してプラスを求めるか，プラスもマイナスも求めないかを，自分自身で判断して行動していくことではないでしょうか。「ご飯は毎日作ってもらうけど家族とは関わりたくない」というのは，家族との関係を考えていく上では良い結果には結びつかないかもしれません。「家族だから」ではなく，家族との関係を自分の責任で作っていきましょう，というのが，家族心理学から考えられる幸福への一つのヒントになります。もちろん，家族と一括に言っても，そこにはそれぞれの家族成員との関係があるので簡単なことではありません。自分の思い通りに動いてくれることや，欲しいものをくれることだけが愛情を確認する手段ではないですし，時間の経過や個人の成長とともに家族の関係性は大きく変化していくことも知っておく必要があります。多くの人が「幸福と家族」を結びつけて考えてきたという事実は頭の隅に置きながら，ゆっくりと時間をかけてその関係性を考えていく価値が，家族にはあると思います。

引用文献

Carr, D., & Springer, K. W. (2010). Advances in families and health research in the 21st century. *Journal of Marriage and Family, 72*(3), 743-761.

Diener, E., Suh, E. M., Lucas, R. E., & Smith, H. L. (1999). Subjective well-being: Three decades of progress. *Psychological Bulletin, 125*(2), 276-302.

福島朋子・沼山 博 (2015) 子どもの有無と主観的幸福感—中年期における規定因を中心として— 心理学研究, *86*(5), 474-480.

Liu, H., & Umberson, D. J. (2008). The times they are a changin': Marital status and health differentials from 1972 to 2003. *Journal of Health and Social Behavior, 23*(1), 1-7.

神 信人・山岸俊男 (1997). 社会的ジレンマにおける集団協力ヒューリスティクスの効果 社会心理学研究, *12*(3), 190-198.

Lee, E., Clarkson-Hendrix, M., & Lee, Y. (2016). Parenting stress of grandparents and other kin as informal kinship caregivers: A mixed methods study. *Children and Youth Services Review, 69*, 29-38.

Merz, E. M., Schuengel, C., & Schulze, H. J. (2009). Intergenerational relations across 4 years: Well-being is affected by quality, not by support exchange. *Gerontologist, 49*(4), 536-548.

内閣府 (2011). 幸福度に関する研究会「幸福度に関する研究会報告—幸福度指標試案—」概要〈https://www5.cao. go.jp/keizai2/koufukudo/pdf/koufukudosian_gaiyou.pdf〉(2020 年 9 月 30 日)

内閣府 (2020). 令和 2 年版少子化社会対策白書全体版 (PDF 版) 3 婚姻出産の状況〈https://www8.cao.go.jp/ shoushi/shoushika/whitepaper/measures/w-2020/r02pdfhonpen/pdf/s1-3.pdf〉(2020 年 9 月 30 日)

中原 純 (2011). 前期高齢者の祖父母役割と主観的 well-being の関係 心理学研究, *82*(2), 158-166.

Namkung, E. H., Greenberg, J. S., & Mailick, M. R. (2017). Well-being of sibling caregivers: Effects of kinship relationship and race. *Gerontologist, 57*(4), 626-636.

Nomaguchi, K. M., & Milkie, M. A. (2003). Costs and rewards of children: The effects of becoming a parent on adults' lives. *Journal of Marriage and Family, 65*, 356-274.

岡堂哲雄 (1991). 家族心理学講義 金子書房

Seligman, M. E. P. (2011). *Flourish: A visionary new understanding of happiness and well-being.* New York: Simon and Schuster. (宇野カオリ (監訳) (2014). ポジティブ心理学の挑戦—"幸福"から"持続的幸福"へ— ディスカヴァー・トゥエンティワン)

Seligman, M. E. P., Rashid, T., & Parks, A. C. (2006). Positive psychotherapy. *American Psychologist, 61*(8), 774-788.

Shankar, A., Rafnsson, S. B., & Steptoe, A. (2015). Longitudinal associations between social connections and subjective wellbeing in the English Longitudinal Study of Ageing. *Psychology & Health, 30*(6), 686-698.

ソニー損害保険株式会社 (2020). 「ソニー損保の"安心てなんだ?"」研究所 (https://www.sonysonpo.co.jp/ anshinken/image/pdf/2020_01_text_2.pdf)

菅原ますみ・八木下暁子・詫摩紀子・小泉智恵・瀬地山葉矢・菅原健介・北村俊則 (2002). 夫婦関係と児童期の子どもの抑うつ傾向との関連—家族機能および両親の養育態度を媒介として— 教育心理学研究, *50*, 129-140.

Thomas, P. A., Liu, H., & Umberson, D. (2017). Family Relationships and Well-Being. *Innovation in Aging, 1*(3), 1-11.

Waldinger, R. J., Vaillant, G. E., & Orav, E. J. (2007). Childhood sibling relationships as a predictor of major depression in adulthood: A 30-year prospective study. *American Journal of Psychiatry, 164*(6), 949-954.

青年期と幸福

小嶋佑介

第1節　青年期とは

(1) 発達段階における青年期

　エリクソン（Erikson, 1963）が提唱した心理社会的発達理論の中で，5番目に位置する発達段階が「青年期」です。しかし，ひとくちに青年期と言っても，具体的な年齢区分ははっきりしていません。青年期のはじまりについては，第二次性徴と呼ばれる性的成熟を伴う身体の発達的変化を指標とすることが多いとされていますが（平石，2011），この理論の提唱者であるエリクソンは，青年期を13歳から19歳までと区分しており，我が国の厚生労働省が公表している発達の年齢区分では，15歳から24歳までとなっています（厚生労働省，2000）。

　このように，青年期の終わりの時期についてはかなりのズレがあり，発達段階を年齢で区分する際の絶対的な基準はありません。従来から青年期は，「子どもから大人への移行期」とされてきました。つまり，「大人」になることで青年期以降の発達に続いていくということになります。では，「大人」になるとはどういうことなのでしょうか。例えば，就職することによって経済的に親から自立すること，結婚して子どもを育てることによって自らが親となることなどは，比較的分かりやすい大人になることの基準として理解されるかもしれません。しかし，就職や結婚などが必ずしも心理的に大人になった証拠になるわけではありません。大人になるという心理社会的発達は，生物学的な身体の成熟とは大きく異なり，何歳頃に達成される，といった課題ではないのです（平石，2011）。

(2) アイデンティティとは

　青年期における発達課題として最も重要なものは，「アイデンティティの確立」とされています（Erikson, 1963）。アイデンティティとは，「自分は何者なのか」という問いをもつこと，自分はこういう人間であると知ることと言えます。一方で，アイデンティティは難解な概念であり，研究者によって定義のニュアンスが異なることが多々あります。宮下・杉村（2008）は，アイデンティティについて，「自分が過去から現在，そして未来に向かってつながっているという自覚，また，様々な状態にある自分が，どれも自分の一部であるという自覚である。このことは，自分の内面で感じられるだけではなく，自分にとって重要な他者や社会によっても保証される必要がある」と述べています。すなわち，アイデンティティとは自分一人の力で形成されるものではなく，必ず他者の存在が必要になります。

　また，「自分を知る」ということは，他の人からどうみられているかを意識することでもあります。例えば，幼稚園児や小学校低学年くらいの子どもに，将来何になりたいかを聞くと，「歌手になりたい」，「スポーツ選手になりたい」など自分の理想や欲求に正直に語ります。自分の主観が全てなので，他の人からどう思われるかなどを気にして発言を躊躇することはほとんどありません。しかし，青年期に差し掛かると，自分の能力や資質には限界があると感じ始め，理想と現実のギャップに葛藤するようになります。つまり，ただの主観では安心できなくなってくるのです。そうして今度は客観的な視点を求め

始めます。スポーツ選手になりたいと思っているときに，他の人から，「君は運動神経が抜群にいいね」と褒められたり，承認を受けたりすることで，自分自身に対する安心につながっていきます。このような承認を友達や先輩，教師などからかけられることで，「自分はスポーツ選手を目指しても大丈夫な人間なんだ」と自己認識が形成されていきます。一方で，「向いていない」と言われたり，何の評価ももらえなかったりなど，思ったように認めてもらえないこともあります。そうすると，スポーツ選手は難しいかもしれないと感じるようになりますが，「スポーツ選手がだめなら，何かスポーツに携われる職業を探してみよう，あるいは体育の教師も目指せるかもしれない」など，これまでの周囲の反応と照らし合わせながら自分自身を客観視することで，将来のビジョンが具体的に見えてくるようになっていきます。このように，他者の視点や意見が自分自身を知るための鍵となってくるわけです。

　これを現象学的視点からみれば，フランクル（Frankl, 1957）が述べるように，そもそも人間が一人では生きていないことが分かります。つまり，自分自身を他者と区別し，一人の人間として認識するということは，他の多くの他者の中から「自分」という個別性をピックアップしなければならないわけであり，常に私たちが他者との関係の中でしか存在できないことを意味しています。その上で，青年期において対人関係が重要とされる理由は，それまで依存対象であった親の保護下から離れ，自分自身の存在を友人などの仲間関係の中に見いだすようになっていくからです。青年期はこのような過程を経ながら，徐々に一人の人間として確立されていきます。

　従来から青年期は，アイデンティティ確立の過程の中で，「自分は何者なのか，何を求めていけばよいのか」という哲学的な問いをもつようになるとされてきましたが，現実の青年がこのような哲学的な問題に対して日常的に考え，悩むことはあまりありません。むしろ，学業や将来の職業，自分の容姿や性格，友情や恋愛などの具体的な悩みを通して，アイデンティティ形成の課題に取り組んでいきます（氏家，2018）。

 ## 第2節　青年期と幸福の関連―青年らしさとは何か

(1) 対人関係の視点から

　青年期を対象とした幸福に関する研究では，対人関係の視点から青年期の幸福を明らかにしようと試みる研究が数多くあります。例えば，曽我部・木村（2009）は青年期における大学生の主観的幸福感に影響を与える要因を検討するために，まず予備的な聞き取り調査として，大学生に対して，「何が自身の幸福を決めると思うか」ということをインタビューしました。最終的な分析の結果，青年期の幸福を規定する重要な要因として，「安定した暮らしの中で自分の個性や能力を発揮することができる」という将来社会への期待，「周囲の期待に満足に応え，評価をもらうことができる」という自他評価の一致，「愛情や絆を感じ，悩みなどを相談できるような人間関係を築けている」という人間関係の親密性，「時間やお金に余裕があり，豊かな生活を営めている」という生活資源の豊かさの4つが明らかになりました。この結果から，対人関係の重要性はもちろんのこと，生活そのものの豊かさや，自身の個性や能力を発揮することができる環境に身を置いているかどうかも，幸福にとって大切であることが分かります。

　また，徳永・松下（2010）は，ソーシャル・スキルが主観的幸福感に与える影響を検討しました。ソーシャル・スキルには，「主張性スキル」と「反応性スキル」の2つの基本的な能力があり，主張性スキルとは，自分の考えや思いを，相手や状況を考慮しながら感情に流されることなく表現する能力です。一方，反応性スキルとは，相手の思いや要求を共感的に受けとめながら，聴き手としてコミュニケーションを展開していく能力のことを言います。この研究では，自分自身のソーシャル・スキルを高く評

価していようが，逆に低く見積もっていようが幸福感には直接的に影響せず，結局は相手が自分の想いを受け止めてくれていると感じられているかどうかが，重要であることを明らかにしています。

　さらに，吉村（2017）は，大学生の友人関係と主観的幸福感の関連について，ただ友人がいるだけでは不十分であり，自分を本当に理解し，受け入れてくれる友人がいることが，主観的幸福感にとって重要であることを明らかにしました。これは，上述した徳永・松下（2010）の，コミュニケーションにおいて相手からの応答度が主観的幸福感にとって重要であるという知見とも関連するものです。つまり，対人関係の中で幸福を感じるためには，いかに相手と「双方向」的な相互交流ができるかが重要であり，自分と相手の双方が，お互いのことを理解し，受け入れ合っているという認識のもとで関わることが重要であると言えます。

　青年期になると友人関係の質も変化していきます。幼い頃は，同年代の様々な子どもたちと関わり，「友達」になるハードルも低いため，たくさんの友達が比較的できやすい時期です。児童期において価値観の異なる様々な子どもたちと関わり，色々なことを学ぶことが発達的に重要とも言えます。小学生の頃と比べて，大学生になってからの方が友達が多いということはあまりありません。ここでいう友達とは，価値観を共有し合えるような親密な関係にある存在のことを指します。すなわち，児童期において色々な価値観をもつ友人たちと関わり学んでいく時期から，青年期に差し掛かることで，今度は自らの価値観を共有することができるような限定的な友人関係へと変化していくということです。

　青年期のこのような友人関係に関連する研究として，牧野・田上（1998）は，対人関係の量と質が主観的幸福感にどのような影響を及ぼすかを検討しました。この研究では，社会的相互作用という要因の量的な側面（1日あたりの交流した人数，費やした時間，1回あたりの長さ，交流した相手のタイプを割合で示したもの）と質的な側面（交流した相手をどの程度心理的に近く感じているか，内容がどの程度満足できるものだったか，どの程度自分に反応を返してくれたか，自分の意見がどの程度影響力をもったか，その交流に対してどの程度自信をもてたか）を設定しています。結論から言えば，主観的幸福感を高める要因は，社会的相互作用の「質」であるということを明らかにしています。続けて，社会的相互作用の質が高ければ，限定的な範囲内の交流で強い満足感が得られるため，たくさんの人との交流を求める必要がなく，量的志向にはつながりにくいと指摘しています。

　加えて，吉村（2017）は，友人関係にとどまらず，青年期の恋愛に対する意識と主観的幸福感の関連を検討しています。そこでは，恋愛が人生において重要だと思っている人ほど，そして恋愛は自分を磨き成長させてくれるものだと思っている人ほど，主観的幸福感が高いことを明らかにしました。逆に，恋愛とは相手を束縛し，独占したくなるものといった，恋愛に対してネガティブなイメージをもっている人ほど，主観的幸福感が低い傾向にあることも示しました。近年は晩婚化が進むなど，個人の中で恋愛を重要なものとして位置づけずに，趣味や仕事などに熱量を注ぐような多様な生き方も浸透してきていますが，そのような現代社会の流れの中であっても，恋愛に対する考え方は自らの幸せと密接に関わっていると考えられます。

(2) 職業選択の視点から

　友人関係や恋愛だけでなく，青年期にある高校生や大学生にとって重要なライフイベントに就職があります。自分の個性や能力を踏まえて，働きたいと思える職業に就くことは，青年期において大きなターニングポイントとなり得ます。さらに，職業の選択を，自らの個性や資質の表現と捉えると，それはすなわち自己概念やアイデンティティの形成に関わる重要な機会となります。武衛（1969）は，職業選択に関する考え方の発達過程を分析し，児童期では興味や関心からなりたい職業を選び，中学生（青

年前期）になると興味とあわせて自らの価値観を重視するようになり，高校生（青年中期）になると自らの能力評価という視点が新たに加わり，大学生（青年後期）になると，自らの能力評価を洗練させつつ，より現実的な吟味を重視するような傾向にあると指摘しました。このように，職業の選択は発達の過程とも関わりが深いとされています。

　吉村（2017）は，就職に対する意識が未熟で，将来の見通しがもてず，職業選択に取り組むことができない状況は，大学生の主観的幸福感を低下させてしまうことを明らかにしました。しかし，たとえ職業が決まっていなくても，自分に合った職業をじっくりと継続的に模索していこうという積極的な姿勢は，主観的幸福感を高めることにつながることも示しています。自分に合った職業を探すことにポジティブな姿勢で臨むためには，自分が望むような働き方ができる社会があるという期待や，自らの資質に合った能力を発揮することができるという自信などが含まれていると考えられ，これは，上述した曾我部・木村（2009）が示した幸福の構成要素である，将来社会への期待や自他評価の一致ともつながる部分があると思われます。また，渡邊ら（2018）は，青年期の昇進意欲と主観的幸福感の関連について検討しています。そこでは，女性の昇進意欲は男性に比べてかなり低いとした上で，昇進意欲が主観的幸福感と結びつく方向性に男女差があることを明らかにしました。つまり女性は，女性として自分がどう生きていくのかという主体的な価値観を確立し，女性特有の強みである補佐的役割を活かした，周囲をサポートしながらリーダーシップを発揮していく在り方が，主観的幸福感を高めると指摘しています。一方男性では，逆境でも粘り強く対応するような，根性に基づいたリーダーシップの発揮の仕方が主観的幸福感にとって重要だと述べられています。

 ## 第3節　青年期と幸福に関するワーク

（1）自己イメージに関するワーク（ワーク1）

　第2節では，これまでの研究知見をもとに，大学生を主とした青年期の幸福について述べてきました。では，実際に青年期の人々が主観的幸福感を高めるために，どのような取り組みをすることが効果的と考えられるのか，青年期の発達的特徴と照らし合わせながらみていきたいと思います。

　ハヴィガースト（Havighurst, 1972）は，「発達課題は，人生の一定の時期あるいはその前後に生じる課題であり，それをうまく達成することが幸福とそれ以後の課題の達成を可能にし，他方，失敗は社会からの非難と不幸をまねき，それ以後の課題の達成を困難にする」と述べています。青年期における重要な発達上の課題は，先にも述べたように，アイデンティティの確立ですが，それはすなわち，ハーター（Harter, 2012）が指摘するように，異なる役割や関係を超えて変化する複数の自己の構築と統合です。

　例えば，親友に対する態度と好きな異性に対する態度，または，親に対する態度など，相手や状況によって関わり方が異なるというのは自然なことです。友人たちと一緒にいるときはたくさん喋るのに，好きな人の前では声が小さくなって口数が減ってしまう，そうかと思えば，親に対しては反抗して攻撃的になってしまったりする。このように，同じ自分であっても，いくつもの側面があります。ハーター（Harter, 2012）は，青年中期（14〜16歳）では，このような複数の自己の側面があることに混乱しやすく，「なにが本当の自分なのか」という感覚を抱きやすいため，自己に対するイメージは安定していないことが多いとしています。青年後期（17〜19歳）になると，これまで葛藤の対象であった矛盾する複数の自己（内向的であることと外向的であることなど）をより高次の抽象的な概念に統合していくようになります。すなわち，ある状況では外向的になり，異なる状況では内向的になるということは，例え

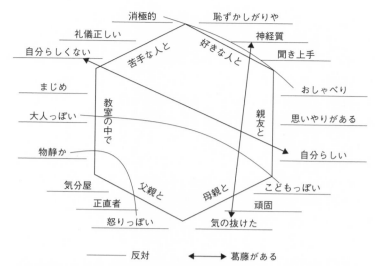

図 4-1　青年期における多面的な自己の例（Harter, 2012 を参考に平石, 2011 のモデルを一部変更して抜粋）

ば相手との円滑なコミュニケーションを促進したり，楽しい雰囲気を演出したり，自分の誠実さや人間らしさを表現することにもつながるため，むしろ「適応的」であるという解釈が可能になります。このように，自己の中で矛盾する側面が，さらに高い次元の抽象的概念と結びついていくことで，どちらも自分の一部であるというように統合されていくわけです。

　ここで，図 4-1 をみてください。

　この図例は，様々な人たちと一緒にいるときの自己イメージを描きだしたものです。複雑な図形ではないので，紙とペンさえあれば作成することが可能です。まずは図例のような 6 角形を書いてみましょう。図例では，6つの異なるタイプの相手あるいは社会的状況の中で，自分がどのような人物なのか，その特徴をそれぞれ 3 つずつ記載しています。

　この異なるタイプの相手と社会的状況は，自由に決めて構いません。人によっては，サークルやバイト仲間と一緒にいるとき，きょうだいや祖父母といるときなど，様々な状況が思い浮かぶと思いますので，印象深いタイプから書き始めるのが良いでしょう。相手のタイプが書き終わったら，次はそれぞれのタイプにおける自己イメージを 3 つ程度書き出していきます。ここでも難しく考える必要はありませんので，普段の生活をふりかえりながら，記憶に残っている自分の振る舞いや態度を思い出して書いてみましょう。

　それぞれの状況における自己イメージが書き終わったら，他のタイプの相手に書いた自己イメージと見比べてみましょう。そうすると，矛盾する内容があると思います。例えば，『親友と』一緒にいるときの「おしゃべり」という特徴と，『苦手な人と』一緒にいるときの「消極的」というような，自分が矛盾していると感じる特徴同士を線でつなぎます。また，『好きな人と』一緒にいるときの「神経質」という特徴と，『母親と』一緒にいるときの「気の抜けた」特徴が，自己の中で，どちらが適切なのか迷っているなど，葛藤していると感じられる場合は，その特徴同士を矢印線でつなぎます。ここまで行ったらこのワークの作業は終了です。

　このワークは，対人関係上の複数の自己イメージを整理し，矛盾点や葛藤を自覚した上で，「こういう特徴があるからこそ自分だ」と認識するための手がかりを提供してくれます。ただし，実際に複数の自己の側面が矛盾を抱えつつも統合に向かっていくプロセスは，高度な認知発達や対人的，環境的要因

表 4-1　対人関係におけるポジティブ経験のワーク

相手のタイプ	幸せな気持ちになった体験	得点（1 〜 10 点）	他の相手との間で
親友	悩みを真剣に聞いてくれて，気持ちが楽になったこと	8 点	親友のみ
家族	疲れていたときに，食事を作ってくれたこと	6 点	家族のみ
先輩・後輩	アドバイスをしたときに，感謝されたこと	6 点	バイト仲間
バイト仲間	誕生日をみんなで祝ったこと	7 点	親友・家族

が複雑に絡み合う中で進んでいくものですので，あくまでもこのワークは統合への手助けになるものとして理解すると良いでしょう。

（2）ポジティブ経験のワーク（ワーク2）

　次に，青年期の幸福感に直接的にアプローチするような心理学的ワークを紹介したいと思います。主観的幸福感には，感情的側面として「ポジティブ感情」と「ネガティブ感情」の2つがあります。より高い幸福感を得るためには，当然ポジティブ感情が高い方が良く，ネガティブ感情はある程度低くあることが重要です。しかし，進化論的な立場によれば，ヒトはポジティブ感情よりもネガティブ感情により強い注意を払うようにプログラムされているとされます（Nettle, 2006）。ネガティブ感情（恐れ，不安，悲しみなど）は，生物にとって危険信号の役割を備えており，危険を回避し，その状況を繰り返さないようにするためには，ネガティブな感情をより迅速に，そしてより記憶に残るように察知しなければなりません。すなわち，ネガティブ感情に対して強い注意を払い続けることで，私たちは進化の競争を生き残ってきたということになります。したがって，ネガティブ感情は意識せずとも容易に生起してしまうという特性があるため，幸福感を高めるためには，印象に残りづらいポジティブ感情に対して，意識的に注意を向けるような取り組みが大切になってくると考えられるわけです。ここで，以下のワークを実践してみましょう。

　ここ1ヶ月で，人と一緒にいて幸せだと感じた（楽しかったこと，嬉しかったこと，満足感が得られた）経験を思い出して，書き出してみましょう。表4-1の例を参考にしてください。まず，それらの経験を，友達と一緒にいるとき，家族と一緒にいるとき，先輩や後輩といるときなど，3 〜 4つにタイプ分けをして，それぞれ書き出してみましょう。次に，それらの経験がどの程度幸せだと感じられたか，自分なりに得点にしてみましょう。最後に，友人と一緒にいるときのポジティブな経験が，他の相手との間で起こっても，同じように幸せな気持ちになれるかどうかを考えてみましょう。もし，幸せな気持ちを経験した出来事が，他の相手との間でも変わらず幸福感を得られるのであれば，その出来事はあなたの人生のあらゆる状況においてポジティブな影響を与えると考えられます。一方，特定の人との間だからこそ生じた幸せな経験であれば，それはあなたとその人（たち）の関係性が幸福において重要なことを示唆していると考えられます。

第4節　この章のまとめ

　ここまで，青年期における重要な発達課題がアイデンティティの確立であり，他者との良好な関係が健全な発達および幸福に重要な役割を担うことを述べてきました。前節のワークでは，ポジティブな経験に焦点を当てたワークを紹介しましたが，ネガティブな状況に対処していくことも，幸福な状態を維持していくためには大切なことです。例えば，友人からいじわるをされたという状況があったときに，その理由を「自分の性格が悪いから」，「相手に悪い印象を与えていたから」など，自分の責任にしてし

まうよりも，「相手がいじわるだから」や「相手の機嫌が悪かったから」など，相手のせいにしてしまう方が，高い幸福感が維持されます。もちろん，実際にこのような状況になった際，表面上は穏やかに取り繕ってその場をやり過ごす対応が必要になるかもしれませんが，必ずしも心の中まで穏やかである必要はありません。このような友人とのネガティブな場面において，「自分は器用に振る舞うことができる」と自己認識することも，青年期における自己を統合させていくことに役立つ可能性があります。

　また，リンヴィル（Linville, 1987）は，自己に関するイメージが多ければ多いほど，ストレスから生じるネガティブな気分を低減させ，ポジティブな気分の浮き沈みを抑制させることを明らかにしました。例えば，勉強にのみ情熱を注ぎ，学力こそが自分の全てだと考えている人にとって，受験に失敗したり，テストで悪い得点を取ったりすることは，自分の存在価値の否定につながりやすく，絶望感を抱きやすいと考えられます。しかし，他にもたくさんの自己イメージ（部活動に熱心に取り組む自分，趣味に対して探求心がある自分，友人を大切にしている自分など）があれば，勉強に関する失敗は，人生全体に与えるネガティブな影響のうち一つの側面に過ぎないわけなので，ダメージは分散されます。このように，多くの自己イメージが存在することは，アイデンティティの確立において混乱する要因になる可能性もありますが，将来的には安定した気分を維持するための重要な要素として機能することが期待されます。したがって，様々な局面で色々な自分を見つけ，特定の側面に執着しすぎないことが重要です。

　さらに，あまり好きではない自分の側面にとらわれてしまうこともあるかもしれません。例えば，物事に対して消極的になってしまうという特徴は，一般的にあまり好ましくない性格傾向として理解されやすく，なかなか行動することができない引っ込み思案と捉えられがちですが，場合によっては，丁寧に状況を把握して失敗を未然に防ぐことができる能力と捉えることも可能です。つまり，自己のあらゆる側面は状況によって成功の要因にも失敗の要因にもなり得るということであり，ポジティブとネガティブの両側面を含んでいることが多々あります。このような両側面を経験の中で徐々に受け入れていくことも，安定した自己を形成するために重要なことです。

　自分自身を見つけていく発達過程は，長く険しい道のりになるかもしれません。楽しいことも，辛いことも，経験し乗り越えていくのは一人の自分ですが，色々な側面をもつ自分自身が常にそばで助けてくれると認識することが，現在を含め，将来の幸福につなげていくために大切なことだと考えられます。

引用文献

武衛孝雄（1969）．職業選択における形成要因の出現過程―児童期から青年後期までの縦断的発達研究　島根女子短期大学紀要, *7*, 19-31.

Erikson, E. H. (1963). *Childhood and society*. New York: W. W. Norton.（仁科弥生（訳）（1977/1980）．幼児期と社会Ⅰ・Ⅱ　みすず書房）

Frankl, V. E. (1946). *Ärztliche Seelsorge*. Wien: Frantz Deuticke.（霜山徳爾（訳）（1985）．死と愛―実存分析入門　みすず書房）

Harter, S. (2012). *The construction of the self* (2nd ed.): *Developmental and sociocultural foundations*. New York: Guilford Press.

Havighurst, R. J. (1972). *Developmental tasks and education*. New York: Longmans.（児玉憲典・飯塚裕子（訳）（2004）．ハヴィガーストの発達課題と教育　新装版　川島書店）

平石賢二（2011）．思春期・青年期のこころ―かかわりの中での発達　北樹出版

厚生労働省（2000）．健康日本21（総論）　https://www.mhlw.go.jp/www1/topics/kenko21_11/s0.html

Linville, P. W. (1987). Self-complexity as a cognitive buffer against stress-related illness and depression. *Journal of Personality and Social Psychology, 52*, 663-676.

牧野由美子・田上不二夫（1998）．主観的幸福感と社会的相互作用の関係　教育心理学研究, *40*(1), 52-57.

宮下一博・杉村和美（2008）．大学生の自己分析―いまだ見えぬアイデンティティに突然気づくために―　ナカニシヤ出版

Nettle, D.（2006）. *Happiness: The science behind your smile*. New York: Oxford University Press.（金森重樹・山岡万里子（訳）（2020）. 幸福の意外な正体　きずな出版）

曽我部佳奈・木村めぐみ（2009）青年期における大学生の主観的幸福感—その影響要因の探索に向けて—　和歌山大学教育学部紀要，*60*，81-87.

徳永美沙子・松下姫歌（2010）. 青年期の友人関係における主観的幸福感，ソーシャル・スキルおよび対人相互作用の質との関連　広島大学大学院心理臨床教育研究センター紀要，*9*，80-90.

氏家達夫（2018）. 個と関係性の発達心理学—社会的存在としての人間の発達　北大路書房

渡邊洋子・岩瀧大樹・山崎洋史（2018）. 青年期の昇進意欲に関する研究—主観的幸福感に影響する要因の検討—　群馬大学教育学部紀要　人文・社会科学編，*67*，289-298.

吉村　英（2017）. 青年期の発達課題が幸福感に与える影響　京都女子大学大学院発達教育学研究科博士後期課程研究紀要，*11*，1-13.

コラム1　大切なモノを失うと不幸になる？

　日本は自然災害が多い国であり，毎年のように地震や台風などによる被害が報告されていますが，災害後に生じる被災者のネガティブな心の状態の一つに「災害ストレス」があり，臨床心理学的な支援も展開されています。災害ストレスに関する心理学的研究も数多く行われていますが，最近は，被災者の心の問題をより広い視点から理解するために，被災後の「ポジティブな状態」にも着目する研究が増えてきました。そこで，本コラムでは，被災者のポジティブな心理的側面に焦点を当てた池内・藤原（2000）の研究をもとに，人々がネガティブな状況下でも幸福感を高めていくことが可能なのかという点についてみていきたいと思います。

　この研究では，大切に所有していたモノ（家，財産，家具など）を失ったことや，社会的な支援の輪の大きさの程度といった環境要因が，被災後の生活における個人の主観的な満足感や幸福感（ここでは幸福感の指標として Quality of Life（以下，QOL）が用いられています）にどのような影響を及ぼすのか検討を行いました。阪神淡路大震災の影響で仮設住宅に住むこととなった 20 代から 80 代までの男女の被災者に対して，質問紙調査を実施しました。QOL については，「生きがいの大きさ」と「心身の健康」の 2 側面から測定しています。まず，「自然災害で大切なモノを失った人は，失っていない人よりも，被災後の生活の QOL 得点が低くなる」という仮説について検討を行いました。その結果，「大切なモノを失っていない人の方が，心身は健康だが，大切なモノを失った人の方が，生きがいをもって生活している」という結果が得られました。これは，モノを失った被災者には，失ったモノを取り戻そうとする「補償の心理」が強く働いたために，生きがい得点が高くなった可能性があると考えられました。また，これまでの喪失に関する研究によれば，近親者との死別を経験した人は，その悲しみから回復するために約 2 〜 3 年が必要であると言われています。そのため，この研究が，地震発生後 2 年以上経過した後の調査であることから，大切なモノを失った人は，既に新しい目標（例：家の建替え，生計維持のための仕事）や生きがい（例：家族のために働く）を見いだす段階に至っていた可能性があると考えられています。これらのことから，「自然災害によって大切なモノを失った経験が，人々の生きがいを大きくする」というポジティブな働きをする場合もあると考えられるでしょう。

　また，この研究では，「社会的な支援の輪が大きい人は，小さい人よりも，被災後の生活の QOL 得点が高くなる」という仮説についても検討を行い，「社会的な支援の輪が大きい人は，小さい人よりも健康状態が良い」という結果が得られました。これは，身近に頼れる人が多いと信じている人ほど，困難な出来事でもストレスフルであると自己評価されにくくなることが関連すると考えられています。

　池内らによれば，自然災害によって大切なモノを失っても，それを機に新たな自分の生活を築き上げていくという再建のエネルギーが強くなり，それ自体が生きがいになっている可能性が高いとされています。例えば，津波によって家が全壊した場合，自分の居場所や家族との思い出までをも失う体験となり，被災直後の QOL は低いことが推測されます。しかし，時間経過とともに，「自分自身や大切な人が生きていること」，「支えとなる社会的ネットワークの存在」に意味を見いだすことで生活をリセットでき，QOL を高めていくことも可能であると考えられます。つまり，しっかりと悲しみに浸った後に，ネガティブな状況下から幸福感を高めていくためには，失ったモノを数えるよりも，今の生活の中に存在するモノやヒトへ目を向けることが大切だと言えるのではないでしょうか。

（髙橋あかね）

引用文献

池内裕美・藤原武弘（2000）．物的所有物の喪失およびソーシャル・サポート・ネットワークが生活の質（QOL）に及ぼす影響：阪神大震災の被災者を対象として　社会心理学研究，*16*(2)，92-102.

Part II
ウェルビーイングの心理学

社会の幸福感について考えてみよう

　パートIIでは，（自分を含めた）社会をみるという立ち位置で幸福について考えていきます。例えば，「子どものときって何が幸福だったっけ？」「自分が歳を取ったらどのようなことで幸福を感じるのだろうか？」「一般的には幸福な生活を送るためには何が必要だと言われている？」といった疑問は，このパートIIで扱われます。この場合，そのグループに自分が入っていることもあれば，入っていないこともありますし，今は入っていなくても後から入る可能性もあります。二番目にこの内容を取り上げたのは，パートIで学んだ自分の幸福を，他者との比較や全体での位置づけの観点から理解するためです。比較と言っても，自分の幸福が他者より高いか低いか，といったものだけでなく（それも人にとっては大事かもしれませんが），ある種メタ的な視点から幸福を理解することがパートIIでは重要となります。心理学を志す人の中には，自分自身への強い関心がある人も多いでしょう。それ自体は何も悪いことではありません。しかし，心理学の研究をする，自分や他者の心を客観的視点で捉えられるようにする，といったことを行うためには，自分のみへの関心から少し距離を取ることも必要であり，自分と特定のグループの立ち位置を知ることによって，心理学の研究をする際に必要な客観的態度の醸成や，柔軟な自己理解にも活かすことができます。

　パートIIでは，発達心理学，高齢者心理学，精神医学を章のテーマとして挙げました。これらの章では，主に，ある年代や属性をもつ人たちおよび，一般的平均的な幸福感の様相が紹介されており，特定のグループの幸福や自分の生活について想像してみるようなワークが準備されています。心理学における幸福感の全体像を理解するために，パートIで手に入れた自分の幸福に対する視点から一歩外に出て，社会の幸福感について考えてみましょう。

第5章　発達心理学と幸福

金丸智美

第1節　発達心理学とは

(1)「発達」とは何か

　発達心理学は、私たちの心の働きや行動の特徴が、時間の経過とともにどのように変化をするのか、その道筋を明らかにする学問です。そもそも「発達」には、どのような意味があるのでしょうか。この言葉は英語の development の訳語です。development は、「巻物を開いて内容を読む」や「現像する」などのように、既にあるものが時間の経過とともに開かれていき、明らかになるという現象を意味するとされています（藤永，1992）。また、「発達」の漢字の構成をあらためて見れば、どこかから出発し、どこかに到達するという意味が含まれることに気づくでしょう。

　それでは、私たちの人生はいつの時点から始まり、どこで到達したと言えるのでしょうか。1970年代頃までは、発達心理学の研究対象となっていたのは、心や行動が成熟に向かう乳児期から青年期まででした。1980年代以降には、研究技術の向上に伴い胎児期や乳児期の研究が進んだことや、人口の増加した高齢者の生き方や心理的特徴への関心の高まりなどから、胎児期から死までの一生涯を研究の対象とする「生涯発達心理学」が提唱されるようになりました。

　もう一つ「発達」に関しては、生物学的要因と環境的要因が相互に影響し合いながら、時間の経過とともに、心の機能や行動の特徴が変化をするという捉え方があります。生物学的要因とは、ヒト[1] が進化の過程で獲得してきた遺伝子に組み込まれているプログラムです。私たちには、ヒトとして共通する様々な心理的特徴や行動があると同時に、一人ひとりに異なる特徴もあります。そのような共通性と個人差が、遺伝子という生物学的要因に含まれているのです。一方の環境的要因としては、親、友人、教師などの他者や、文化、流行、経済状況などが挙げられます。

　生物学的要因と環境的要因が相互に影響し合いながら、時間の経過とともに、心の機能や行動が変化をすることの例として、子どもが言葉を習得していく過程について説明しましょう。ヒトは、どの国や文化に生まれたとしても、何らかの言葉を話します。ヒトの遺伝子には、言葉を話すという、組み込まれたプログラムがあるからです。つまり、そのような生物学的要因があることで、人間の赤ちゃんは生後間もないときから、様々な音声を出します。すると、周囲の人たちは赤ちゃんに、自分たちの母語で話しかけることでしょう。これが、生物学的要因から環境的要因への影響（図5-1：A）になります。一方、赤ちゃんは周囲の人たちの母語をたくさん聞くことで、その母語を習熟させていくことになります。これは環境的要因から生物学的要因への影響（図5-1：B）です。つまり、言葉という、私たちヒトに特有の機能は、生物学的要因をもっているがゆえに可能なのですが、それだけでは働きを十分に開花させることはできず、環境的要因の影響も受けることによって、より複雑な言葉の習得という変化を遂げることが可能になるのです。

---

1) 動物の一種としての人間を表現する際に「ヒト」と表記します。

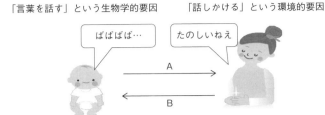

図5-1　生物学的要因と環境的要因の相互作用（子どもが言葉を習得する過程）

　私たちヒトに特有な心の働きとしては，他にも，言葉を使って思考すること，自分を客観的にみること，複雑な感情をもつことや，他者の意図を読み取ることなどが挙げられます。このように私たちヒトは，複雑な言葉や感情を使いながら，他者と意図を共有し，関係を形成し協力し合うことで，様々な文化や制度を作り上げてきたのです。

(2) 発達心理学の研究領域

　以上のように，「発達」には多くの事象が含まれるため，発達心理学の研究領域も多岐にわたります。発達心理学における研究領域には，次の4つの視点があると考えられます。第1は，生涯を，乳児期，青年期や高齢期など，まとまった時期に分けるという視点です。発達心理学では，このような捉え方を「発達段階」とし，単に年齢で区切るのではなく，他の段階とは質的に異なる特徴があるとみなします。第2は，私たちの心を構成する機能から捉える視点です。つまり，言葉，認知，身体，社会性，感情，対人関係などに分ける捉え方です。第3は，ヒトに共通する普遍的な発達の道筋を明らかにするのか，あるいは，一人ひとりに異なる特徴，つまり個人差を明らかにするのかという視点です。第4は，年齢に代表される時間的な変化を捉える視点です。

　現代の発達心理学研究は，これら4つの視点のどれかに焦点を当てるものや，これらの組み合わせで構成されていると考えられるでしょう。例えば，筆者が行った研究では，幼児期に着目し（第1の視点），その発達段階の幼児たちが自身の不快感情を調整する力（第2の視点）を，母親との関係の中で（第2の視点）どのように形成するのかを明らかにするために，幼児の感情調整の個人差（第3の視点）を分析しました（金丸・無藤，2004）。さらにその個人差が2歳から3歳にかけてどのように変化するか（第4の視点）を明らかにした研究も行いました（金丸・無藤，2006）。近年は，生物学的要因である遺伝子の発現の仕方が，環境に影響されるというエピジェネティクス[2]の視点からの研究も，神経科学，精神医学，遺伝学など他の学問領域との協働の中で，増えつつあります（板橋，2019）。

　本書のテーマである「幸福感」は，第2の視点の中で感情に該当すると考えることもできます。しかし，発達心理学では「幸福感」そのものに焦点を当てた研究は非常に少ないのが現状です。何歳頃から，どのようなときに幸福感を感じるのか，子ども時代から成人期という長期間にわたって幸福感はどのように変化するのか，幸福感の個人差は何に関連するのかなど，前述した軸に焦点を当てた，本格的な研究が今後期待されます。

　そこで本章では，発達心理学の中で取り上げられることの多い領域の中で，幸福感と比較的関連が大きいと筆者が考える，「遊び」を取り上げます。その理由については後述します。次節では，発達心理学などでの「遊び」に関する研究を説明しますが，その前に，生涯発達心理学の代表的な理論である，エ

---

2) DNAの塩基配列の変化にはよらない，遺伝子の表れ方を制御するシステム。

リクソン（Erikson, E. H.）の理論を概観し，彼が遊びをどのように捉えていたのかを見ていきます。

 第2節 発達心理学と幸福の関連―「遊び」の捉え方から

(1) エリクソンの心理社会的発達理論と遊び

エリクソン（1959）は，ライフサイクルとして乳児期から高齢期までの8つの発達段階を設定し，それぞれの段階において顕著になってくる課題（肯定的な感覚）と危機（否定的な感覚）があると提唱しました。彼は，心理臨床家として様々な患者と接する経験や，文化的背景の異なる人々の精神的生活を調査する中で，人が心理的に生き生きとしているためには，課題と危機の間を揺れ動き，葛藤を絶え間なく解決し続ける必要があると主張しています。また，個人一人だけで葛藤を解決できるのではなく，その時代の社会や文化の影響を受けながら，重要な他者との関わりの中で実現する点も強調しています。つまり，私たちは，周囲からの影響を受けつつ，常に心理的葛藤を解決していき，各発達段階において危機よりも課題のほうの比率を高めることができれば，心理的な健康さを保ち，最終的に人格的な強さを獲得することができるとされています。

エリクソンの理論は「漸成発達理論」と表現されることもあります。「漸成」というのは，「次第に出てきて成っていく」という意味です。エリクソンと言えば，8×8の平面で表現された，縦軸に発達段階があり，対角線上に各段階の課題と危機が書かれてある図表が有名ですが，対角線の上と下に存在する空白部分にも重要な意味が含まれていることに着目する必要があります（西平，1993）。例えば，乳児期の課題である「基本的信頼」は，乳児期に達成されて終わるのではなく，それ以降の発達段階でも引き続き影響を及ぼします。また，乳児期には，既に幼児期前期の課題である「自律」が潜在しているのです（図5-2）。つまり，全ての発達段階には，それ以降に達成させるべき課題が既に潜んでおり，それぞれの段階で達成されていき，次の段階へ継続されていくということです。まさに，本章の冒頭で説明した，development に含まれる，「既にあるものが時間の経過とともに開かれていき，明らかになるという現象」という意味に重なります。

エリクソンの8つの発達段階に関する論文の中で「遊び」が取り上げられているのは，幼児期後期と児童期です。3歳から5歳頃の幼児期後期には親を真似したいという願望が高まり，例えばごっこ遊びの中でその願望を実現しようとします。また，小学生時代に相当する児童期には，学業を通して自己抑制を身につける一方で，遊びによって，自分がしなければならないことや仲間と協力することや，好きなことを発見していきます。ここで彼は，子どもは遊びによって現実での葛藤を乗り越えていき，そこで抱いた挫折感や不安など様々な感情を自分で扱える形にして表現するとし，子ども時代の遊びは心理的成長の上で欠くことができないと指摘しています。

第1段階 （生後1年目頃）	基本的信頼	展開する以前の形の 自律	展開する以前の形の 自主性
第2段階 （生後2～3年目頃）	展開した後の形の 基本的信頼	自律	展開する以前の形の 自主性
第3段階 （生後4～5年目頃）	展開した後の形の 基本的信頼	展開した後の形の 自律	自主性

図5-2 漸成的な発達（Erikson, 1959 西平・中島訳 2011）

(2)「遊び」とは何か

　広辞苑（第 7 版）によれば「遊び」には，「遊戯」をはじめ，他にも「仕事や勉強の合い間」や「気持ちのゆとり」，「機械などの部材間・部品間に設ける隙間」など，複数の意味があります。遊びは，発達心理学だけではなく保育学や教育学の領域でも重要なテーマとして多く取り上げられています。そこには，子どもは遊びを通して身体，認知，社会性などを発達させるのであり，そのためには，大人は適切な遊び環境を提供する必要があるという考え方が根底にあると言えます。この考え方が，我が国の幼児教育や保育の基準資料である幼稚園教育要領や保育所保育指針に，「遊びを通した」教育や保育を行うことの重要性が記述されていることにも表れています。

　従来より発達心理学では，子どもの発達とともに遊びの内容や形態が変化することが明らかにされてきました。例えば，ピアジェ（Piaget, 1945）は認知発達の観点から，「機能遊び」（自身の感覚や身体を使うことを楽しむ遊び），「象徴遊び」（ふり遊びやごっこ遊びなどのようにイメージを使う遊び），「ルールのある遊び」（ルールを共有して理解することで成立する遊び）に分類し，特に象徴の出現によって遊びが大きく変化することを示しました。また，パーテン（Parten, 1932）は社会性の発達に伴い，ひとり遊びから始まり，同じ遊びをしながらも子ども同士の関わりが少ない平行遊びの段階を経て，イメージやルールを共有する協同遊びへと変化することを示しています。近年の発達心理学では，子どもの遊びや親子遊びの中で現れる，言葉，仲間関係，親子のやりとりなどを分析するというように，遊びという「窓」を通して，発達の状態や関係性の質を捉える研究が多いと言えます。

　ところで，どのような状態や行為を遊びと見なすのでしょうか。遊びと遊び以外の行為や状態を区別することは意外と難しいものです。例えば，いじめという問題行動と，ふざけという遊び的行為は一見すると分かりにくい場合が多いはずです。心理学の中では，様々な研究者が遊びの定義を試みてきました。それらに共通することは，他者に強制されるのではなく自発的になされるものであること，何かのためにという目的を伴うのではないこと，さらには楽しみや興味を追求する行為であることです（高橋，1996）。

　遊ぶのは，ヒトだけではありません。近年の動物行動学において，ある基準で観察をした結果からは，ほとんどの有胎哺乳類に遊びが見られることが明らかにされています（島田，2019）。この基準とは，①直接的機能が明確ではない，②自発性や意図性によって生じる，③本来の行動とは構造的に異なる行動である，④繰り返し生じる，⑤リラックスしている状態で生じる，というもので，これらの基準全てを満たすものを遊びとすることができるとされています。提唱者のバーガード（Burghardt, 2005）は，動物だけではなく，ヒトも含めた全ての種にこの基準を適用して，遊びかどうかを判断できるとしています。

　このように，心理学や動物行動学における遊びの定義に共通するのは，「楽しい」「リラックスしている状態」という，何らかの心地よい内的な状態であることと言えそうです。ここに筆者が，「遊びと幸福感とに関連がある」と考えた理由があります。

　これまで説明してきた心理学での遊び研究の多くは，乳幼児から児童期の，いわゆる子どもが対象です。しかし，遊ぶのは子どもだけではなく，大人も遊びます。一般的に大人の遊びは，仕事や勉強と対立するものとみなされる傾向がありますが，大人の発達にとって遊びはそれほど重要な意味はないのでしょうか。そこで次節では，みなさん自身の遊びについて考えるワークを行います。

第3節　発達心理学と幸福に関するワーク

　ここでは，みなさんの，子ども時代（幼児期から小学生低学年頃まで）によく行っていた遊びと，現在よく行う遊びを比べてみます。両者を比べて，どのようなことに気づくでしょうか。前節では，何を遊びとするかについていくつかの考え方を説明しましたが，ここでは，みなさんが「遊び」とみなすことを自由に挙げてください。

　遊びにも様々なものがあるので，その手がかりとするために，遊びの分類の例を示します。ここでは，認知機能の発達を基準としたビューラー（Bühler, 1958 原田訳 1966）の分類（表5-1）と，動詞を基準にした久保・岩本（2014）の分類（表5-2）を挙げます。

（1）子ども時代の遊び（ワーク1）

　①みなさんの子ども時代（幼児期から小学生低学年頃）に，どのような遊びをよく行っていましたか。
　②それらの遊びは，表5-1や表5-2の分類のどれに当てはまりますか。

（2）現在の遊び（ワーク2）

　①みなさんは現在，どのような遊びをよく行っていますか。
　②それらの遊びは，表5-1や表5-2の分類のどれに当てはまりますか。

（3）遊びの比較（ワーク3）

　あなたの子ども時代の遊びと，今の遊びを比べて，気づいたことや考えたことをまとめてください。

表5-1　ビューラーの遊びの分類 （Bühler, 1958 原田訳 1966; 田爪, 2010 より一部改変）

遊びの形態	遊びの内容
機能遊び	体を動かすことや，視覚，聴覚，触覚への刺激など，感覚運動器官を使って楽しむ活動。単に飛んだり跳ねたり，肌触りを楽しんだりする行動も含む。
想像遊び	「ごっこ遊び」「模倣遊び」「役割遊び」「象徴遊び」とも呼ばれる。「ままごと」などの現実の世界を模倣する遊びと，「ヒーローごっこ」などの非現実（ファンタジー）の世界を想像する遊びとがある。
受容遊び	絵本やテレビを見たり，お話や音楽を聞いて楽しむというように，見たり聞いたりすることを楽しむ受け身的な遊び。
創造遊び	「構成的遊び」とも呼ばれ，積木，粘土，砂，紙などいろいろな素材を用いて創作することを楽しむ活動。折り紙や絵を描くことも含まれる。

表5-2　動詞を基準にした分類 （久保・岩本, 2014）

遊びの分類	内　　　容
探す	見つける（植物，人），捕まえる（人，虫，動物）など
感じる	触る，乗る，登る，跳ぶ，投げる，びっくりする，潜む，のんびりする　など
作る	形作る，音を出す，集める，収穫する，料理する　など
競う	運に賭ける，蹴る，乗る，倒す，打つ，投げる，頭を使う　など

第 4 節　この章のまとめ

　第 3 節のワークの目的は，遊びを時系列的に捉えることで「発達」を実感することと，大人にとっての遊びの意味について考えてみることです。この 2 点を手がかりにしながら，大人になりつつある世代や，大人になった世代の人々にとっての遊びと幸福感について検討します。

(1) 時系列的に遊びを捉えることで「発達」を考える

　子ども時代と現在の遊びを比べると，変わった点も多いことでしょう。実際にワークを行った大学生の感想の例としては，子ども時代と比べて，大学生の今の方が遊びのカテゴリーの種類が減ったという変化や，身体を動かす遊びや，友達と一緒に行う遊びが減ったという変化の記述がみられました。また，大学生になると，ある程度時間やお金を自由に使えるため，行動範囲が広がったり，様々なスキルが向上したりすることで内容が高度になっているという変化の記述もありました。

　一方では，子ども時代と内容は変わっているが好きなことの本質は変わっていないこと，中学生以降に遊びの変遷はあったが，大学生の今，また子どもの頃の遊びに戻っているというものや，子どもの頃の遊びがもとになって，今の性格や好みを形作っているなど，子ども時代と大学生の現在との連続性に言及する感想もありました。

　これら大学生たちの感想からは，時系列的に遊びを捉えると，変化している面もあれば，変化していない面もあるということが分かるでしょう。その変化には，子ども時代から大人に近づく過程で失ったものがある一方で，獲得したものもあると言えます。バルテス（Baltes, 1987）は，獲得と喪失がダイナミックに作用し合うことで，環境に適応していくことを発達として捉えました。したがって，発達には，できなかったことができるようになるという上昇方向の変化だけではなく，何かを失うことやできなくなるという下降方向の変化も含まれていると言えます。上記の大学生たちの感想を通して，子ども時代から青年期にかけて，認知，運動，対人関係などの変化とともに，環境に合わせながら，失ったものや獲得したものの両方を含みながら，遊びも変化したことが分かります。

　もう一つ，大学生の感想からうかがわれることは，発達の連続性ということです。これはエリクソン（1959）が，人の心理的健康の条件として，過去，現在，未来という時間軸での自己の連続性を感じることを挙げている点と関連します。特に，青年期の発達課題である「アイデンティティの統合」には，この連続性を自身で感じることが重要となります。子ども時代に頻繁に行った遊びが，今の自分の個性を作っていることに気づくことや，好きなことは変わらないという，過去と現在のつながりを感じることで，人は自己の一貫性を感じ取るとも言えます。エリクソンの理論では，過去の経験を，人生の後の段階でどのように受け取り直し，組み直すのかという，「～直す（re）」の視点が強調されているとの指摘（西平, 2004）もあります。したがって，子ども時代の遊び経験をふりかえることは，大人への移行期にある青年期のアイデンティティをまとめ上げていく上でも，大事な意味をもっていると言えるでしょう。

(2) 大人にとっての遊びと幸福感

　従来の発達心理学では，遊びは子どもの発達にとって肯定的な働きがあるとされ，これまでも多くの心理学者たちが遊びについての理論を作ってきました（中野, 2016）。例えば，ヴィゴツキー（Vygotsky, 1933）は，遊びは子どもの中に発達の最近接領域[3]を作り出すものであり，年齢よりも頭一つ分大きくなったかのような行為として表現するものであるとしています。また，ピアジェ（1945）は，

子どもの遊びを，認知発達の表現の一つであり，子どもが既にもっている認知的枠組みに対象物をあわせる「同化」とみなしました。しかしほとんどの理論では，大人の遊びについては言及されていません。大人にとっての遊びの役割については，発達心理学における，従来の子どもの遊びに関する理論だけでは説明しきれないと言えます。

大人の遊びも含めて，人が遊ぶことの理由を考える際に，中野（2014，2016）が紹介しているサットン－スミス（Sutton-Smith, 2011）の情動（感情）に着目した理論がよく当てはまると筆者は考えます。人には，恐れ，悲しみ，怒り，嫌悪といった不快感情を多く含む一次的感情と，誇り，共感，照れや罪悪感といった自己意識が関与する二次的感情とがあり，二次的感情が一次的感情を調整するとされています。サットン－スミスは，冒険には怖れと勇気が，祭りには孤独感とそれを和らげるためのふざけが，スポーツ観戦では興奮と怒りなど，遊びとされるものには相反する感情が含まれるとしています。そして，遊びは，人間の極端な不快感情を自分自身で扱える範囲に調整するものとして，進化の中で生まれたと説明しています。

私たちは，日々，様々な不快情動を抱くわけですが，これらがあまりにも強く，長く続くと，心身の健康にマイナスの影響を及ぼしてしまいます。大人の遊びには，日々避けることが難しい不快情動を調整する働きがあると捉えることができます。不快情動を調整した結果として得られるのは，舞い上がるような強烈な喜びだけではなく，穏やかさ，満足感，達成感，何かに没頭する状態などの心理的な状態も含みます。このような快の内的状態にいるときに，私たちは幸福であると言えるのではないでしょうか。

また，遊びを行うという実際の行為だけではなく，「遊び心」をもつことも，大人の遊びとして捉えることができると筆者は考えます。それは，ユーモアをもち，物事をおもしろく捉える心理的姿勢のようなものです。さらには，子どもの言動の不思議さや愉快さに身も心もゆだね，子どもへ大らかなまなざしを向けること（富田，2019）や，自分自身が子どもの頃に行っていたこと，考えていたこと，好きだったことなどを思い出すことも含まれるでしょう。

エリクソンは，遊ぶことは子どもだけにとって重要なのではなく，人生のあらゆる段階において，遊戯的であることは生き生きとしているために必須であると指摘しています（Erikson, 1977）。また，「機械の部品間にある隙間」という言葉の意味と重ねながら，ある限定された中での自由さというものが遊びであり，自由が全くない状態でも，制約が全くない状態でも，遊びは成り立たないと述べています（Erikson, 1972）。

他の表現として，エリクソン（1977）は，プラトンの定義を引用しながら，真の遊戯性の原型は，動物でも人間でも，幼い生きものがもつ，飛び跳ねることへの欲求であるとしています。さらに，真に飛躍するためには，安全に着地する仕方も学ぶ必要があると続けます。

私たちは，大人になるにつれ，目的もなく飛び跳ねることも，駆け出すこともしなくなります。しかし，自由と制約の行き来の中で，自分ならではの遊びを捉え直すことは，青年期以降の私たちにとって，快の状態を保ちながら時を重ねるための手がかりとなるはずです。

3）ヴィゴツキーが提唱した概念で，子どもが一人だけではできないが，大人の援助によって可能となる領域。

引用文献

Baltes, P. B.（1987）．Theoretical propositions of life-span developmental psychology: On the dynamics between growth and decline. *Developmental Psychology, 23,* 611-626.

Bühler, K.（1958）．*Abriss der geistigen entwicklung des kleinkindes.* Heidelberg: Quelle & Meyer.（原田　茂（訳）

（1966）．新版　幼児の精神発達　協同出版）

Burghardt, G. M. (2005). *The genesis of animal play: Testing the limits*. Cambridge, MA: MIT Press.

Erikson, E. H. (1959). *Idetity and the life cycle*. New York: International Universities Press.（西平　直・中島由恵（訳）（2011）．アイデンティティとライフサイクル　誠信書房）

Erikson, E. H. (1972). Play and actuality. In M. Piers (Ed.), *Play and development*. New York: Norton.（赤塚徳郎・森　楙（監訳）（1978）．遊びと現実　遊びと発達の心理学（pp. 136-179）　黎明書房）

Erikson, E. H. (1977). *Toys and reasons: Stages in the ritualization of experience*. New York: Norton.（近藤邦夫（1981）．玩具と理性―経験の儀式化の諸段階―　みすず書房）

藤永　保（1992）．発達研究・発達観・モデルの変遷　東　洋他（編）　発達心理学ハンドブック（pp. 15-31）　福村出版

板橋家頭夫（2019）．The First 1000 days ―受胎から2歳まで―　藤田博康他（編）　児童心理学の進歩　2019年版（pp. 1-25）　金子書房

金丸智美・無藤　隆（2004）．母子相互作用場面における2歳児の情動調整プロセスの個人差　発達心理学研究, *15*, 183-194.

金丸智美・無藤　隆（2006）．情動調整プロセスの個人差に関する2歳から3歳への発達的変化　発達心理学研究, *17*, 219-229.

久保隆志・岩本健一（2014）．遊びの分類および遊び環境と遊び方法の関係についての研究―「おもしろさ」を求める子どもの視点から―　沖縄大学人文学部紀要, *16*, 1-14.

中野　茂（2014）．遊び研究の展望　小山高正他（編）　遊びの保育発達学（pp. 1-25）　川島書店

中野　茂（2016）．遊び　田島信元他（編）　新・発達心理学ハンドブック（pp. 513-524）　福村出版

西平　直（1993）．エリクソンの人間学　東京大学出版会

西平　直（2004）．エリクソン思想の本質　谷　冬彦他（編著）　さまよえる青少年の心（pp. 4-8）　北大路書房

Parten, M. B. (1932). Social participation among pre-school children. *Journal of Abnormal and Social Psychology*, *27*, 243-269.

Piaget, J. (1945). *La formation du symbole chez l'enfant*. Delachaux et Niestlé.（大伴　茂（訳）（1967）．遊びの心理学　黎明書房）

島田将喜（2019）．動物の遊び行動と進化　発達, *158*, 67-74.

Sutton-Smith, B. (2011). The antipathies of play. In A. D. Pellegrini (Ed.), *The Oxford handbook of the development of play* (pp. 110-118). Oxford University Press.

高橋たまき（1996）．遊びの再考　高橋たまき他　遊びの発達学：基礎編（pp. 1-20）　培風館

田爪宏二（2010）．遊びと認知発達　無藤　隆他（編）　発達心理学（pp. 47-59）　ミネルヴァ書房

富田昌平（2019）．遊び心研究のすすめ　発達, *158*, 75-82.

Vygotsky, L. S. (1933/1967). Play and its role in the mental development of child. *Journal of Soviet Psychology*, *5*, 6-18.

第6章　高齢者心理学と幸福

田中元基

本章では，高齢者心理学と幸福について取り上げます。高齢者心理学は，その名前の通り，高齢者を対象としています。日本は，総人口に対し高齢者（65歳以上）人口の占める割合が21％を超える超高齢社会です。日本だけでなく，世界的にみても高齢者人口は増加傾向にあります。高齢者人口の増加している社会においては，日常生活の中で高齢者と関わる機会も増えていくでしょう。高齢者の幸福について知ることは，自分の周りにいる高齢者の幸福のために何ができるか考える際に役立ちます。また，現在，若者と呼ばれている人も，年を重ねることによって高齢者になっていきます。日本人の平均寿命は男女ともに80歳を超え，最近では「人生100年時代」と言われることもあります。今後，高齢者として長い時間を過ごす可能性があるからこそ，今のうちに高齢者の幸福について知っておくことで，将来，自分が高齢者になったとき，幸福に過ごすための参考にできるでしょう。

本章では，高齢者心理学がどのような心理学なのか説明した後に，高齢者心理学における幸福について紹介します。ここでは主に幸福感の高い高齢者の行動や考え方を取り上げます。本章の内容を通じ，自分の周りにいる高齢者の幸福のためにできることや，自分が高齢者になってからの幸福について考えてみてください。

第1節　高齢者心理学とは

高齢者心理学は，高齢者，すなわち高齢期（老年期）の人を対象とする心理学です。高齢者心理学では，感覚・知覚，記憶，パーソナリティ，対人関係，臨床といった心理学で扱う内容全般について，高齢期の特徴や加齢に伴う心身・関係性の変化を明らかにしたり，高齢期に生じる様々な課題の解決を目指しています。

(1) 高齢者心理学の位置づけ

心理学で扱う内容全般を対象とする高齢者心理学ですが，心理学の中では発達心理学や生涯発達心理学の一領域として位置づけられます。乳児は，時間経過とともに幼児，児童，青年，成人，高齢者と発達していきます。このような人生の時間経過を扱う発達心理学において，高齢者の時期を扱うのが高齢者心理学です。発達という用語に対し，子どもが大人になるまではイメージできるけれど，高齢期の発達はイメージしにくいと感じる人もいるかもしれません。発達は，単純に獲得（成長）しつづけるだけでなく，獲得と喪失（衰退）の混在した相互作用によって進行するものと考えます（Baltes & Baltes, 1990）。様々な能力を獲得しつづけているように見える子どもでも，喪失するものがあります。例えば，新生児期に見られる原始反射は，中枢神経の成熟に伴い喪失します。反対に，喪失の多くなる高齢期に獲得するものには，豊かな人生経験によって成熟すると考えられる知恵（wisdom）が挙げられます。

高齢者心理学は，発達心理学だけでなく老年学（gerontology）の一領域として位置づけられることもあります。老年学は，老年医学や老年看護学，老年社会学といった様々な学問から形成される学際的分野です。老年学は，もともと生物学や生命科学分野を中心に，老化に関わる生物学的側面に関心をもっ

ていたのですが，次第に社会科学的側面にまで関心を広げていきました。現在の老年学は「社会的存在である人間の加齢過程に生じるさまざまな課題解決のための学際分野であると認識されるようになった」（佐藤，2013）と説明されています。加齢に伴う個人や社会の課題解決のためには，様々な学問分野が協働していくことが重要になります。例えば，生物学的側面からは，加齢に伴う身体機能の低下や，それに伴うリスクを明らかにする。社会科学的側面からは，身体機能低下によって生じる不安感の解消や，リスクを踏まえた社会的サポートを検討する。そして，これらの研究から得られた知見に基づいて，高齢者支援のしくみを社会実装するといったものが挙げられます。高齢者心理学は，このような加齢過程や社会における実際の問題解決に向け，主に心理学的側面からアプローチする立場としても位置づけられています。まとめると，高齢者心理学は，発達心理学や老年学の一領域として，高齢期および高齢期に向かう過程における特徴の理解や，その中で生じる課題の解決を目指す心理学であると言えます。

(2) 高齢者（高齢期）の定義

　ここまで，高齢者や高齢期という言葉を使ってきましたが，読者のみなさんがイメージする高齢者は何歳くらいでしょうか。高齢化率の判断となる高齢者人口は，65 歳以上を高齢者としていますし，世界保健機関（WHO）も高齢者を 65 歳以上と定義しています。ですが，「65 歳以上を一律に『高齢者』と見る一般的な傾向は，現状に照らせばもはや現実的なものではなくなりつつある」（内閣府，2018）とも言われています。内閣府の行った意識調査において，70 歳以上を高齢者と判断する者が多かったことや，現代の 70 歳代の心身機能が 10 年前の 60 歳代と同じという「高齢者の若返り」が生じているためです。高齢者という用語は，制度や文脈によって異なった使われ方がされています。高齢者心理学においては，研究対象となる高齢者を 60 歳としている研究もあり，厳密に定義されているわけではないようです。高齢者心理学は加齢の過程にも関心があるため，本章では，高齢者を 60 歳代以降の人と想定して説明していきたいと思います。

第 2 節　高齢者心理学と幸福の関連―エイジング・パラドックスより

　高齢者心理学において「どのようにすれば，幸せに高齢期を過ごすことができるのか？」という問いは，関心の高いテーマです。高齢者心理学では，高齢期の幸福を「主観的幸福感（subjective well-being）」として定義し，その測定を行ってきました。主観的幸福感は，ポジティブな感情やハピネス，生活や人生に対する満足度といった肯定的な感情や認知評価の総称と言えます。佐藤（2014）は，主観的幸福感を測定する代表的な尺度として改訂版 PGC モラール尺度（Revised Philadelphia Geriatric Center Morale Scale）や生活満足度尺度（Life Satisfaction Index），自尊感情尺度（Self Esteem Scale），アフェクト・バランス尺度（Affect Balance Scale）を挙げています。こういった尺度を用いて高齢者の幸福感を測定した研究の蓄積から，高齢期の主観的幸福感に影響する様々な要因が明らかになりました。例えば，健康，社会・経済的地位，対人関係，婚姻状況といった要因が高齢期の主観的幸福感に関連することも明らかになっています。

(1) エイジング・パラドックス

　高齢期になった人は，加齢に伴って様々なネガティブな変化を体験します。身体機能や認知機能が低下し，今まで簡単にできたことを困難に感じるようになります。定年退職によって社会関係が縮小した

り，身近な人が亡くなったり，見知ったものがなくなってしまうといった様々な喪失を体験します。そのため，老いることに対しては，孤独や絶望，悲哀といった，ネガティブなイメージを抱かれることが一般的でした（Scheibe & Carstensen, 2010）。「どのようにすれば，幸せに高齢期を過ごすことができるのか？」という問いの背後には，高齢期になるとネガティブな変化の体験によって幸福感が下がってしまうから，どのようにすればそれを回避できるのかという気持ちもあったのではないでしょうか。しかし，高齢期の幸福感に関する研究成果が蓄積されると，高齢期における幸福感は加齢とともに低下していくわけではなく，若い頃と同じか，人によっては中年期頃から高齢期にかけて上昇していく場合もあることが明らかになりました（e.g., Mroczek & Kolarz, 1998; 権藤ら，2005）。このような，高齢期になるとネガティブな体験をする頻度が高くなるにもかかわらず，幸福感が若い頃と大きく変化せず，場合によっては上昇する現象を「エイジング・パラドックス」と呼びます。

(2) エイジング・パラドックスの背景

　エイジング・パラドックスは，なぜ生じるのでしょうか。エイジング・パラドックスに対する説明はいくつかありますが，その中から，大きく2つの説明を取り上げたいと思います。一つは，加齢に伴うネガティブな変化に上手く対処できているから幸福感が保たれるという説明です。もう一つは，高齢期になって考え方が変化した結果，幸福感が保たれるという説明です。

①ネガティブな変化に上手に対処できているから幸福感が保たれる・上昇するという説明

　高齢期は，若い頃と比較した際に，心身機能の低下を感じたり，大切な何かを失うといった，ネガティブな変化を体験することが多くなります。エイジング・パラドックスの一つ目の説明は，このようなネガティブな変化へ対策を立て，行動を変えたり，生活習慣を上手にコントロールすることが，結果として高齢期の幸福感につながるというものです。代表的な考え方に「補償を伴う選択的最適化理論（Theory of Selection Optimization with Compensation）」，省略してSOC理論と呼ばれるものがあります。SOC理論は，能力や環境の変化に対し，どのようにマネジメントし，適応を果たすかという方法を示した理論で，バルテス（Baltes, P. B.）が中心となって提唱しました（e.g., Baltes, 1997; Baltes & Baltes, 1990）。SOC理論では，加齢に伴う心身機能の低下などによって，これまで通りの生活や活動が困難になった際，選択（selection），最適化（optimization），補償（compensation）という方略によって，変化への適応を果たすと説明されます（表6-1）。

　SOC理論の方略は，少数の重要な目標に注力したり，新しい目標を再設定し（選択），その目標達成のために，自分のもっている時間や能力といった資源を効率よく割り振り（最適化），外部からの援助や補助，これまで行っていない方法などを導入する（補償）というものです。バルテスは，このようなSOC理論の実例として，20世紀を代表するピアニストのルービンシュタイン（Rubinstein, A.）を取り上げました。ルービンシュタインは，12歳のデビューから，89歳の引退までピアニストとして活躍し

表6-1　補償を伴う選択的最適化理論の方略

選択 （selection）	複数の目標のなかから重要な目標を絞り込み，それに注力する 目標を検討しなおしたり，新しい目標設定を行ったりして目標を切り替える
最適化 （optimization）	自分の有する資源（能力や時間）を効率的に割り振る 目標達成のための練習や，新しい技術の習得といった，変化へ適応するための機会を増やす
補償 （compensation）	目標達成のために，機能低下を補う手段（援助や補助）を導入する これまで行ってこなかった，機能低下を補う新たな方法を導入する

つづけた人物です。彼が，80 歳代の頃に「どうすれば，いつまでもすばらしいピアニストでいられるのか？」という質問を受け，「演奏する曲を減らし（選択），一曲にあてる練習時間をのばして完成度を高め（最適化），指の速度低下をカバーするため，曲中のテンポの速い部分は，それ以外の部分を遅くするといったようにテンポに変化をつけて速さを強調した（補償）」と答えたそうです。ルービンシュタインのように，できることを取捨選択し，やり方を工夫しながら継続的に活動を続けることは，高齢期の幸福感にとって重要なようです。実際に，SOC 理論に基づく態度を得点化した結果，得点の高い人の方が，低い人よりも幸福感や肯定的感情などが高いことも明らかになっています（Freund & Baltes, 2002）。加齢に伴って，今まで通りにできなくなるという体験は多くなっていきます。できなくなったことをこれまで通りにしようと思っても，いつかは限界がくるでしょう。過去にできたことに執着するのでなく，ネガティブな変化に対策を立て，上手に対処して適応することができると，高齢期にあっても幸福感がうまく保たれ，また，上昇させることができるようです。

②考え方が変化するから幸福感が保たれる・上昇するという説明

　エイジング・パラドックスを説明するもう一つの考え方は，高齢期になって考え方が変化した結果，幸福感が保たれるというものです。ここでは，2 種類の説明を取り上げます。1 つ目は，カーステンセン（Carstensen, L. L.）によって提唱，体系化された「社会情動選択性理論（Socioemotional Selectivity Theory: SST）」です（e.g., Carstensen et al., 1999, 2000）。残された人生の自覚が，何かを選択する際，ポジティブな感情を最大に，ネガティブな感情を最小にするものを選ぶようにします。中でも，社会的目標の設定と人間関係の選択の際に大きな影響を及ぼします。例えば，何か病気にかかった際，正確な情報を得てネガティブな感情の生じるリスクを回避し，ポジティブな感情を得られる情報のみに注意を向けたり，情報を集めないようにするといった目標設定を選びやすくなる。人間関係を広げてネガティブな感情の生じる人と出会ってしまうリスクを回避し，ポジティブな感情を得られると分かっている既知の関係性を深めるような選択を行いやすくなる。SST では，ポジティブな感情を得られる選択をするように考え方が変化することによって，幸福感を保ったり上昇させることができると仮定します。

　2 つ目は，トルンスタム（Tornstam, L.）が中心になって提唱した，「老年的超越（gerotranscendence）」です（Tornstam, 1997）。老年的超越は，「物質主義的で合理的な世界観から，宇宙的，超越的，非合理的な世界観への変化」によって幸福感が保たれているという考え方で，幸福感の高い高齢者の考え方の特徴と言えます。老年的超越は，社会関係，自己，宇宙的意識という 3 つの領域で見られると言われています（表 6-2）。社会関係の領域は，社会的価値を大切にすることから変化し自分ひとりで過ごす世界を大切にするようになる領域です。社会一般の価値観から離れ，ひとりで過ごす時間の中で，様々な思いをめぐらせることを重視するようになります。自己の領域は，自己に対する関心が薄れ，解き放たれていくような領域です。西洋的価値観では，自立し，社会の中で自己の欲求を実現していくことが重視される傾向があります。自己の領域では，このような自己の欲求に対する関心が薄まり，自分の人格や身体的な健康などへの関心が低下し，他者を思いやる気持ちなどが高まります。宇宙的意識の領域は，自分が宇宙的なもの（大いなる存在）とつながっていると感じられる領域です。自分が宇宙的なものとつながっていると感じられるからこそ，時間や空間を越えてつながりを感じたり，死に対する恐怖も低下します。老年的超越は，若い頃とは異なった世界観に基づく考え方をするようになることで，幸福感が保たれたり，上昇すると説明します。どのようにしたら，老年的超越のような考え方をできるようになるのかについては，まだよく分かっていません。歳を重ねるほど，老年的超越の考え方ができるようになる可能性が高いようです。老年的超越においては，その考え方を知ったり，老年的超越に基づいた

表 6-2 老年的超越における各領域の具体例

社会関係の領域（the dimension of social and personal relationship）
➤ 人間関係への関心が低下し，一人でいることへの欲求が高まる
➤ 社会的役割や地位に対するこだわりが低下する
➤ 財産や金銭に対するこだわりが低下する
➤ 善悪二元論的な考え方をしなくなり，判断や助言を控えたりするようになる

自己の領域（the dimension of the self）
➤ 自己へのこだわりが低下する
➤ 自分の身体機能の低下，容姿の変化といった身体に対する関心が低下する
➤ 利他的な意識が高まる
➤ 過去の良かったことも悪かったことも，自分の人生で意味あることだと考えるようになる

宇宙的意識の領域（the cosmic dimention）
➤ 現在・過去・未来の区別があいまいになり，一体となった感覚をもてる
➤ 時間的・空間的に離れた人とのつながりを感じられる（先祖や離れて暮らす人など）
➤ 何気ない身近なモノや出来事から何か神秘的なものや喜びを感じられる
➤ 死に対する恐怖が低下する

人生を肯定的に捉える方法についてディスカッションすることで，高齢者の幸福感（生活満足度）が有意に上昇することも報告されています（増井，2016）。

③幸福感を保つ・上昇させるために，どの理論を採用するとよいのか

エイジング・パラドックスの背景として挙げられる，SOC 理論，SST，老年的超越を説明してきました。どの理論も，エイジング・パラドックスを説明する際の有力な考え方です。しかし，高齢期を 60 歳頃から亡くなるまでの期間と考えたとき，その期間は十数年から，人によっては 40 年以上になります。これほどの長い期間における幸福の状態を，これまで紹介してきたどれか一つの理論で達成するというのは難しいかもしれません。生涯発達における喪失と獲得の比率は，40 歳頃に約 20％の喪失，70 歳頃に約 30％の喪失，80 歳頃に約 40％の喪失，90 歳頃には約 70％の喪失まで上昇すると想定されています（Baltes & Baltes, 1990）。喪失の割合が 70％ほどの 90 歳頃になると，SOC 理論の最適化を行うための資源そのものが十分ではなくなり，各方略をとること自体が難しくなる場合もあります。そのため，SOC 理論は，高齢期に向かっていく最中や喪失の割合が比較的少ない高齢期に入ってすぐの頃に行う方が幸福感を保つのに効果の高い方法です。反対に，老年的超越は，年齢を重ねれば重ねるほど，その考え方をできるようになる可能性が高くなります。高齢期に入ってすぐの頃よりも，高齢期の後半の方が採用しやすいと言えます。高齢期に向かっている最中や高齢期初期は SOC 理論，高齢期の後半は老年的超越というように，高齢期の中でも，必要に応じて採用する方略や考え方を変えていくことが高齢期の幸福にとって重要な可能性も指摘されています（増井，2014）。

第3節　高齢者心理学と幸福に関するワーク

(1) 加齢と幸福のイメージワーク

ここまで，エイジング・パラドックスを足掛かりとして，高齢期の幸福について説明してきました。読者のみなさんは，高齢期の幸福に対してどのような感想を抱いたでしょうか。第 3 節では，これまでの説明を踏まえた上で 2 つのワークを行います。

①ワーク1

　これまでの内容を踏まえ，①高齢期の人を思い浮かべ，その人の幸福のためにできること，②自分が高齢期になったとき幸福であるためにできそうなことについて，自分自身の考えたことを書き出してください。

②ワーク2

　ワーク1で書き出した内容について，周囲の人と共有し，ワーク1の①と②の側面から，高齢期の幸福についてディスカッションを行ってください。ディスカッションでは，基本的に相手の考えを批判しないようにしてください。最後に，ワーク1で書き出した内容と関連づけながらディスカッションした内容について感想を書き出してください。

(2)　ワークを終えて

　ワークを経て，みなさんはどのような考えや感想をもったでしょうか。ワーク1では，自分の祖父母やテレビで観たりアルバイト先で出会った高齢者など，特定の誰かを思い浮かべて，自分のできることを考えてくれた人が多かったのではないでしょうか。そして，そういった高齢者を思い浮かべつつ，本章の内容が，自分や他者にとって役に立ったと感じたり，老年的超越のような考え方ができるのかと疑問を抱く人がいたのではないかと思います。ワーク2では，ディスカッションを通じて，自分以外の人の考え方に出会い，自分の感じたことに対してより確信をもった人も，考え方が変わった人もいたかと思います。

　本節のワークは，自分の周りにいる高齢者を幸福にするため，自分自身が高齢者になったときに幸福になるため，高齢期の幸福について考え，ディスカッションすること自体をねらいとしました。高齢期の幸福について考えたり，ディスカッションすることが，自分や自分の周りにいる高齢者を幸せにすることにつながると考えられるためです。例えば，介護職員が，老年的超越について知ったり考えたりすることで，高齢者に対する接し方がより良いものになったり，高齢者をポジティブな視点で捉えられるようになったという報告もあります（増井，2016）。また，高齢者自身，老年的超越について知ったりディスカッションすることで幸福感が上昇することも第2節で紹介しました。エイジング・パラドックスについて様々な説明がされているように，高齢期の幸福は一つとは限りません。ワークで書き出した高齢期の幸福に対する考え方は，今のあなたの考えであり，これから変化していく可能性もあります。今の状態にとどまってしまうのではなく，自分の周りにいる高齢者の幸福のために何ができるか，自分が高齢者になったときどうしたら幸福に過ごすことができるのか，継続して考えていくことが大切です。

第4節　この章のまとめ

　私たちは，今後長い期間において，高齢期の人と関わる可能性も，高齢期を過ごす可能性もあります。高齢期は，ネガティブな出来事が多くなることも事実です。そのため，「長生きしたくない」という意見を耳にすることもあります。ですが，ネガティブな出来事が生じるにもかかわらず，比較的多くの高齢者が若い頃と同じような幸福感を感じていたり，場合によって幸福感が上昇することについても理解してもらえたのではないでしょうか。高齢期の幸福について考えたり，高齢者心理学について学び高齢期への理解を深めること自体が，周囲や自分の幸福に結びつきます。

(1) 周囲の高齢期の人の幸福のために

　私たちは，周囲の高齢期の人たちの幸福に，どのように役立つことができるのでしょうか。ネガティブな変化に上手に対処できているから幸福を感じられるという場合には，変化へ対処するためのサポート（SOC 理論における補償など）が重要になります。例えば，高齢期の喪失には，心身機能の低下だけでなく，「徒歩圏内のスーパーが閉店してしまった」といった環境的変化も含まれます。必要なものを気軽に購入できる利便性の喪失，スーパーに行くという外出目的の喪失，店員さんと会話するという対人交流の喪失といったように，多様な側面から捉え，本人のニーズとすり合わせながらサポートしていくことで，高齢期の人たちの幸福に役立つことができます。

　考え方が変化したから幸福を感じられるという場合には，高齢期になると考え方が変化することを周囲が理解しておくことが何よりも重要になります。例えば，社会の常識的・合理的判断を超えて老年的超越の考え方に至っている人を，自分たちの常識的・合理的判断に基づく世界へ戻そうとして，高齢者の幸福感の阻害をしてしまう危険性もあります。老年的超越においては，一人で過ごす時間の大切さが増加するものの，第三者がみると，孤立しているように感じられます。そのため，積極的に人の輪に戻るように働きかけてしまう可能性があります。もちろん，みんなの輪に入りたくても入れずに孤立してしまっている高齢者もいるかもしれませんが，その高齢者が一人でいることが，本人にとってどのような意味をもっているのか，しっかりと把握することが重要であると言えます。そのためにも，私たちの常識的・合理的な判断基準だけでなく，老年的超越のような独特な判断基準についての知識をもち，必要に応じて参照することが大切です。

(2) 将来，自分の高齢期を幸福に過ごすために

　将来，自分の高齢期を幸福に過ごすためには，その準備が重要になります。SOC 理論のような対処方法を知ること，老年的超越のような考え方を知ることが，高齢期の幸福に結びつく可能性が期待できるでしょう。また，発達は連続したものであり，現在と将来やってくる高齢期が断絶しているわけではありません。今を充実して過ごすこと，様々な体験をすることが将来の幸福への準備になります。例えば，自伝的記憶の分布を調べる研究において，過去について思い出した際には，10 歳から 30 歳頃までの出来事の想起量が多いという，レミニセンス・バンプ（reminiscence bump）という現象が報告されています。たくさんの思い出があることは，高齢期を幸福に過ごすために活用可能な資源となることが期待できます。良いことも悪いこともあるかもしれませんが，高齢期になると「過去の良かったことも悪かったことも，自分の人生で意味あることだと考えるようになる（表6-2）」ためです。将来，高齢期になってからの幸福のためにも，今のうちに様々なことに挑戦し，今を充実して過ごせるようにできると良いのではないでしょうか。

引用文献

Baltes, P. B. (1997). On the incomplete architecture of human ontogeny: Selection, optimization, and compensation as foundation of developmental theory. *American Psychologist, 52*, 366-380.

Baltes, P. B., & Baltes, M. M. (1990). Psychological perspectives on successful aging. In P. B. Baltes & M. M. Baltes (Eds.), *Successful aging: Perspectives from the behavioral sciences* (pp. 1-34). Cambridge: Cambridge University Press.

Carstensen, L. L., Isaacowitz, D. M., & Charles, S. T. (1999). Taking time seriously: A theory of socioemotional selectivity. *American Psychologist, 54*, 165-181.

Carstensen, L. L., Pasupathi, M., Mayr, U., & Nesselroade, J. R. (2000). Emotional experience in everyday life across the adult life span. *Journal of Personality and Social Psychology, 79*(4), 644-655.

権藤恭之・古名丈人・小林江里香・岩佐　一・稲垣宏樹・増井幸恵・杉浦美穂・藺牟田洋美・本間　昭・鈴木隆雄 (2005).　超高齢期における身体機能の低下と心理的適応：板橋区超高齢者訪問悉皆調査の結果から　老年社会科学, *27*, 327-338.

佐藤眞一 (2013).　老年心理学からのアプローチによる認知症研究の基礎と応用　発達心理学研究, *24*(4), 495-503.

佐藤眞一 (2014).　引退するこころ：引退期の獲得と喪失　佐藤眞一・髙山　緑・増本康平　老いのこころ：加齢と成熟の発達心理学 (pp.41-61)　有斐閣

Freund, A. M., & Baltes, P. B. (2002).　Life-management strategies of selection, optimization and compensation: Measurement by self-report and construct validity. *Journal of Personality and Social Psychology, 82*(4), 642-662.

Mroczek, K., &Kolarz, M. (1998).　The effect of age on positive and negative affect: A developmental perspective on happiness. *Journal of Personality and Social Psychology, 75*, 1333-1349.

増井幸恵 (2014).　話が長くなるお年寄りには理由がある：「老年的超越」の心理学　PHP 研究所

増井幸恵 (2016).　老年的超越　日本老年医学会雑誌, *53*, 210-214.

内閣府 (2018).　高齢社会対策大綱（平成 30 年 2 月 16 日閣議決定）https://www8.cao.go.jp/kourei/measure/taikou/h29/hon-index.html（2020/10/1）

Scheibe, S., & Carstensen, L. L. (2010).　Emotional aging: Recent findings and future trends.　*The Journals of Gerontology: Series B; Psychological Sciences and Social Seiences, 65*, 135-144.

Tornstam, L. (1997). Gero-transcendence: The contemplative dimension. *Journal of Aging Studies, 11*, 143-154.

第7章　精神医学と幸福

小川　恵

第1節　精神医学とは

(1) 精神医学はどのように医学になったか

　古代ギリシア・ローマの哲学では，心には知（認知）・情（感情）・意（意志）の3要素があり，感情は言葉とともに人間らしい特徴（理性）とされました。ギリシア悲劇が扱うように，理性の乱れが「狂気」とされてきました。文化的継承者であるキリスト教的中世では，非知的な全てが「狂気」（精神病）や「白痴」（知的能力障害概念の起源）とされ，神罰として社会的排除の対象として外部化されました。一方，もう一つの文化的後継者であるイスラム世界では，精神障害は病とみなされ，静かな環境でのケアの対象者とされてきました。

　18世紀，絶対王権の後，契約的な市民社会が生まれた前近代において，理性的でない「狂気」は契約としての司法的管理に乗らないことから，非倫理であるとされ，法的な罪とされました。これは，今日も残る「司法的責任能力の判断」の対象となるようなあり方です。「狂気」は，「責任を取れない存在である」から「権利のない存在」として，管理対象として収容されるようになったのです。その収容施設こそが精神科病院のルーツです。つまり，法的な判断のための司法精神医学が精神医学のスタートと言えます。そしてそれは明治時代になりヨーロッパ型の法整備を行った日本に，精神病への偏見ともども持ち込まれ，昭和時代には精神障害者差別が定着したと言えます。ちなみに江戸時代までの日本では，悪く言えば放任ですが，精神病者への自由な移動を認め，地域の仏教的な連帯の輪に入れられて暮らすことができていました。

　19世紀には産業革命が起こり，多くの人が賃金労働者として都市で働く「人口爆発」が起こりました。この時期にうつ病と統合失調症とアルコール依存症の重篤化が起こりました。社会生活をする中でのストレスとしての精神疾患という視点が明確になり，クレペリン（Kraepelin, E.）に代表される，内因（原因不明）・外因（身体の原因や薬物による）・心因（心理的悩み）による精神疾患の分類と，療養としての治療による社会復帰という視点が生まれました。感情の病いとして精神病が概念化され，治療対象としての「疾患」扱いになったのです。予測できない「狂気」に代わって，適応困難や主観的苦悩を治療対象とする視点が生まれ，正常と異常は健康と異常として医学的に対概念化されました。現代に続く，健康・well-being でないあり方として異常が想定されるようになったのです。

　クレペリンの時代は科学的な根拠としての「病因（病気の原因）」が求められました。そこでは，脳の炎症による変性を顕微鏡で探す大脳病理学が基本でした。ちなみに野口英世のトレポネーマの発見は，進行性麻痺という精神疾患が脳の炎症であることを証明した最初の金字塔です。この時代，生物学的な原因による精神疾患を外因性精神病と呼びました（現在は器質性疾患と呼ばれます）。同時代，フロイトも当初は神経症を外因性疾患と考えていましたが，ある時期から心のメカニズムが不調をきたすあり方としての神経症概念を打ち出しました。この視点は心因性疾患と呼ばれます。人間らしい心の問題（神経症）か，身体としての脳の問題（精神病）か，この2つの極の間で，20世紀の精神医学は治療の

学問として発展しました。

　その後の大きな転機は第二次世界大戦でした。おそらくナチスによる生体実験が生みだしたのではないかと言われるクロルプロマジンが，統合失調症の治療において劇的な効果を引き起こしました。器質性疾患（つまり脳神経系の障害）としての精神疾患への薬物療法の時代が 1950 年代に始まり，生物学的精神医学と呼ばれる流れとなりました。反対側で，この時期にサリバン（Sullivan, H. S.）やクライン（Klein, M.）による精神病への精神分析治療など，心の問題として精神病を捉える立場も進みました。

　1970 年代になると，精神病を「脳の器質性疾患」と見る立場も「心理的問題」と見る立場もともに間違いであり，精神疾患は社会的な排除の生みだした問題であると捉える反精神医学の視点が世界的に広がりました。これらを受けて，心身二元論だった精神医療や心理臨床に第 3 の道が出てきました。アメリカではロジャーズ（Rogers, C. R.）やマズロー（Maslow, A. H.），イギリスではバリント（Balint, M.），ドイツではヴァイツゼッカー（Weizsäcker, V. von）に代表される「人間学派」と呼ばれる全人的な精神疾患理解の一大潮流です。このような統合的視点は医学ではエキスパートシステムと呼ばれます。精神医学の対象は「狭義の精神病」から，「死すべき存在としての人生の価値など生きる悩みや生きる意味」へと拡大しました。現在の心理臨床の各領域の基礎はこの時期に形作られたと言えます。

(2) 現代の精神医学

　上記のような歴史的に独立した 3 つの人間観を折衷的に統合したのがエンゲルの「生物心理社会的モデル」でした。社会構成主義的視点として広く受け容れられたのです。1980 年，アメリカ精神医学会（APA）とアメリカ心理学会（APA）が，薬理学的治験の効果判定を前提とするための心理学統計を用いた『精神障害の診断・統計マニュアル（通称 DSM-Ⅲ）』を作成しましたが，DSM では生物心理社会的モデルが採用されました。操作的診断と言われますが，生物的要因，心理的要因，社会的要因のそれぞれを構造化面接で明確にし，症状はクラスター類似性で数量化することで，コメディカルなど多職種間での使用において信頼性の高い診断を可能としました。現在の巨大な薬物市場を考えると，エキスパートの経験を統計上のバイアスと捉える心理学的手法は，新しい抗精神病薬や抗うつ薬の開発において大成功を収めたとも言えます。また，神経薬理学の発展や画像診断学の発展も生物学的精神医学を後押ししました。エキスパートシステムで訓練を積んだ治療指向の強い精神科医にとって，DSM は診断概念妥当性が低いことから，不平不満が高かったのですが，40 年を経た今日，DSM に基づいた面接や薬物使用とその評価，認知行動療法とその評価などが体系化され，マニュアルによって平準化されたこのようなあり方は医学の初期教育にも馴染みやすいことから，エビデンスベイスドメディスン（EBM）として生物学的精神医学が精神医学の中心となりました。

　現在，臨床心理士・公認心理師の仕事が広く知られるようになりましたが，認知行動療法など，人間学派や精神分析でないあり方は，2 つの APA の協働に根をもつのです。このような出自から認知行動療法は，薬理学や脳器質疾患の視点に馴染みがよいものです。しかし，そこで扱われるのは数量化可能な客観的な回復の評価でしかありません。その対極にあるのが，全人的な人間観に基づく「満足」や「幸福」を扱う面接の方法論です。実際には，認知行動療法がふさわしい場面もあれば，全人的なケアがふさわしい場面もあります。みなさんが臨床心理学を通じて出会う精神医学は，このような歴史の上の今にあります。

第2節　精神医学と幸福の関連─生きる力としてのメンタルヘルス・リテラシー

(1) 健康からみた幸福

　医学の歴史は不幸としての病いとの関わりの歴史です。とりわけ，低栄養状態と感染症で平均寿命が短かった時代においては，病いでない健康な状態を幸福（happiness あるいは well-being）とみなしてきました。新型コロナウイルス感染症（covid-19）の不安が引き起こした「アフターコロナ」という文化社会的状況は，感染症対策が今も医学の中心にあることを再認識させました。健康としての幸福の意味づけを大きく変えたのは，1946年，世界保健機関（以下 WHO）の「Health is a state of complete physical, mental and social well-being and not merely the absence of disease or infirmity.」という憲章制定です。1951年の官報の翻訳では「健康とは完全な肉体的，精神的及び社会的福祉の状態であり，単に疾病又は病弱の存在しないことではない」と，健康を個人の今の状態だけでなく，総合的な「社会的福祉」へと拡げて well-being としての幸福の定位をしています。このような，健康を「社会生活をする存在」として捉える視点を社会モデルと呼びます。現在の医療福祉政策の基本概念です。

　WHO 憲章は，健康は基本的人権であるとし，全ての人が健康のための基本的な資源に接近できる状態を実現することを目標としています。第二次世界大戦からの復興を目的とした WHO 憲章制定では，ナチスの障害者虐殺の歴史も踏まえ，疾病があっても主体として活動する権利があるという生存権の保障を前提にします。これが障害者差別の解消の根拠です。世界の開発の進展に伴い，well-being の概念は，先進国における高齢化によって，病いや障害を抱えて生きる意味を問う新しい健康ニーズへの対応という見直しを受けました。不幸としての疾病がある／ないという医学モデルから，単に病いでない happiness だけでなく，個人の生きる価値へと深化しました。自分の現状に肯定的になり，人生を目的とした努力ができていれば，健康としての幸福（well-being）であるという概念へと拡大されたのです。

　障害の概念は『国際障害分類（ICIDH: International Classification of Impairment, Disability, and Handicap）』の個人の機能障害とそこから生まれる能力障害や社会的不利という考え方から，個人の活動が阻碍された機能の状態が障害であるという理解へと変わりました。『国際生活機能分類（ICF: International Classification of Functioning, Disability and Health）』では，「社会モデルでは障害を主として社会によって作られた問題と見なし，基本的に障害のある人の社会への完全な統合の問題としてみる。障害は個人に帰属するものでなく，諸状態の集合体であり，その多くが社会環境によって作り出されたものとされる。従ってこの問題に取り組むには社会的行動が求められ，障害のある人の社会生活の全分野への完全参加に必要な環境の変更を社会全体の共同責任とする」とされます。完全参加とは，その人が何かをしたいと思ったときそれが実行できる状態（これを潜在可能性 capability と呼びます）を意味します。今日，医学における幸福とは，今の幸せ（happiness）だけでなく，身体的にも心理的にも社会的にも完全な状態を意識できる人生全体の主観的な満足としての well-being を意味します。

　主観的な態度の起源についてもう少し掘り下げます。シタンパル（Štampar, A.）作成の1946年のWHO 憲章前文草案（臼田ら，2004）では，身体的には something positive に捉えられること，精神的には人生に対し joyful attitude がもてること，社会的には食事や住居や行動で positive factors に適合できること，が挙げられています。今の状態をどのように捉えるのかという心の姿勢が示されており，生活の質（QOL: Quality of Life）として尺度化される状態としての happiness と，長い人生の全体を通じての価値として体験される幸福としての well-being という，後にポジティブ心理学で展開された2つ

の方向性が見いだせます．well-being は 1992 年に spiritual（言語化できる価値を超えた霊性）と dynamic（活動）にまで範囲が拡大され，より人生の価値として，幸福として議論されるようになりました．病いがないというような客観的な指標ではなく，生きる意味としての幸福（well-being）は数量化が難しく，宗教など文化的な差が大きいため，最終的には WHO の宣言としては採用されていませんが，長寿化した先進国においては，感染症対策よりも生涯発達の最後の収束をどのような価値として締めくくるかという意味で，well-being の拡大が提起した課題は医学の根幹にあります．

(2) 精神医学からみた幸福

　well-being は主観的価値であり個人ごとに異なるという理解から，主観としての well-being を探る事例法の視点が，臨床医学の基本的視点です．反対に，多くの人の well-being はどのような価値としてあるのか，その共通性から考える立場が疫学的アプローチです．個を特性と共通性の視点から細分化し，同時に個の集合である全体を扱う視点とを整合させることが医学の方法論です．人は人生で何が大切と考えているかを扱った疫学的研究があります（森本，1997）．そこでは，幸せを感じる価値は，大きく分けると，①安心を与える健康と，②支援としてのソーシャルサポート供給源である家庭や仲間と，③やりがいという価値の源泉としての仕事（活動）の 3 つで規定されることが分かります．価値づけの差は，年齢よりも未婚と既婚という属性によって大きく異なります．既婚者では健康と家庭の価値の比率の方が仕事よりも大きくなります．若年者と単身者では友人や仲間や仕事の重要性が家庭よりも高くなります．自分が生きる文脈によって，幸福の源泉となる価値は変わるのです．既婚者も未婚者も，仕事が忙しいと職場以外の仲間との時間が取れなくなり，仲間とつながり支援を受ける力である「ソーシャルサポート」を，身近な家族に求めざるを得なくなります．ソーシャルサポートを得てストレス解消ができなくなるとき，家庭や職場の対人関係はストレッサーと認識されます．これらのことからも，対人関係が幸福を左右することは容易に想像できるでしょう．

　私たちが家庭に期待しているソーシャルサポートの内容をみた調査として，内閣府『国民生活に関する世論調査（2013）』があります．「生き方，考え方」の項目で，家族の団らん・休息やすらぎ・絆・成長・育児などが価値として挙げられています．現在の平均的な家庭はほぼ恋愛結婚によるものです．恋愛結婚の先に家族という価値への期待があります．同時に，現代の家族の 1/3 は，ソーシャルサポートの供給源としての家庭を築けず離婚します．先ほどの「健康」と「家庭や仲間」と「仕事」の 3 つの価値からすると，安らぎ・愛・成長などの価値の実現のために必要なのが，自分の健康と，家族や仲間とつながる力ということになります．日頃意識してはいませんが，私たちは，幸福の前提に健康と仲間を意識しています．

　WHO は，健康とは単に病気でないだけではなく，自分のありのまま（well-being）を大切な価値と認められることと定義しますが，それには，今の自分のありのままを幸福と意識できる身体的な根拠と，主観的な心理と，主観を形成する社会的な人間関係が必要です．このようにみてくると，メンタルヘルス（心の健康）とは，狭い意味での心の健康では収まりません．メンタルヘルスとは，生物的な健康，心理的な健康，社会的な健康という 3 つの水準で健康を意識できる心理状態を意味します．この，自分の幸福を実現できない状態が障害です．自分の力（強み）を活かせず，やりたいことへ参加すること（社会的役割）が周囲・環境によって困難にされている状況が社会的障壁です．例えば，車椅子使用者にとって，一人で外出できる範囲に地域差があることは障壁です．生活場面でできること（能力）と，実際していることのずれを修正する作業が，障壁を乗り越えて自己実現するということであり，自己実現する力がストレングス（強み）です．自己実現の困難を感じたとき，変えたいと願えば変えられる環

境が，差別のない社会ということです。これが先に挙げた「潜在可能性」の意味になります。

 ## 第3節　精神医学と幸福に関するワーク

(1) メンタルヘルスリテラシーチェック

　これまでの解説をもとに，ここでは，メンタルヘルスリテラシーに関するセルフチェックワークを行います。まずは以下の6項目について，自分なりの答えを書き出してみましょう。

　①健康な生活習慣とはどのようなものでしょうか。
　②健康な生活習慣が幸福に果たす役割について説明してみましょう。
　③メンタルヘルスリテラシーとはどのようなものでしょうか。
　④病んだ心は自分にこだわる孤独から生まれますが，それを解消してくれる鍵は何でしょうか。
　⑤気分転換の意義とはどのようなものでしょうか。
　⑥自分が普段行っている気分転換について，意識して管理することができていますか。

(2) 病気でない健康な暮らしをするために

　本節ではメンタルヘルスリテラシーの前提について考えます。睡眠・食事・運動における健康な生活習慣が安定した生活習慣リズムをつくりますが，現代の社会人としてのワーキングライフは余裕がなく，健康な生活が難しくなっています。そのために必要なのがワークライフバランス，つまり仕事と仕事以外の時間を分け，余暇などの基本的な生活時間の確保をする意識です。しかしそれは，病気でないことを目指すだけでは実現されません。ライフとは，生きる喜びとしての幸福という価値が絡む時間の過ごし方なのです。例えばエンデ（Ende, M.）の『モモ』の時間泥棒が，次々と色々な人たちから盗んだものが典型です。基本的な生活とは，仕事でも家事でも趣味でもよいのですが，主体的に活動する喜びを感じる時間であり，同時に家族やパートナーや仲間と関わり合うことの歓びを知る時間をもつことです。そのために必要なのが生活時間の確保であり，ワークライフをマネジメントする自覚がその基本となります。生活ストレスの管理の失敗が生活習慣の乱れですが，それは現代的なうつ病や生活「悪」習慣病（小川，2013）のような個人の身心の病いにつながるだけではありません。家庭の不幸としての離婚やDV，あるいは仲間をもてない孤独ともなります。

　過去30年の間，週休2日制が施行された時期にバブル崩壊が起こり，残業も含め平日の労働時間が伸び，結果として平均睡眠時間は15%短縮しました。同時期，厚生労働省疾病統計上，うつ病は1984年当時は11万人だったものが現在は110万人を超えるまで増加しています。現在うつ病の生涯有病率は1/15人（女性だけなら1/10人）にまでなりました。不眠と抑うつの自覚の程度には疫学的研究があります。不眠およびストレス時に不眠が出た学生の45年後のうつ発病率は，不眠がなかった学生の2倍であったという，ジョン・ホプキンス大学学生を対象とした長期追跡結果があります。2年続けて不眠があった人がその後にうつ病を発病する可能性は，それがなかった人の40倍になるというアメリカの住民調査研究もあります。兼板ら（Kaneita et al., 2006）の24,000人超の調査研究では，睡眠時間が6時間を割り始めると，抑うつの自己記述式尺度であるCES-D得点が悪化し，5時間を切ると20代以降70代までどの年代でもカットオフポイントを超えて抑うつ気分を呈することが分かっています。

　脳波による生理学的研究の知見からは，働き盛りの睡眠時間の目安は7時間，60代以上は6時間，義務教育期の睡眠時間の目安は最低8-10時間とされています。しかし，現代の平均的な生活では，仕事

で帰宅が遅れ，それによって遅い夕食をとります。また，長時間労働による不安緊張は寝付きを遅らせます。さらに，緊張を下げる気分転換でスマホや TV を観るために，入眠が遅れます。そして，少しでも長く寝ようと寝坊することになり，朝食が遅れたり抜かれることになります。その結果，起床時間の光刺激によるリセットと，食事による腸管蠕動によるリセットという，2 つの体内時計のセットポイント調節が不安定になります。ほぼ 25 時間時計である遺伝子発現による第 1 の体内時計は，第 2，第 3 の体内時計によって 24 時間の時計へと社会的同調が行われますが，そのメカニズムが崩れ，脱同調し，それによって生活習慣リズムが狂います。この状態が続くと，次第に脳のリズムがうつパターンになります。朝低体温になって起きられない，あるいは，朝から微熱でだるくなるなどの身体的不調としてうつ病への慢性化が準備されます。現代のような緊張が高い生活にあって，一番良い睡眠対策は健康増進にもなる「運動」です。運動で脳温が 0.5 度上がると，脳のブドウ糖消費量が 15％増となり，脳の疲労感がしっかりとでます。風邪で熱が出るとだるい現象はその例です。脳の疲労の結果，寝付きが早くなり，深い眠りが起こるため，脳の疲労回復が進み，うつ予防になります。生活習慣リズムの安定において睡眠は大切です。

　次に食事の大切さをみてみたいと思います。哺乳と言いますが，哺とは口に含ませ育むことです。幼児は満たしてもらう安心安全感から大人への健康な依存を確立します。先述の WHO 憲章の草案で示されていた a joyful attitude や positive factors や something positive という肯定的感情は，哺育によって育ちます。長ずるにつれ園や学校で人を頼る良い人間関係が生まれ，未来への信頼が明確化します。そして，食事は空腹というニーズを満たす反復を通じ，自分で自分を満たす肯定的な感覚や自分のニーズを生みだす感情などの動機を満たす主体性を育んでいきます。この反復の先に，状況に対処する内省する力が明確化します。食の好みは，自分の意志を明確にし，自分で選んで自分にとっての価値や自己効力感を組み立てる反復を通じて自律への意志を育てる教育的な成長の機会です。それらを育む躾の基本が，喜びの一瞬を言い当てる大人の声かけです。忙しい時代に生きるからこそ，親が必要時に声かけできる姿勢での見守りが，生きる力を育む場としての食卓や食習慣として大切になります。

　定時の朝食は腸を動かし，第 3 の体内時計をリセットし，生活習慣リズムを安定化させますが，食事の内容も健康増進では大切です。同じカロリーでも，パンよりご飯の方が血糖上昇が緩やかなので，インシュリン分泌が抑えられます。そのため，食後のリバウンド（過激な空腹感）が少ないのです。砂糖を摂取した場合の血糖上昇との比較値をグリセミックインデックス（GI）と呼びますが，トーストにコーヒーなどの食事は，朝からケーキや砂糖菓子を食べるのとほぼ同じ GI 値となります。結果として糖質過多状態をつくります。疫学的には 40 代から上の日本人は糖質過多傾向にあります。生活習慣病の予防には，GI 値を低くし，インシュリンの過剰分泌を防ぐために，糖質以外の繊維質やタンパク質，脂質のバランスを取った適切な食生活が必須です。その点で望ましい朝食は伝統的な和食です。繊維の多いワカメや根菜の味噌汁と漬け物は，血糖の急激な上昇を抑えるため，緩やかに血糖が上がり安定します。さらに腸内細菌層を整えることで腸管バリアーを安定させ，アレルギー予防をします。また，便通を整え便秘を予防します。サケやサバなど青背の魚は脳の神経突起を伸ばす成分を含み，発達障害の改善やうつ病予防になります（特に女性）。また，well-being という視点で言えば，子どもは親の料理が好きです。準備は大変でも，顔を合わせれば家族で心を通わす時間が増え，自分を支え，また支え合う気持ちを生む機会になります。

(3) ストレスをマネジメントする

　メンタルヘルスについて考えるためには，ストレスの一般的理論と，自分自身のストレスの，両方を

知っておくことが重要です。ストレスが溜まると誰でも緊張し，気分転換をしたくなります。これをストレスコーピングと言います。理想的な対処は，原因を理解し問題を解決する「問題解決型コーピング」と，気持を整理し乗り越える気分転換である「認知的再評価型コーピング」です。しかし，この2つが良いと分かっていても努力できないことも多いものです。そこで実際に採用されることが多い対処が，憂さ晴らしやお喋り，運動などの「情動焦点型コーピング」と呼ばれる気分転換です。問題解決ができず，不安が続くと，繰り返しやすいものを無自覚に選ぶシェイピング（洗練）が進みます。過食・ゲーム・ギャンブルなど，依存への発展が典型的です。もう一つ，不安時に多いのが，嫌なことはみない・聞かない・しないという「回避型コーピング」です。子ども時代に，大人からの慰めや励ましの機会が少ないことによって，中学生くらいまでに「不安回避」が行動原則として定着してしまうことがあり，社会的ひきこもりを準備します。不安を抱えることが難しい回避は「どうせやってもだめだからやらない」という学習性無力感による無気力や，「やるとよくないことになる」という絶望感に発展しがちです。アフターコロナの活動制限下や，就労後に職場仲間によるソーシャルサポートが不足してしまう状況では，あえて健康を増進するための「運動」のような気分転換を意識しておかないと，生活習慣が乱れ始めたときに歯止めが効かなくなります。自分がよく用いるコーピング（時間つぶし）を自覚し，意識して適切なコーピングを選ぶセルフマネジメントに加えて，生活習慣を自覚的に守ることが，ストレスマネジメントの基本です。

　アフターコロナの課題は，ワークライフとしての生きる意味を見いだす青年期の課題と一致します。共働きや単身生活が基本となる現代，身辺自立意識をもち，自分で生活を管理できなければ，就労しても一人暮らしは不可能です。いつまでも子供部屋おじさんやパラサイトシングルとして親と暮らすしかなくなります。自立を考えるヒントが知的能力障害にあります。知的能力障害では，18歳のゴールが就労です。就労の条件として，自分のことは自分でできる・その人なりに稼げる・他人に迷惑をかけない・人の役に立つの4つがあり，これは生きる力であり，この中でできないことが自分の弱点であると考えます。そして，自分の弱点を前向きに捉え，他者の援助を得れば補強できるような能力を獲得できることが，自尊心につながるとしてきました。障害という逆境下で生きるからこそ，自分の生きる力としてのコミュニケーション力の低さを見つめ，補強する意識が大切という視点です。具体的には，苦手や限界に気づき，適切な援助を求める力をもつこと，周囲に理解者・協力者をもつ会話力を育てること，自分の特性を生かした能力開発の努力（趣味や夢中になれる楽しみ）を自分で担う自覚をもつこと，の3つです。私はこれらをメンタルヘルスリテラシーの中心能力であると理解しています。また，これらの達成が，今日の大学生活のゴールでもあると思っています。

 ## 第4節　この章のまとめ

　WHOは本章でみてきた身心の健康を守る知識と能力のことを「メンタルヘルス・リテラシー」と定義しています。そこには，①早期に適切なケアを受ける精神保健の知識，②健康な生活によって予防をし，健康増進するセルフ・ケアの力（中学生レベルの識字能力，適切な生活習慣とストレスのマネジメント），が挙げられています。私は，これだけでは不十分であり，この章でみてきたように「生きる意味や価値を含めて全人的なwell-being」へ拡大するために，さらに3点が必要と考えています。1つは，③ワーク・ライフ・バランスの実践です。労働環境が家庭に与える影響を理解し，調節して，家族や地域での生活体験を豊かにし，ワーク以外のライフに意味を与え，happinessやwell-beingを豊かにする生活能力（リテラシー）と言えます。2つめは，④必要なとき，適切な相手を頼れるコミュニケーショ

ン能力（学業・仕事を通じて獲得する社会性）です。最後に，⑤職場の共同意識の育成や地域社会への参加など，ソーシャルサポートを得る機会を増やし，自己中心性を修正できる視点や活動能力です。これら5点を念頭に置いて生活することによって，みなさんのメンタルヘルスの向上と幸福の実感にも良い影響があると思っています。

引用文献

Kaneita, Y., Ohida, T., Uchiyama, M., Takemura, S., Kawahara, K., Yokoyama, E., … Fujita, T. (2006). The relationship between depression and sleep disturbances: A Japanses nationwide general population survey. *The Journal of Clinical Psychiatry, 67*(2), 196-203.

森本兼曩（1997）．ストレス危機の予防医学―ライフスタイルの視点から　日本放送出版協会

内閣府（2013）．国民生活に関する世論調査

小川　恵（2013）．対人サービス職のための精神保健入門　日本評論社

臼田　寛・玉城英彦・河野公一（2004）．WHOの健康定義制定過程と健康概念の変遷について　日本公衆衛生雑誌，*51*(10)，884-889.

コラム2　幸せになるために必要なのは「お金」か，「時間」か？

　人々が生活していく上で，お金は必要不可欠です。お金がたくさんあれば，より贅沢な暮らしができるので，お金があればあるほど精神的な満足につながりそうです。しかし，近年の収入と幸福感に関する研究では，収入が幸福感に与える影響には限界があることが分かっています。具体的な金額については諸説ありますが，おおむね年収が1,000万円を超えたあたりから，幸福度は頭打ちになることが明らかにされています。しかしこれらは，数千万円や数億円といった年収を稼ぐ人々にとっては驚くべき結果だと考えられますが，日本の平均年収から考えれば1,000万円という数字は大金だと思われますし，高い幸福感を得るためには，それなりに金銭的余裕があることが重要とも言えます。一方で，お金だけではなく，人々が一般的に必要とするものに「時間」があります。より多くの時間的な余裕をもっている人は，人生を豊かにするための様々な活動（勉強や遊び，仕事，人間関係など）に多くの時間を割けるので，時間もまた，幸福を得るために重要な要素と言えます。しかし，ハーシュフィールドら（Hershfield et al., 2016）によれば，人々は生活の中で，お金と時間のどちらかを得る代わりに，一方を犠牲にしがちであると指摘されています（「目的地に早く着くためにお金を払ってタクシーを使うべきか？」，「拘束時間は長いが，より給料の高い仕事を選ぶべきか？」など）。そこで本コラムでは，ハーシュフィールドら（2016）の研究をもとに，幸福になるためには，「お金」と「時間」のどちらを求める方がよいのか，ということについてみていきたいと思います。

　この研究は，アメリカ人を対象としています。まず，対象者に対して，「お金」と「時間」のどちらをより多く望んでいるかを，程度（点数）も含めて報告させた後に，主観的幸福感の尺度に回答させています。結果は，「時間（34.9%）」よりも「お金（65.1%）」を選んだ人の方が多かったにもかかわらず，「時間」を選んだ人の方が，幸福感が高いということが明らかになりました。また，対象者の属性を少し変えて，先ほどよりもお金と時間に余裕をもっている人々に対して同様の調査を行った結果，「お金（45%）」よりも「時間（55%）」を選んだ人の方が多くなりましたが，ここでも，「時間」を選んだ人の方が，幸福感が高いという結果になりました。さらに，これらの結果は，1日の中でより多くの時間が欲しいのか，あるいは人生全体において年単位の時間が欲しいのかという，時間の種類の影響を受けないことが示されました。

　また，お金や時間をどのように使うことが重要かについても検討しています。まず，現在の資源（お金や時間）が不足していることに焦点を当てるよりも，自分がしたいことのために資源を求めるという姿勢が幸福において重要とされました。さらに，お金を使う際は，物ではなく「経験（自分がしたいこと）」に使用することや，他の人のためにお金や時間を使うことがより高い幸福感と関連していることを明らかにしました。さらにこの研究では，お金よりも時間を望むように動機づけていくことで，幸福感が高まっていくという因果関係までも明らかにしています。したがって，日常生活や人生においては，時間的な余裕を求めていくことが，幸福において大切であると言えます。ただし，「お金」が人々の幸福において不要であることは決してなく，むしろ金銭的な余裕は，幸福において非常に大切な要素です。「お金」と「時間」は，どちらも幸福になるための重要な資源ですが，多くのお金を稼いで高級な物品に囲まれながら，贅沢な暮らしをするという物質志向よりも，様々な人生経験や他者との関わりのための時間を大切にするという時間志向としての姿勢が，幸福になるために大切だと言えるでしょう。

（小嶋佑介）

引用文献

Hershfield, H. E., Mogilner, C., & Barnea, U. (2016). People who choose time over money are happier. *Social Psychological and Personality Science*, 7(7), 697-706.

Part III
ハピネス×ウェルビーイングの心理学

自分と社会とのつながりから幸福について考えてみよう

　パートⅢでは，自分と社会とのつながり，という切り口から幸福について考えていきます。例えば「自分がどのように振る舞うと他者と幸福な関係が築けるのだろうか？」「自分の幸福感は何の影響を受けて何に影響を与えているのだろうか？」といった疑問はこのパートⅢで扱われます。パートⅢでこの内容を取り上げたのは，パートⅠで自分の幸福を知り，パートⅡで社会の幸福感を知り，最後に自分と他者との関係を知ることが，幸福感を考える上で大事な視点となるためです。幸福はとても個人的なものですが，一方で個人の幸福に大きな影響を与えるものとして「他者」や「環境」があります。自分の幸福を考える際にも，他者との関係やどのような環境にいるかといった視点抜きに考えることは難しいと言えます。

　パートⅢでは，心理臨床，社会心理学，集団心理学，文化心理学を章のテーマとして挙げました。これらの章では，「その心理学領域における幸福感」という切り口だけでなく，「幸福と関連する，人と人（他者や環境，文化）との接点に関する知見」についての紹介がされるとともに，そのような人と人（他者や環境，文化）との関わりのメカニズムについて理解するためのワークが準備されています。そのため，章によって様々な内容やワークとなっており，また必ずしも「主観的」ではない幸福感に関連する概念も含まれます。既にこれまでに「自分の幸福」「社会（グループ）の幸福」について学んできた読者のみなさんであれば，この章で展開される知見やワークを自分の今後の行動へのヒントとして活用することができるでしょう。パートⅠで手に入れた「自分の幸福」への視点，パートⅡで手に入れた「社会の幸福感」に対する視点を柔軟に用いながら，パートⅢで展開される人と人との関わりに関する知見を自分なりに理解してもらうことで，3つの切り口から「心理学における幸福」をみることとなり，心理学における幸福感研究の多様性と全体像をつかむことができると考えられます。

第8章　心理臨床と幸福

久保田美法

● 第1節　心理臨床とは

　心理臨床とは，悩みや苦しみ，不安や痛みを抱えている人への心理的援助という実践的な営みで，「カウンセリング」や「心理療法」と呼ばれることが多いものです。第1章で取り上げる「臨床心理学」と「心理臨床」は，どちらも英語では clinical psychology です。悩みや苦しんでいる人を援助しようという実践からスタートしているところは同じですが，「臨床心理学」は，人間の心を「客観的に観察可能な行動」から捉えようとする心理学の応用分野の一つに位置づけられ，「心理臨床」は，クライエント（相談に来られた人）とカウンセラーの「関係性」や「主観」（その人が感じていること）を重視しているという点に特徴があります。

　さて，「臨床」という言葉の「床」は「病床」や「死の床」という意味で，そこに「臨む」ということは，つまり「病いを抱えた人や死に瀕した人の傍にいること」を意味しています。悩みや苦しみ，あるいは病気や死は，この本のテーマである「幸福」とはかなり距離があるように思われるかもしれません。心理臨床は確かに一般的にはネガティブと捉えられる事象に深く関わります。例えば不登校は，一般的にはあまり良くないことで，学校に行けるようになることが良いとされているかもしれません。けれども心理臨床では，必ずしも不登校を「マイナス」な状態として，それを「0」に戻す（登校できるようになる）ことを目標とするものではありません。不登校になることで，その子は何をしようとしているのか，意識的に考えて不登校になった訳ではないでしょうが，不登校は実はその子が発する何かのサインではないだろうか——このままでは苦しい，もっとこんな風に生きていきたいなど——と考え，もっとその子らしい生き方やその子が生きやすい周りとの関係性を見つけていく大切な機会と捉えます。そう考えると，ネガティブに思われることは，実はその人にとってしっくりくる生き方を探す道しるべとも言えるかもしれません。

　最初に「臨床」とは「悩み苦しむ人の傍にいること」と述べましたが，なぜ「傍にいること」が「心理的援助」になるのでしょう？　ただ傍にいるだけでよいのでしょうか？　「ただ」とは言っても，どのようにそこにいるかということが実はとても大切です。心理臨床では，そもそも人には誰でも自分を成長させる力や傷を治す力が備わっていて，「本当は自分はどうしたいか？」「どうなりたいか？」ということも，どこかでは知っていると考えます。そうした力が上手く発揮されず，どうしてよいか分からずに困っているとき，その人がもともともっている力に呼びかけ，そこに耳を傾けようとするのがカウンセラーの仕事です。そこで大切になってくるのが，カウンセラーの態度です。

● 第2節　心理臨床と幸福の関連—カウンセラーの態度と聴くことの意味

　心理臨床には様々な理論や療法がありますが，ここではロジャーズ（Rogers, C. R.）の提唱したカウ

ンセラーの基本的態度というものを紹介します。ロジャーズは基本的態度として 3 つの条件を示していますが，これはどの学派にも共通して流れているものです。この基本的態度は幸福とどのようにつながっているのでしょう？

(1) カウンセラーの基本的態度
①「無条件の積極的関心」

　これは文字通り，相手の話に積極的に関心を向けて耳を傾けることですが，そこに「無条件」と付いているところが大きな特徴と言えるかもしれません。私たちはもともと自分が関心のある話題については，言われなくても積極的に話が聴けるし，聴きたいと思うことが多いかと思います。けれども興味のない話も同じような態度で耳を傾けることは，なかなか難しいものです。自分が話を聞いてもらうとき，相手がその話題に関心をもってくれているかによって，話しやすさは随分変わるでしょう。相手の心がここにあらずのときに話し続けるのはなかなか難しいのではないでしょうか。どんな話でも気持ちを向けて聞こうとしてもらえるとき，私たちは自分が本当に話したいことを話してみようという気持ちになれます。

　また話に耳を傾けるときに，「良い／悪い」「好き／嫌い」などの評価をしないというのも大切なポイントです。否定的な言葉ならともかく，ほめられるなら，言われた方も素直に嬉しく，自信になることもあるでしょう。けれども「いいね」と言われると，今度はその人にまた「いいね」と思われたくて，相手の価値観にあわせて話をしようとすることもあるかもしれません。そうすると，話し手自身が本当に話したいことからは離れていってしまいます。どんな話も，肯定も否定もせず，ただそのまま関心を寄せることが「無条件の積極的関心」です。

②「共感的理解」

　「共感的理解」とは，相手の話を，その相手の立場に立って，共感的に理解しようとすることです。「共感」は英語ではエンパシー（empathy）ですが，これと似た言葉にシンパシー（sympathy）があります。保育士でライターのブレディみかこ（2019）は，その違いを「シンパシーのほうはかわいそうな立場の人や問題を抱えた人，自分と似たような意見を持っている人々に対して人間が抱く感情のこと」で「努力をしなくても自然に出て来る」もの，それに対してエンパシーは「自分と違う理念や信念を持つ人や，別にかわいそうだとは思えない立場の人々が何を考えているのだろうと想像する力のこと」と述べ，これを「自分で誰かの靴を履いてみること」と端的に表現しています。

　例えば A さんが B というアーティストが好きだとします。でも自分は B の何がよいのか分からないということはありますね。けれども，A さんが B のどんなところが好きなのかという話をじっくり聴いていくと，A さんが B を好きなのは分かるような気がしてくるという理解はできるでしょう。A さんにとって，B という歌手はどのように映っているか，その歌がどのように体験されているかを，その人の身になって考えてみる訳です。ここで一つ注意する必要があるのは，私も B のファンである場合です。同じアーティストが好きだと，つい A さんの気持ちがよく分かるような気がしてしまいがちですが，実は A さんが B を好きなところと，私が B を好きなところは大分異なることもあります。「共感的理解」は，あくまで A さんなら A さんにとっての B がどんなものかを，A さんの身になって考えようとする——A さんの靴を履いてみる——ところが大きなポイントです。

③「純粋性」（自己一致）

「純粋性（自己一致）」とは，自分が今ここで感じていること——嬉しいことでも悲しいことでも腹立たしいことでも——を，素直に認め，そのままに感じていること，あるいはそれをそのまま表現することです。例えばAさんはBというアーティストが好きだけれど，自分はBがあまり好きでなかったとします。そのとき，「自分はBは好きじゃない」と言うかどうかはともかく，自分を偽って，あたかも自分もBが好きであるかのように振る舞おうとしていると，その無理な感じが伝わって，Aさんもどこか落ち着かなくなってきたりするでしょう。

「無条件の積極的関心」や「共感的理解」に努めようとすれば，Aさんに話を合わせるのは必要なことのようですが，Aさんと私は別個の人間であり，AさんがBを好きであることも，私はBを好きではないことも，どちらもそれぞれに大切な意味があるはずです。「AさんにとってはBがいいんだな」と受け取ることは，私もBを好きにならなければいけないということではありません。無理に相手にあわせようとするのではなく，私は私の感覚を大事にしていることが，AさんもAさん自身の感覚を大事にしていいと思えることにつながっていきます。

以上，ロジャーズがカウンセラーの基本的態度としているものを紹介してきました。「言うは易く行うは難し」ですが，この3つの条件を貫いているのは，その人がその人らしくあれるとき，その人がもっている力が最も発揮されるということへの信頼であり，そこに耳を傾ける関係性をもつことへの呼びかけであると言えるでしょう。

(2) 他ならぬこの人と他ならぬ私との間で

(1) ではロジャーズが提唱したカウンセラーの基本的態度を紹介しました。「態度」というのは，何か少し曖昧で抽象的な印象があるかもしれませんが，私たちは，友達でも，先生でも，相手によって，あるいは状況によって，緊張したり，ホッと緩んだり，見せたくなる自分が違ったり，飾らずにいられるかは異なるのではないでしょうか？　何か苦しいとき，それも何が苦しいのか，どう表現してよいのか分からないときはなおさらでしょう。本当に苦しいときは，周りからみたら，「わけの分からない叫び」にしかみえないこともあります。そんなときは，どのように誰かに傍にいてもらえると助かるでしょうか？　「『聴く』ことの力」という本で，鷲田（1999）は，次のような印象的な言葉を述べています。

「苦しみの語りは，語りを待つ耳があるところで，こぼれるように落ちてくる」

つまりわけの分からない叫びは，耳を傾けて聴こうとする人が存在することで初めて，わけの分かる「訴え」になると考えられます。「こぼれる言葉」は一人ひとり違います。ある不登校の中2の女の子は，家庭訪問に来てくれる担任の先生に対する気持ちを，こんな言葉で語っています（伊藤，2006）。

「私は，学校という一本の長いロープの先を握っている。もう一方の先を握っているのは，私の先生。もし先生が"私に会いたい"と言ってロープをぐいぐいと引っ張ったら，私は怖くなってロープを放してしまうと思う。だからそれはやめてほしい」
「でも，私の"会いたくない"という言葉をうのみにして，先生の方からロープを手放してしまったら，私の手にはロープの先しか残らない。たらんと垂れ下がったロープの先には，もう先生はいない。それも悲しい」

　先生に対する揺れるような想いがよく伝わってきますね。この言葉は不登校の子の気持ち——もちろん，一括りにではできませんし，これとは全く異なる思いをもつ子もいますが——をとてもよく表しているように思われますが，この女の子の言葉と，例えば「（不登校の子は先生と）つかず離れずの距離で，つながりは保ち続けることを望んでいる」は同じでしょうか？

　この女の子の言葉には，語られている「内容」とともに，その声音や語り口に，この子がこれまでどんな風に生きてきて，今どのように語っているかがこもっているような気がします。これは他ならぬこの子が，他ならぬこの人——不登校の子の話し相手となる「チャム」というお姉さん的な人だったようですが——に語った言葉だろうと思われます。彼女のこの思いは，誰に対してでも発せられたものというより，このお姉さんだから伝えられた言葉だったのではないでしょうか。その一言ひとことをこの方は大事に受け取ったからこそ，このように書きとめられたということでもあるでしょう。つまり，語られた言葉は，「語りたい思い」と「聴こうとする耳」があわさって表れてくるものです。

　第2節では，心理臨床で大切にしているカウンセラーの態度と，聴くことの意味についてみてきました。一人ひとりが安心して本来の自分らしさを出せる，自分らしくいられることを幸せと呼ぶとするなら，言葉になりにくい思いにも耳を傾け，「らしさ」が表れるのを待つ心理臨床の営みは，幸福につながっていると言えるかと思われます。

第3節　心理臨床と幸福に関するワーク

　ここまでみてきた「聴く」ということについて，この節ではワークを通して感じてみましょう。みなさんが，人に話を「聴いて欲しい」と思うときはどんなときでしょうか？　「ねぇ，ねぇ，こんなことがあったんだ」と何か嬉しいことやちょっとした発見をしたとき，あるいは「どうしよう……」「こんなのでいいんだろうか……」と迷ったときなどがあるかもしれません。そうしたとき，話を聴いてもらうだけで，何かすっきりしたり，またがんばってみようと思えた経験もあるのではないでしょうか。

　ここでワークに入る前に，あらためて「きく」にも色々な「きく」があることを確認しておきましょう。「聞く」（hear）は一般的なきくという意味，「聴く」（listen）は身を入れてきくこと，耳をすますということ，それから「訊く」（ask）という，尋ねるという意味の「きく」もあります。

　この章で注目したいのは，身を入れて耳をすます「聴く」ですが，この「聴く」にもまた，様々なものがあります。
　①話の内容を聴く。
　②態度を聴く（ハイテンションであったり，うつむき加減であったりする様子は，それぞれその時の心情を語っているでしょう）。
　③体で聴く（話を聴いているとドキドキしてきたり，お腹がじんわり温かくなってきたりするのは，相手の気持ちや体験がそのままこちらの体に伝わってきているとも考えられます）。
　④語られていないことを聴く（例えば，楽しく話をしているようで，実はそうせずにはいられないくらい辛くて楽しそうに振る舞っている場合，その辛い気持ちは言葉では語られていない語りと言えます）。
　⑤沈黙を聴く（沈黙にも様々なものがあり，間がもたなくて苦しいこともあれば，黙っていても心地よい沈黙もあり，それぞれに意味があります）。
　このように「聴く」と一口に言っても様々な「聴く」がありますが，それでも「聴く」という行為は，やはりどこか受け身なイメージがあるかもしれません。ここでは，「聴く」とはどういう営みなのかと

いうことについて，一つの詩から思いを馳せるワークと，ペアになって実際に話を聴いてもらうという
ワークの2つをやってみたいと思います。

(1) 詩を読む（聴く）（ワーク1）

　その名も「みみをすます」というこの詩は，全文ひらがなで，こんな風に始まります。

　　みみをすます
　　きのうの
　　あまだれに
　　みみをすます

　　みみをすます
　　いつからつづいてきたともしれぬ
　　ひとびとの
　　あしおとに
　　みみをすます
　　ハイヒールのこつこつ
　　ながぐつのどたどた
　　ぽっくりのぽくぽく
　　みみをすます

　「きのうの雨だれ」や「いつから続いてきたともしれぬ人々の足音」に耳をすますという，少し不思議
な言葉から始まって，「ハイヒールのこつこつ」や「ながぐつのどたどた」「ぽっくりのぽくぽく」など
様々な足音一つひとつに耳をすまし，「ささやき」や「わらい」，「おかあさんのこもりうた」や「おとう
さんのしんぞうのおと」，人々の様々な営みや声に耳をすましていく，かなり長い詩ですが，その中盤
を過ぎたところでは，（　）で括られた，こんな印象的なフレーズも出てきます。

　　（ひとつのおとに
　　ひとつのこえに
　　みみをすますことが
　　もうひとつのおとに
　　もうひとつのこえに
　　みみをふさぐことに
　　ならないように）

　そして「じゅうねんまえの　むすめのすすりなきに」「ひゃくねんまえのひゃくしょうのしゃっくり
に」，遂には「いっちょうねんまえのうちゅうのとどろき」にまで耳をすまし，そしてまた日常のことに
戻ってきて，最後は「ざわめきのそこの　いまに」，「きょうへと　ながれこむ　あしたの　まだきこえ
ない　おがわのせせらぎに」耳をすまして終わります。

　この詩の全編はぜひ原本（谷川，2000）にあたって味わっていただきたいと思いますが，ここではこ

の詩を読んだ（聴いた）大学生が書いた感想をいくつか紹介します。感想の言葉から，この詩がどんな詩なのかに「みみをすまし」，またそれを通して「みみをすます」とはどのようなことかに思いを馳せてもらえたらと思います。もちろん，詩の全編を読める方は，まずはそちらを読むことをおすすめします。詩を読んだ後，ご自分の感想とともに，以下の感想を読まれると，さらに「耳をすます」体験を深めることができるでしょう。原文が読める方は，以下のような点を考えてみてください。

①ひらがなだけの詩は，どんな感じがするでしょうか？　声に出して読んでみると，どんな感じでしょう？

②（可能であれば）誰かに読んでもらったら，どんな感じでしょうか？（目をつむって，あるいは目でひらがなを追いながら読んでもよいかもしれません）

③声に出す（誰かが読んでくれるのを聴く）のと，黙って読むのとはどのように違うでしょう？

④「（ひとつのおとに　ひとつのこえに　みみをすますことが　もうひとつのおとに　もうひとつのこえに　みみをふさぐことにならないように）」とは，どういうことだと思われますか？

⑤全体を通して，「みみをすます」と，どんなことが聞こえてくると感じましたか？

では以下に「みみをすます」を聴いた大学生の感想の一部を紹介します。

- 読むことによって色んな音が浮かんできてその音がまるで聞こえてくるように感じた。
- 小さい子がいろんな音に興味を持ってみみを澄ましてるイメージが湧いた。
- やわらかな読後感であった。読むというより触るに近い。
- 目の見えない人達なら常に感じている感覚なのかなと思った。それと同時に少し羨ましくも思った。音だけではなく時間も感じた。
- 自分の周りには遮るものが何も無く，水面の上で何もせずたたずみ，目をつむって耳を澄ましているという状況を連想した。そして，現在，過去，未来という概念が存在せず，自分だけしかいない世界なのにもかかわらず，足音や生き物の声やかみなりなど，この世の様々な音だけが聞こえるというのを想像し，不思議な感覚にとらわれた。
- 最初は柔らかい印象を受けた。しかし，ここまでひらがなが羅列していると，呪いの言葉みたいな怖い印象を受ける。
- 優しい雰囲気の中に私達が普段生活する中で感じる苦しみや悲しみがあるように感じた。
- 辛さとか苦しみとかそういったものでなく残酷さとも何か違う形容しがたいものであるように感じた。
- 争いや事件などが起こった日でも，何事もなかったかのように明日がきて，日々の出来事に関係なく時間が流れることに，どこか寂しさも感じた。
- 普段の生活の中にある音は穏やかな気持ちになる。一方で，争い事の場面での音は不安や憤りや恐怖を感じる。この二種類の音が同時に存在することにギャップを感じつつ，片方がなければもう片方を感じることもないのかもしれない。

「（ひとつのおとに　ひとつのこえに　みみをかたむけることが　もうひとつのおとに　もうひとつのこえに　みみをふさぐことに　ならないように）」という箇所については，こんな感想がありました。

- 自分が望んでいることだけを聞こうとして，周りの声を一切遮断しないように。
- 多数決みたいな感じかな。ひとつの大きな意見を聞いて，少数の意見は聞かないみたいな。
- 一人一人の声を拾いあげた時，自分の叫び声に耳を塞いでしまわないように。
- 安心できる状態だけを捉えると，不安な状態の方を気にしなくなり，逆に不安な状態だけを捉えると安心できる状態の方に気が向かなくなる。

またこんな感想もありました。

・音とは，ただ通り過ぎていくだけのもので形なんてものはないと思っていた。でも，こうして詩として読んでみると，音にも輪郭のようなものがあるのだと感じた。やがてパッと割れてしまうのに虹色に反射して，綺麗なシャボン玉のよう。落ち込んだ時，周りの音も聞こえなくなってしまうような時があるが，目をつむれば私たちは色々なものに囲まれて生きているのだと，孤独ではないのだと感じさせてくれる。音に関しての詩だが，潮風の匂いや祖父母の家の優しい匂いまで感じた。

　聴くことは単なる受け身の行為ではなく，「みみをすます」と何か聞こえてくるものがある。それは頭で捉えるというより，からだで感じられるものであり，何かとつながりを感じたり，交流することなのかもしれません。

(2) うれしい話を聴く（ワーク 2 ）

　「みみをすます」と聞こえてくる様々な世界に思いを馳せたところで，もう一つ，今度は身近なワークをやってみましょう。お題を「うれしい話」として，それを聴いてもらう相手が「うれしくなるような聴き方」で聴いてみよう（聴いてもらおう）というワークです。手順は以下の通りです（品田（2004）を一部変更しています）。

　①ペアでそれぞれ最近あった「うれしかったこと」「気になった」ことを書く（5分くらい）。
　②聴き手，話し手を決めて，話し手が「うれしかったこと」「気になったこと」を話す（5分くらい）。
　③役割を交代して，聴き手だった人が話し手になり，「うれしかったこと」「気になったこと」を話す
　　（5分くらい）。
　④聴いてもらって，聴かせてもらって，感じたことを話し合う（5分くらい）。
　⑤「うれしい話の聴き方」をやってみて，感じたことを書く（話し手として，聴き手として，ペアで
　　ふりかえって）

　このワークは実際にやってみてこそですが，今このテキストを読みながら，すぐにはワークができない方は，とりあえず，自分が嬉しい話をしたときや，話を聴いてもらって嬉しかったときは，どんな感じだったかを，思い出してみてください。ここではまた，このワークを体験した大学生の感想を少し紹介します。

　　・あいづちを打ってくれて嬉しかった。
　　・体を自分の方に向けてくれて嬉しかった。
　　・質問してくれた。
　　・「こんなことがあったよ」という言葉を引き出してくれた。
　　・「待つ」ことの大切さを身体と心で感じとることができた。
　　・聴き手次第で，同じ内容でも気持ちが変わる。
　　・相手に嬉しさが伝わると，もっと話したくなる！
　　・嬉しい話は聴く側も笑顔になる。相乗効果。
　　・人間から人間への影響力はすごい！
　　・ありがとう！

　「ありがとう！」は，聴いてくれて，あるいは聴かせてもらって，思わず出てきた言葉のようでしたが，嬉しさがそのまま伝わってきますね。

　こうした感想は，今回のワークのお題が「うれしい話」だったからなのでしょうか？　確かに，日常の「うれしい話」と心理臨床の現場で語られる話は異なります（身近な話やうれしい話もまた心理臨床でも大事なこととして受け取りますが）。誰にも話せない話や，苦しいことだからこそ，心理臨床の場

にもってこられるとも言えるでしょう。そこではもちろん様々な専門的配慮が必要です。ただ，その
ベースには，こちらに関心を向けて，「みみをすまして」聴かれることで，聞こえてくるものがある，生
まれてくるものがあるという，「聴くことの力」への信頼があるかと思われます。その力を今回のワー
クで実感をもって体験していただけたら幸いです。

 ## 第4節　この章のまとめ

　前節では心理臨床で大切にしている「聴く」ということを2つのワークを通して感じてみました。
ワークを踏まえて，耳をすますと聞こえてくるもの——耳をすまさなければ聞こえてこないとも言えま
すが——には，どんなものがあったかを，あらためてふりかえってみましょう。自分では気づいていな
かった自分の気持ち——「思っていた以上に楽しかったんだ」，とか「本当は辛かったんだ」とか「本当
はこんなことがしたかったんだよな」とか「今のままでいいのかも……」など——に気づいたり，ある
いはこれまであまり感じられなった周りとのつながりを感じたり，嫌だと思っていたことにまた別の意
味を感じるようなこともあるかもしれません。こういった気持ちや感覚は「幸福」につながっているの
ではないでしょうか？

　この原稿のもととなった2020年度前期の授業は，新型コロナウイルスにより遠隔授業で実施されま
した。その感想からは，ふだん何気なくしている会話や聞こえているはずの音に，あらためて「みみを
すま」してみることで，「不思議な気持ち」になったり，心が様々に動いたことがうかがわれました。ま
た自宅にいる時間が長い中，耳をすましてみることで，あらためて身に染みて感じることがあったり，
これまでの自分をふりかえる人もいたようでした。全体を通して，「みみをすます」ことに何かほのか
な希望のようなものを感じてもらえたようだったことが，嬉しい発見でした。「絶対確実」とは言えま
せんが，ほのかな希望のようなものが感じられることは，それ自体，「小さな幸せ」と言えるかもしれま
せん。

　毎日は課題やアルバイトに追われて忙しかったり，人間関係に悩んだり，ずっと家にいて，少し息が
つまりそうになるなど，様々なことがあるかと思います。そんなときには，深呼吸をして，周りの音に，
周りの声に，自分のからだに，自分のこころに耳をすましてみましょう。「耳をすませないな」と思うと
きは，それでも構いません。「今はそういう感じなんだな」と思うのも，「耳をすます」の第一歩です。
今の自分が感じられることを感じられるだけ，どうぞ大切にしてください。それが自分にとっての幸福
につながっていくかと思います。

引用文献

ブレディみかこ（2019）．ぼくはイエローでホワイトで，ちょっとブルー　新潮社

伊藤美奈子（2006）．不登校の子の理解と援助（1）「不登校」との出会い——一人ひとりの子どもに寄り添う　児童心理，
　60(5)，120-126.

品田笑子（2004）．うれしい話の聞き方　國分康孝・國分久子（編）　構成的グループエンカウンター事典（pp. 478-
　479）　図書文化

谷川俊太郎（2000）．みみをすます　福音館書店

鷲田清一（1999）．「聴く」ことの力　TBSブリタニカ

第9章　社会心理学と幸福

小森めぐみ

第1節　社会心理学とは

(1) 社会心理学はどのような学問か

　社会心理学は，社会的場面における人の行動の背後にある心の働きについて研究する分野です。社会的場面と言うと難しく聞こえるかもしれませんが，人と人とのやりとり，と言えばより分かりやすいかもしれません。例えば初対面の人にあったときにどのような印象を抱くのか，他人の行動を見たときにそれをどのように理解するか，他人の考え方を変えるためにどんなアプローチをしたらよいか，人づきあいが深まったり，逆に疎遠になったりするのはどういうときなのか，集団の中で人はどのようにふるまっているか，などが研究されます。その範囲は幅広く，様々な応用可能性ももっています。学んだことを日常生活の中で遭遇する色々な場面にあてはめることができるということは，社会心理学の大きな魅力です。

　人は社会的動物とも言われ，高度な社会性を備えています。このように書くと，「自分は人づきあいが下手なので，その話は自分にはあてはまらない」と思う人もいるかもしれません。また，「パソコンやスマートフォンなどの機器を駆使して，他者と全く関わることなく毎日を過ごしているのだから，自分には社会性はもはや必要ない」という人も，ひょっとしたらいるのかもしれません。しかしそのような人たちも社会性と無縁という訳ではないのです。例えば「自分は人づきあいが下手だ」という自分自身に対するイメージは，他の人づきあいが上手い人と自分を比べるという高度な能力があって初めて得られるものです。また，進歩したテクノロジーこそ社会性の賜物です。私たちが毎日使っているスマートフォンも，誰かがスマートフォンのアイディアを思い付き，仲間たちとそのアイディアを洗練させ，実際に作りあげたから存在します。そして，そのスマートフォンが私たちの手元に届くためには，大量生産が行われ，製品が市場に流通し，消費者がそれを購入するという複雑なプロセスをたどります。そのプロセスのいずれもが一人でできることではなく，非常に多くの人々が関わって可能になったことと言えるでしょう。

　なぜ人がそのような高度な社会性を備えるに至ったかについては，進化の観点から説明されます。生物学的に言えば，人は非常に弱い存在です。力もそれほど強くありませんし，身を守る甲羅や硬い皮膚ももちあわせていません。気温の変化に弱く，頻繁に食事をしなければ命をつなぐこともできません。それにもかかわらず人がここまで発達した文明を手に入れることができたのは，他者と協力する能力のおかげだと言われています。つまり社会性なしでは人はとっくに絶滅していたかもしれないのです。

　このように，人にとって社会性を発揮して他者とつながることは非常に重要です。そのため，人は他者と結びつくことで幸福を感じ，関係構築が上手くいっていないときに不安を感じたり辛く感じたりするような心のしくみをもっています。自分自身の意思決定や行動選択において，時には煩わしく感じながらも，他人の目を気にするといったこともあるでしょう。良くも悪くも，良好な社会関係を結べているかに対して人はとても敏感であるようにできているのです。そこに焦点を当てるのが社会心理学です。

（2）社会心理学のテーマ

　社会心理学で扱うテーマは様々です。教科書ではそれらのテーマを個人内過程・対人間過程・集団過程に分けて説明することが多いです。ここでもそれに倣い，3つの分類から社会心理学の研究テーマを紹介していきましょう。まず個人内過程です。個人内過程というのは，人が自己や他者を対象として働かせる様々な心理プロセスのことを指します。印象形成や原因帰属，ステレオタオイプと偏見，感情，自己などの研究領域があります。次に対人間過程です。対人間過程では，他者に対して何らかの形で働きかける際に生じる心理プロセスが研究されます。例えば説得と態度変化，攻撃行動，ソーシャル・サポート，親密な関係の形成と崩壊などが研究されます。最後に集団過程です。人が集まるとどのようなパフォーマンスや心理的変化を示すのか，集団内での力関係の推移，他の集団との接触，組織や文化と個人の関係性などが研究されます。これ以外にも社会心理学の研究対象は多岐にわたり，時代の変化に応じて増加しています。

　こうした様々な社会的場面における心の働きを研究するにあたり，社会心理学が大事にしているアプローチの仕方があります。それは，個人を取り巻く状況の影響力に注目するということです。私たちは，人の行動を方向づけるのはその人の性格やもともともっている価値観や好みだけだと考えがちですが，行動に影響するものはそれだけに限りません。どのような状況に置かれているのか，どのような文脈の中でその経験をしているのかにより，人の考え方や行動は驚くほど変わります。状況の影響力を考慮していくことは，自分や周りの人の心や行動をより多面的に捉えることを可能にします。また，状況の影響に注目することは，自分と他の人をつなげることにもなります。自分では理解しがたい行動をとった人に注目する際に，その人はそういう人だから，と突き放すのではなく，同様の状況に陥ったならば自分も同じ行動をとるかもしれない，と相手に寄り添う形の理解が可能になるのです。

第2節　社会心理学と幸福の関連―他者とのつながりから

（1）所属欲求と幸福

　社会心理学では，他者とつながりをもつことが幸福をもたらすことを示す研究が発表されています。「他者とつながる」と聞くと，友達が多いとか，分かり合える親友がいるといったことを思い浮かべるかもしれません。そうしたことを検討する研究もありますが，社会心理学で扱う関係性はそれだけにとどまりません。様々な形での他者とのつながりが個人や社会に幸福をもたらすことが示されています。幸福の指標としては，ポジティブムードや人生満足度などが測定されることもあれば，自尊心の回復やアイデンティティの充足，身体的・精神的健康といった指標が用いられることもあります。ここでは，他者とのつながりという点に注目して，幸福に関係する社会心理学の知見を紹介していきましょう。

　この章の冒頭で述べた通り，社会的動物である人は，他者とつながりをもち，孤独を避けようとする欲求をもっています。これを所属欲求と呼びます（Baumeister & Leary, 1995）。所属欲求は，達成欲求（困難な物事を成功させたい，優れたパフォーマンスを発揮したいという欲求）と並び，程度差はあれ誰でもがもっている欲求だと考えられています。所属欲求は自分に対する評価とも密接に関わっており，自己評価は他者から受容されているかどうかを反映して変化するという説（自尊心のソシオメーター説；Leary & Baumeister, 2000）もあります。他者から受容されていると感じると自分に対する評価が上がる一方で，仲間外れにされること（排斥）は自尊心を低下させるだけでなく，物理的な痛みと同じ不快な信号を脳に送ったり，自分自身や他者に対する攻撃行動を引き起こすことも分かっています（e.g., Twenge et al., 2001）。

　所属欲求は，何らかの集団に所属していたいという形でも現れます。集団への所属は社会的動物である人にとって重要な位置を占めています。自己紹介をしたときに，自分の出身地域や所属大学，部活やサークルの一員であることを話したことはないでしょうか。自分がどのような社会集団のメンバーであるかは，自分自身がどのような人間であるかを説明する際にも積極的にも使われるのです。集団所属から捉えた自己像のことを社会的アイデンティティと呼び，優れた集団の一員であることや集団に貢献できていることはこの社会的アイデンティティを充足させます。オリンピックなどで日本人が好成績を収めた際に，なんとなくいい気分になることはないでしょうか。それが自分と同じ学校，同じ出身地の選手であった場合にはなおさらではないでしょうか。これらは，優れたパフォーマンスを示すメンバーのいる集団に所属していることが個人の幸福にも影響することを示します。ただし，身近な他者の成功が自分に対する評価を下げて嫉妬を生じさせてしまうようなケースも存在します。また，社会的アイデンティティを充足させるために，自分が所属していない他の集団を下に見たり，差別したりといった問題が生じる場合もあります。特に自分に対する自信が揺らいでいるとき，この傾向は顕著です。個人と集団，さらに他集団をも含めた社会関係は，複雑な形でそれぞれの幸福に影響していると言えます。

(2) ソーシャル・ネットワークと幸福

　次に，他者とのつながりがどのような形で個人の幸福に貢献するか，という点について，実際の研究を紹介していきます。ここでは，ソーシャル・ネットワークという用語を紹介します。今や人づきあいに必須のツールである SNS がソーシャル・ネットワーキング・サービスという言葉の略であることをご存知でしょうか。SNS が流行するはるか前から，社会心理学ではコミュニティにおける社会関係の乏しさ・豊かさを表す言葉としてソーシャル・ネットワークという言葉を使ってきました。その多くは特定の地域や職場を単位とする研究であり，昨今のインターネット環境を介した人間関係の広がりを想定したものではありませんでしたが，そこで得られた知見は現代にも通用するところがあります。

　ソーシャル・ネットワークの研究が繰り返し示していることは，豊かなソーシャル・ネットワークをもつことは，心身の健康と関係しているということです。ここでは，ソーシャル・ネットワークと身体的健康の関係を示したバークマンとサイムの研究（Berkman & Syme, 1979; 浦，1992）を紹介しましょう。この研究では，カリフォルニア州アラメダ群の住民 7,000 名弱に 9 年間にわたる調査を実施しました。その調査では最初に，回答者が結婚しているかどうか，友人や親戚とどれくらいの頻度で会っているか，教会やその他何らかのグループのメンバーであるかどうかを測定しました。そして，つながりの多さに応じて回答者を 4 グループに分類し，その後 9 年間の死亡率を比較したのです。図 9-1 がこの調査の結果です。横軸は年齢層で縦軸は死亡率です。棒グラフの色の濃さは，ソーシャル・ネットワークの豊富さを表しています。高齢であるほど死亡率は高くなりますが，特筆すべきはそれぞれの年齢層の中でも，ソーシャル・ネットワークが豊富な人ほど死亡率が低くなっていることです。つまり，同じ年齢層であっても豊かなネットワークをもつ人は長生きできていることになる訳です。この研究は死亡率を比較していますが，別の研究でもソーシャル・ネットワークが豊富であることと，身体的健康や精神的健康の間に関係があることが示されています（Ford et al., 2006; Stokes, 1985）。

　では，豊富なソーシャル・ネットワークと幸福の関係はどのように説明できるのでしょうか。なんとなく人づきあいがあった方が幸せそうだ，というイメージはあるかもしれませんが，ソーシャル・ネットワークの恩恵というのは具体的にはどのようなことなのでしょうか。たとえば，ネットワークをもつことにより，そこに属するメンバーから様々な形のサポートを受けたり，与えたりすることができます。実際にサポートの授受が行われていなかったとしても，「困ったときに頼れる相手がいる」と認知する

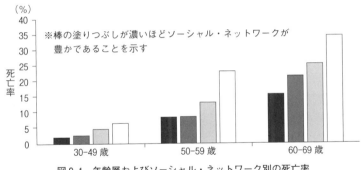

図 9-1　年齢層およびソーシャル・ネットワーク別の死亡率
(Berkman & Syme, 1979 より筆者作成)

こと自体も自尊心などと関連して好影響をもたらします。例えば，非行少年を対象とした日本の研究で，累犯の者は初犯の者と比べて狭い人間関係の中からしか援助者を選択できていないことが示されています（近藤ら，2008）。非行からの立ち直りには様々な要因が絡んでいますが，その一つにソーシャル・ネットワークがあると言えるでしょう。非行少年の立ち直りは本人の幸福に直接関係するだけでなく，社会全体の幸福にもつながります。

　ただし，ソーシャル・ネットワークをもてば必ず幸福になるという単純な話ではないことにも注意が必要です。例えば，心身ともに健康であるからこそ人づきあいを楽しめる，という逆の因果関係もありえます。加えてネットワークの質も重要です。例えば，境界密度という概念は個人がもつ複数のネットワークのメンバーがどれだけ重なっているかを反映したものですが，この境界密度の高さと幸福の関係は複雑で，求められる役割の多さやさらされているストレスの量，社会経済的地位に応じて適応的な境界密度が異なることが示されています（詳細については浦，1992，2009 を参照）。

(3) 購買行動と幸福

　個人単位で行う様々な活動も，他者とのつながりを促進して幸福を招くことが指摘されています。ここでは買い物をするという行為（購買行動）に注目した研究をいくつかご紹介しましょう。大学に入り，アルバイトをして自分でお金を稼ぎ，誰にもとやかく言われずに好きなものを買うという経験を楽しんでいる人もいるかもしれませんが，購買行動を通じて他者とつながることもあるのです。例えばエイキンたち 10 名の研究者が行った共同研究（Aknin et al., 2013）では，他人を助けるためにお金を使うことを向社会的出費（prosocial spending）と呼び，向社会的出費が同じ金額を自分のために使うよりも幸福感を高めることを示しました。この研究では過去の募金の金額を尋ねたり，特定の金額を使った経験について思い出してもらったり，研究参加の対価として実際に受け取った謝礼の使い道を考えるといった多様な方法で向社会的出費の効果を検討しています。研究方法も大規模な調査から実験室実験まで多岐にわたります。その結果，向社会的出費が幸福感を高めることが，貧富を問わず世界 135 か国で一貫して見られたそうです。その中には日本も含まれます。

　また，ヴァン・ボーベンとギロビッチが行った研究（Van Boven & Gilovich, 2003）では，自分のための買い物であってもその種類によって幸福を感じる程度が異なることが示されています。この論文でも実験と調査の両方が報告されていますが，ここでは実験を紹介しましょう。実験は，大学生に最近した買い物を説明する文章を書いてもらった後で，その買い物に関する質問に答えてもらうという手続きでした。文章を書いてもらう際に，半数の人には所有購買，すなわち何かを所有すること・手元に置くことを目的としてお金を払った経験について書いてもらいました。もう半数の人には経験購買，すなわ

ち何かを経験するためにお金を払った経験について書いてもらいました。そして，両方の人にその買い物を思い出すとどのくらい幸せな気持ちになるかなどを質問しました。その結果，所有購買としては洋服や宝飾品，パソコンやテレビを挙げる人が多くいました。一方，経験購買としてはコンサートのチケットやスポーツ，旅行や食事を挙げた人が多いという結果でした。そして，経験購買を思い出した人の方が，所有購買を思い出した人よりもより幸せを感じ，いい買い物をしたと思うと答えたのです。

　この研究には補足があります。調査の結果では，低所得者においては所有購買と経験購買の差がみられませんでした。この結果に対して論文の著者たちは，低所得者は生活必需品の購入（所有購買にあたる）だけで精一杯であるためではないかと考察しています。また，その後で行われた研究（Caprariello & Reis, 2013）では，経験購買と所有購買にみられた差は，他者と一緒に楽しめるかどうかを反映していることが示されました。所有購買の多くは個人で楽しむのに対して，経験購買は他者と一緒に楽しむものが多く，その点を考慮した分析で経験購買と所有購買の差が説明できるというものでした。せっかく自分ががんばって稼いだお金を他人のために使ったり，手元に残らないものに使うというのはもったいない出費に思えるかもしれませんが，それが意外にも自分自身の幸福にも貢献することを，これらの研究は示しています。

 ## 第3節　社会心理学と幸福に関するワーク

(1) ソーシャル・ネットワークに関するワーク

　ここでは，ソーシャル・ネットワークに関連するワークをやってみましょう。このワークは日本で1991年に行われた大学生のソーシャル・ネットワークの研究（嶋, 1991）の手続きを短縮・変更したものです。詳細に関心がある方は，論文を入手して読んでみてください。

　表9-1には，様々な関係性が挙がっています。まず，それぞれの関係性にあたる人を一人思い浮かべ，そのイニシャルを一番上の空白行に書き込んでみてください。「その他」の欄には，左側の関係性にはあてはまらないけれども自分にとって重要だと思えるような相手のイニシャルを入れましょう。いない場合は空白のままでかまいません。たくさんいる場合はその中から一人を選びましょう。

　イニシャルを入れたら，表の下に並んでいる4種類の活動が自分と相手との間でどの程度生じるかを考えて，表の該当する枠に1〜5の数字を記入してください。例えば，日頃からしょっちゅうお母さんと楽しくおしゃべりする，という場合は「母」と「活動1」が交わる欄（左から3列目，上から3行目）に5を記入してください。表が埋まったら，行ごと，列ごとに合計点を出してみましょう。また，全体を足し合わせてみましょう。

　実際の研究ではもっと多くの人に関してもっと多くの活動が尋ねられており，活動は因子分析という手法を用いてグループ分けされています。活動1は娯楽関連サポート（娯楽活動や趣味の共有），活動2は心理的サポート（精神的・心理的な面での支援），活動3は問題解決志向的サポート（問題解決のための情報提供），活動4は道具的サポート（物的な援助や手伝い）のグループに含まれる項目です。一覧にしてみると，自分の人づきあいの特徴があらためて分かると思います。

表9-1　ソーシャル・ネットワーク測定 （嶋，1991を参考に筆者が作成した短縮版）

	父	母	親友・恋人		大学内友人		大学外友人		その他	合計
			同性	異性	同性	異性	同性	異性		
イニシャル										
活動1										
活動2										
活動3										
活動4										
合計										

☆イニシャルを記入してから，活動1〜4がどの程度生じるかを1〜5で評価しましょう。
（1．まったくない　2．あまりない　3．少しある　4．かなりある　5．非常によくある）
活動1．おしゃべりなどをして楽しい時を過ごす
活動2．個人的な悩み事について話し合える
活動3．分からないことを聞いたり，教えたりし合う
活動4．必要なときに，お金やものの貸し借りをする

(2) ワークを終えて

　みなさんのソーシャル・ネットワークにはどのような特徴があったでしょうか。このワークに正解はありません。自分の幸福感や心身の健康状態との関係も踏まえながら，サポートの多様性や自分のソーシャル・ネットワークについて考えてみてください。

　嶋（1991）の研究では，関係性によって提供されるサポートの量や質が異なることが示されました。まず，どの活動グループにおいても父親が低得点だったそうです。家族は概して道具的サポートの得点が高く，その中でも母親が最も高得点でした。道具的サポート以外のサポート得点が最も高かったのは親友でしたが，それ以外の友人も得点が高かったようです。恋人も友人と同様に得点が高かったものの，特に娯楽関連のサポートの点数が高いことが特徴的でした。

　このワークを授業で行ったときの結果も少し紹介しましょう。人によってネットワークの特徴は様々でしたが，母親の点数が概して高く，異性の友人の点数が低いと報告した人が多かったようです。父親については得点が高い人と低い人に二極化しているようでした。また，その他の友人のところでSNSで知り合った共通の趣味でつながった人を挙げた人が複数いました。これは論文が出た1991年からは大きい変化です。

　ちなみに，先行研究や授業での結果とあわない結果だったとしても，それはみなさんのネットワークの個性なので，それほど気にする必要はありません。ただ，豊かなネットワークが心身に良い影響を及ぼすというこれまでの指摘を踏まえると，点数が誰かだけに偏っていたり，全体的に低かったりする場合は，色々な人にサポートを求めてみることを試してみるのもよいでしょう。

第4節　この章のまとめ

　このように，社会心理学では他者とのつながりを様々な側面から捉えた研究が行われています。様々な形で他者とのつながりを充実させることが，人や社会の幸福と関連していることは言うまでもないでしょう。ただ，注意しなくてはいけないことがあります。本章で紹介した研究はいずれも他者とのつながりが人を幸福にすることを示していますが，人づきあいがありさえすればいいという訳ではないのです。みなさん自身にも経験があると思いますが，ソーシャル・ネットワークとそれに伴う規範や関係性

が個人をストレス状態に陥らせることもまた指摘されています。また，詳細は第 10 章にもありますが，集団になったときにパフォーマンスが落ちたり，望ましい行動が生じなくなるといった問題や，望ましい対人関係構築に失敗した場合に受ける排除のダメージの深刻さの問題も報告されています。単純に「人づきあいがあればみんな幸せ」と考えてそれを自分や他人に無理強いすることは，危険を伴うことでもあるのです。詳細を論じるには紙面が足りないので，読者のみなさんにはぜひこうした人づきあいの光と闇とを，社会心理学を通じて知っていただきたいと思います。

　他にも，ポジティブ感情や主観的ウェルビーイングを扱った社会心理学の研究は色々ありますので，ぜひ調べてみてください。中には，いい気分の原因が明確になるとかえってそのいい気分が消えてしまうという研究（Schwarz & Clore, 1983; Wilson et al., 2005）もあります。幸福の秘訣は幸福について考えすぎないことなのかもしれません。ただし冒頭で述べた通り，人は状況の影響を受ける存在です。人が欲するものは状況や気分に応じて変わります。研究の背景や詳細な手続き，結果，著者の解釈などを丁寧に読みこみ，拡大解釈を避けつつも，今の自分にしっくりくる，試してみたいと思える研究知見を見つけてその内容を活用してみてください。

引用文献

Aknin, L. B., Barrington-Leigh, C. P., Dunn, E. W., Helliwell, J. F., Burns, J., Biswas-Diener, R., Kemeza, I., Nyende, P., Ashton-James, C. E., & Norton, M. I. (2013). Prosocial spending and well-being: Cross-cultural evidence for a psychological universal. *Journal of Personality and Social Psychology, 104*(4), 635-652.

Baumeister, R. F., & Leary, M. R. (1995). The need to belong: Desire for interpersonal attachments as a fundamental human motivation. *Psychological Bulletin, 117*(3), 497-529.

Berkman, L. F., & Syme, S. L. (1979) Social networks, host resistance, and mortality: A nine-year follow-up study of Alameda County residents. *American Journal of Epidemiology, 109*(2), 186-204.

Caprariello, P. A., & Reis, H. T. (2013). To do, to have, or to share valuing of experiences over material possessions depends on the involvement of others. *Journal of Personality and Social Psychology, 104*(2), 199-215.

Ford, E. S., Loucks, E. B., & Berkman, L. F. (2006). Social integration and concentrations of C-Reactive Protein among US adults. *Annals of Epidemiology, 16*(2), 78-84.

近藤淳哉・岡本英生・白井利明・栃尾順子・河野荘子・柏尾眞津子・小玉彰二（2008）．非行からの立ち直りにおける抑うつに耐える力とソーシャル・ネットワークとの関連　犯罪心理学研究，*46*(1)，1-13.

Leary, M. R., & Baumeister, R. F. (2000). The nature and function of self-esteem: Sociometer theory. In M. P. Zanna (Ed.), *Advances in experimental social psychology* (Vol. 32, pp. 1-62). San Diego, CA: Academic Press.

Schwarz, N., & Clore, G. L. (1983). Mood, misattribution, and judgements of well-being informative and directive functions of affective states. *Journal of Personality and Social Psychology, 45*(3), 513-523.

嶋　信宏（1991）大学生のソーシャル・サポート・ネットワークの測定に関する一研究　教育心理学研究，*39*(4)，440-447.

Stokes, J. P. (1985). The relation of social network and individual difference variables to loneliness. *Journal of Personality and Social Psychology, 48*(4), 981-990.

Twenge, J. M., Baumeister, R. F., Tice, D. M., and Stucke, T. S. (2001). If you can 't join them, beat them: Effects of social exclusion on aggressive behavior. *Journal of Personality and Social Psychology, 81*(6), 1058-1069.

浦　光博（1992）．支えあう人と人―ソーシャル・サポートの社会心理学　セレクション社会心理学 8　サイエンス社

浦　光博（2009）．排斥と受容の行動科学―社会と心が作り出す孤立　セレクション社会心理学 25　サイエンス社

Van Boven, L., & Gilovich, T. (2003). To do or to have? That is the question. *Journal of Personality and Social Psychology, 85*(6), 1193-1202.

Wilson, T. D., Centerbar, D. B., Kermer, D. A., & Gilbert, D. T. (2005). The pleasures of uncertainty: Prolonging positive moods in ways people do not anticipate. *Journal of Personality and Social Psychology, 88*(1), 5-21.

第10章　集団心理学と幸福

神　信人

第1節　集団心理学とは

(1) 集団心理学は何を対象とするのか

　集団心理学は，集団状況における人間の心理や行動の法則に関する理論化やその検証を目指す心理学です。人間が他の動物と最も異なっており，こんなにも繁栄した理由でもあるのは，集団を形成し，互いに協力し合える点だと考えられます。集団心理学は，この「集団で協力する」という心のしくみの解明を目指すものでもあります。

　集団心理学は社会心理学の一領域であり，その研究領域は組織心理学や産業心理学とも重なります。その対象の一つは，集団状況に置かれた個人が，集団から受ける影響，すなわち「集団状況⇒個人」の影響です。その代表的なものに集団内の多数意見に流される同調の心理，集団内の公式あるいは非公式な規範に従う心理があります。他のものも挙げると，集団とは他者が存在する状況なので，その他者に自分が評価されるという懸念が生じたり，「他にも人がいるから」と責任感が低下したりすることが成員の活動に与える影響があります。集団に所属すると，その一員とみなされます。そのこと自体が成員の心理や行動に与える作用も「集団状況⇒個人」の影響と言えます。また，成員と成員の「間」の状態から生じる作用，例えば権威や地位の格差がもたらす勢力や服従の心理も対象です。ここには，成員間の公正・不公正な状態や，競争的あるいは協力的な利害関係が個々の心理や行動に与える作用，成員間の対人ネットワーク構造が成員の行動に与える影響も含まれます。また集団内だけでなく，集団と集団の関係が，相手集団に向けられる敵対感情や融和的行動をもたらす過程等も研究されています。

　これまで述べたのは主に「集団状況⇒個人」の影響ですが，それとは逆に個人の行動が集団状況に及ぼす，「個人⇒集団状況」の影響も集団心理学の対象です。例えば，集団内の少数派の意見をもつ人たちが多数派の人たちにどのように影響を及ぼし得るのか，リーダーのどのような行動が集団の他のメンバー（フォロワーと言います）の動機づけや生産性を高めるのか等です。

(2) グループ・ダイナミクス

　現実の集団では，これら「集団状況⇒個人」の影響と「個人⇒集団状況」の影響がどちらも働き，循環的な過程が生じます。例えば，周りの意見に流され自分の意見を放棄することは，自分が放棄した意見を支持している他の人たちを追い詰める原因にもなります。こうした循環過程への視点は，クルト・レヴィンが唱えたグループ・ダイナミクス（Levin, 1997 猪俣訳 2017）を起源としており，集団規範の形成・維持・崩壊，集団内・集団間の葛藤，凝集性の高い集団が愚かな行動をしてしまう集団的浅慮，お互いが周りの目を気にして過度に自粛してしまう多元的無知などを捉えるのに有効です。

　ただしグループ・ダイナミクスを予測して，ある時点の成員の行動が将来の集団にどのような結果をもたらすのか把握するのは容易ではありません。集団内には大勢の人がいて，それぞれの行動が，誰にどのような影響を及ぼすのかは多様だからです。さらにある行動がもたらすものには，直接的で予測が

容易な短期的な結果もあれば，他の様々な要因が相乗的に作用して生じる間接的で長期的な結果もあります。例えば，「その場にいない人の悪口を聞かされて，つい同意する」ことには，「話が盛り上がる」という短期的な結果に加えて，それを契機に「いじめに発展する」という長期的な結果もあり得ます。集団心理学は，この長期的な結果の把握も目指します。それが分かることは，集団やその成員にとって望ましい行動が何かについての有益な手がかりになるからです。

(3) 集団心理学の研究方法

　集団心理学の研究では，現実の様々な集団について調査等を行うだけでなく，実験室に人工的な集団状況を設定し，そこでの参加者の行動やその背景にある心理の検討も行います。実験室実験では検討したい現象に焦点化した状況を設定でき，その現象の原因の検証が可能です。工夫すれば成員同士が影響し合う過程についても検討できます。成員間の複雑な相互影響の過程やその長期的な結果の分析には，実験だけでなくシミュレーションも有効です。これは，コンピュータ上に複数の個体からなる人工的な社会状況を構成し，各個体に一定の行動原理を与えて，どのような相互作用が生じ，集合的状況に至るのか等を検証する手法です。

(4) 集団心理にアプローチする例—社会的ジレンマ

　集団心理学をより具体的に想像できるように，集団内の個人の行動や相互作用過程の分析に有効で，実験室実験による研究も盛んに行われている社会的ジレンマについて紹介します。

　社会的ジレンマとは，集団や社会の成員が次の3つを満たす状況に置かれている状況です（Dawes, 1980）。①成員1人1人は，協力か非協力のいずれかをとることができる。②非協力をとった方が，個人的には得になる。③しかし集団成員の全員が非協力を選択すると，全員が協力を選択する場合よりも，全員が損をする。すなわち，集団成員1人1人が自分の得になるように振る舞うと，結果的に集団の皆が困った事態になる状況です（山岸，1990）。

　この社会的ジレンマは，集団で協力が必要な状況を典型的に示しています。例えば，何人かで共同作業を行うとき，他の人たちに任せて，自分はサボった方が楽はできます。しかしみながそう考えてサボると，作業は全く進まなくなり，全員が困った事態に陥ります。社会のルールを守るかどうかも社会的ジレンマです。「ズルをしない」というルールは，個人的には破った方が得な場合も少なくありません。しかし，こうしたルールをみなが平気で破るようになれば，誰も信頼できなくなり，みなが暮らしにくくなります。

　社会的ジレンマは現実の至るところに存在しますが，それらの状況でみなが「非協力している」かというと，そんなことはありません。上の例を読んだときに「共同作業は協力した方が得だ」「ルールは守らない方が損をする」と考えた人もいるのではないでしょうか。

　社会的ジレンマ状況で協力した方が良いと思うのは，現実状況では成員間に相互作用があるからです。例えば，ズルをすれば，その人に対して他の人たちが罰を与えたり関わりを避けたりします。それを予想して，多くの人はそもそもズルをしません。成員間の相互作用が非協力を抑制するのです。逆に言えば，相互作用のない状況，自分の行動に応じて他者の行動が左右されない状況では非協力は抑制されません。例えば，ズルをしても周りにばれず，罰されもしない状況では，ズルをする人が増えます。

　成員間に相互作用さえあれば，社会的ジレンマは解決されるかというと，そう簡単でもありません。そもそもみなさんは，共同作業中にサボる人がいたとき，注意をしたり，責任者に訴えたりできるでしょうか。そういう対応をすると，相手に反発されたり逆恨みされたりする，場合によっては周囲の人

たちにまで口うるさい奴だと思われそう。こうした不安によって，見て見ぬふりをすることも少なくないと思います。そして，みながこうした理由で見て見ぬふりをすると，サボることへの抑制がなくなり，長期的な結果としてサボる人が増えます。このように非協力をする人を罰する等の他者への働きかけにはコストが伴い，行わない方が得なために誰も行わなくなることを二次的ジレンマと言います（Yamagishi, 1986）。みなにとって良い状況を維持しつづけるにはコストが発生し，それを担う人が必要なのです。

　こうした社会的ジレンマは実験室に人工的に作れます。実験参加者を「協力するよりも非協力する方が実験参加の報酬が多くなる」「ただし皆が非協力すると，皆が協力するより，皆の報酬が少なくなる」状況に置けばよいのです。非協力をする人への罰や罰を行う人が担うコストも「報酬が減らされる」ということで設定できます。このように明確な利害関係で表した集団状況で，どのような行動が起こるのか等が分析されています。上で述べた社会的ジレンマで起こることは，実験室実験やコンピュータシミュレーションで検証されたものです。

第2節　集団心理学と幸福の関連―囚人のジレンマに関する知見から

(1) 人との関わりと幸福

　集団での心理は幸福にどのように影響するでしょうか。ポジティブ心理学の提唱者の一人であるセリグマンのウェルビーイング理論では，構成概念であるウェルビーイングの5つの測定可能な構成要素の一つに「関係性（relationships）」があるとされています（Seligman, 2011）。すなわち，他者との関わりこそが，一人ひとりのウェルビーイング＝幸福を高める要素である，ということになります。

　それでは，なぜ他者との関わりが人の幸福を高めるのでしょうか。

(2) なぜ他者との関わりが人の幸福を高めるのか

　なぜ（Why）について考えるのは難しいですが，有益な視点をもたらしてくれます。ちょっと寄り道をして，このことについて述べます。「○○をすると幸福になる」ことが実証されれば，「幸福になりたければ○○をすればいい」と分かります。だとすれば，「なぜ○○をすると幸福になるのか」まで考える必要はない，と思うかもしれません。しかし，なぜなのかが説明できないものは，因果関係を誤って捉えている可能性も少なくありません。例えば「ある薬を飲んで，病状が改善した」場合，単なる偽薬効果の可能性もあります。その薬が対象の病気の原因のどこにどのように作用して改善させるのかが説明でき，そのことが実際に検証されることによって，さらに良い薬への改善や他の病気への応用も可能になります。だからこそ，科学的なアプローチは，適切な方法で得られたデータの裏づけがあるという「実証性」だけでなく，なぜそのような結果になるのかの説明の合理性や体系性も重視するのです。

　ただし，「なぜ他者との関わりが幸福を高めるのか」について議論するには「幸福とは何か」を明確にする必要があります。残念ながら幸福の定義は明確ではないので，厳密な議論はできません。とりあえずここでは，「生きていく中で直面する様々な困難を乗り越えられるほど，幸福である」あるいは「自分の行動とその結果に満足を感じる程，幸福である」と設定して話を進めましょう。

　他者と関わることが幸福を構成する理由には，様々な解釈の余地がありそうです。その中で最も多くの人が納得できそうなのは，「困難等を乗り越えるための支援を他者から得られるから」というものではないでしょうか。いわゆる，ソーシャルサポートが得られるがゆえに（浦, 1992），他者との関わりが

幸福をもたらすというものです。多くの人は，一人で対処できない事態に直面したとき，他の人に助けてもらったり，他者に相談して自分では気づかなかった対処法を見いだせたりした経験があると思います。支援されることが幸福につながることは多そうです。

　このことを，他者との相互作用の中で行動を捉える集団心理学的視点で考えてみましょう。支援される体験には，支援される側と支援する側がいます。支援される側にとってそれが好ましいものでも，支援する側にとってはどうでしょうか。支援する側にとって，それはコストが伴います。仕事を助ける場合には，そのための労力や時間をとられますし，相談に乗ることも時間がとられます。それらの労力や時間は，自分のために使うこともできたはずのものです。さらに支援するため精神的な負担を伴うこともあるかもしれません。そうしたコストを負ってまで，なぜ他者を支援するのかという疑問が生じます。

　この疑問と元々の「なぜ他者との関わりが幸福をもたらすのか」の両方を説明するのが，「人は関わりのある他者を幸せにすること自体に喜びを感じるから」という解釈です。セリグマンも，他者に親切にすると，ポジティブ感情が喚起されるという研究成果を挙げています（Seligman, 2011）。確かに，多くの人は他者の助けになれて嬉しかった経験があるでしょうから，納得する人も少なくないと思います。

　しかし，他者の助けになれると嬉しくなるから，他者を支援することの負担やコストは気にならない，と考えて本当に良いのでしょうか。とりわけ集団状況で，自分がコストを負ってまで他者の利益になる行動をとり続けることはできるものなのでしょうか。このことを，二者間の社会的ジレンマである「囚人のジレンマ」に関する実験状況を通して考えてみましょう。

(3) 集団状況での囚人のジレンマ実験で起こること

　囚人のジレンマとは，上述の社会的ジレンマを2人で行う状況です。「囚人の」という名称は，この状況を説明する際に用いられたたとえに由来します。実験室では，参加者に支払う実験報酬を用いて次のような状況が設定されます。同じ状況に置かれたら，自分ならどうするか考えながら読んでみてください。

　各参加者は実験者から600円を与えられ，その600円を誰か分からない別の参加者に対して「提供する」と「提供しない」のいずれかを選ぶよう求められます。「提供する」を選ぶと，その600円は2倍され相手の実験報酬に加えられます。「提供しない」を選ぶと，600円は参加者自身の実験参加報酬に加えられます。全く同じ選択を，相手も参加者に対して求められています。ただし両者は，相手がどちらを選ぶか分からない段階で，それぞれ自分の選択を行わなければなりません。両者がそれぞれの選択をした場合，どのような結果になるかを図10-1に表しました。この図は，例えばAが「提供する」を選び，Bも「提供する」を選んだ場合（左上のセル），双方の報酬が1,200円になることを示しています。

　この状況での「提供する」は，他者の利益にはなりますが，自分自身の利益を損ないます（600円もらえなくなるからです）。ですから，「提供しない」を選ぶ方が個人的には得です。ただし，その「提供

		B	
		提供する	提供しない
A	提供する	A：1,200円 B：1,200円	A：0円 B：1,800円
	提供しない	A：1,800円 B：0円	A：600円 B：600円

図10-1　囚人のジレンマ実験の報酬金額

しない」を互いが選んで各々が得る報酬（600 円）は，両者が「提供する」を選んで得られる報酬（1,200 円）より少なくなります。このことから，この状況が社会的ジレンマであることが分かります。

　両参加者が選択を終えた後，お互いがどのような選択をしたか，それぞれ幾らの報酬を得たかが伝えられます。ただし，相手が誰かは決して分かりません。それが分かると，上で述べた相互作用の効果が発生するからです。相手が特定できると，「提供しない」を選んだ相手に対して，実験後に不満をぶつけたり，非難を周囲に言いまわったりできてしまいます。そうされることを恐れて，「提供する」を選んでしまう可能性も生じます。それだと，「提供する」のは自己保身のための行動になり，「他者の助けになれると嬉しくなる」ことによる行動とは言えなくなってしまいます。

　実験状況の説明を続けます。この実験には同時に 4 人ないし 6 人が参加していて，この囚人のジレンマの決定を，相手を変えながら，何回も繰り返していくという状況だと想定してください。相手を変えますが，やはり誰が相手かは常に分かりません。同じ相手と何度か当たることもありますが，相手を特定できないので，前回その相手がどちらを選んだかも分かりません。それを繰り返した場合，どうなるでしょうか。あなた自身がこの実験に参加したとしたら，1 回目に 600 円を「提供する」と「提供しない」のどちらを選ぶでしょうか。2 回目，3 回目と進んでいくと，どうなっていくでしょう。他の人たちはどのように振る舞うでしょうか。

　同様の実験状況を 1 回だけ行う場合や，複数回行う場合の 1 回目では，2 割〜5 割くらいの参加者が「提供する」を選びます。平均すると 3，4 割というところでしょうか。このような状況でも，自己利益を損なっても他者の利益になる行動を 3，4 割の人が選ぶのです。しかし逆に言えば，6，7 割は「提供しない」を選びます。集団内には，「提供する」人と「提供しない」人がいる訳です。

　さて 1 回目を終えて，相手の選択が伝えられると，3，4 割の参加者は相手が「提供する」を選んだことを，6，7 割の参加者は相手が「提供しない」を選んだことを知ります。その後は，同様に 2 回目，3 回目と行われていきます。「提供する」を選ぶ人の割合はどうなっていくと思いますか。

　残念ながら多くの場合，「提供する」を選ぶ人は減っていきます。当初 3，4 割いた「提供する」を選んだ人の多くは，自分は「提供する」のに相手の大部分が「提供しない」のだと知ると，自分も「提供しない」を選ぶようになります。この「提供する」人の減少は，集団内に残っていた「提供するのが 3，4 割しかいなくても自分は提供しよう」と思っていた人たちの心をくじく原因にもなります。

　多くの集団では，困っている人を支援する人と支援しない人がいます。支援する人は，自分の仕事だけでなく，他の人の仕事の手伝いや相談に時間をとられ疲弊します。自分は支援しているのに，他の人にあまり支援してもらえなければ，不公平感を感じます。そんなことを感じている自分が嫌になるかもしれません。では，この人は幸福でしょうか。あまり幸福とは言えなさそうです。こうなると，「もうやってられない」と支援するのをやめる人が出てきます。ところで，このように支援をやめる人が増えると，彼らがそれまで担っていた負担はどうなるのでしょうか。集団内に他者を支援する人たちがまだ残っていれば，そこに流れ込み，その人たちを一層疲弊させることが起こりかねません。支援する人としない人がいる状況で，支援することに嬉しさを感じるだけで支援し続けるのは非常に難しいと考えられます。

(4) 他者の助けになれることの嬉しさが持続するには？

　「現実ではそんな不幸はあまり起こらないのでは」と思った人もいたのではないでしょうか。そう言えば，社会的ジレンマの説明では，人々の間に相互作用があれば非協力が減る可能性が示されていました。そこで相互作用のある実験状況に変えてみましょう。先ほどの実験状況では，毎回毎回相手が変わ

り，相手が誰か，その相手が前回どうしたかが全く分からず，「提供しないを選んだ相手へは対応を変える」等の相互作用がない状況でした。今度は同じ相手と何度も繰り返して，相手の選択が毎回伝えられる状況です。参加者は，相手が前回「提供する」を選んだか，「提供しない」を選んだかに応じて，今回の自分の選択を決定できます。このような状況を繰り返していくとどうなるでしょうか。

　そのような状況では，多くの場合，「互いに提供する」関係が生じることが報告されています（Pruitt & Kimmel, 1977）。そしてその相互協力関係は，その関係が続く限り持続することも少なくありません。そうなれば，両者の報酬も積み上がっていきます。相手の行動に応じて自分の行動を決められると，互いに提供する関係が生まれるのです。ここで重要なのは「互いに」という点です。一方的に「提供する」のではなく，相手も「提供する」を選んでいる関係の中で「提供する」の選択が増え，持続するのです。

　実は，誰か分からない匿名の相手と 1 回だけ囚人のジレンマを行う場合でも，多くの人が「提供する」を選ぶ状況があります（渡部ら，1996）。それは決定に順序があって，1 人目がまず決定し，その決定内容を知らされた上で 2 人目が決定する状況です。この状況では，1 人目が「提供する」を選んだことを知らせると 2 人目の 8 割近くが「提供する」を選びます。相手の決定が分からないときは 3，4 割の提供率でしたから，かなりの上昇と言えます。繰り返しますが，囚人のジレンマでは相手が「提供する」を選んでいても自分は「提供する」より「提供しない」を選んだ方が得です。しかし実際に相手が「提供する」を選んだのを知ると，「提供しない」を選ぶ人は大幅に減るのです。ここでも「互いに」が重要そうです。

　実際，この「互いに」こそが満足をもたらすことを示す研究もあります（Kollock, 1995）。囚人のジレンマには 4 つの起こり得る結果があります。【A：互いに「提供する」場合】，【B：互いに「提供しない」場合】，【C：自分は「提供する」を選び，相手は「提供しない」を選んだ場合】，【D：自分は「提供しない」を選び，相手は「提供する」を選んだ場合】の 4 つです。参加者に，それぞれの結果になったらどれだけ満足を感じるのかを尋ねたところ，大多数の人が最も満足を感じると回答したのは，自分の報酬が一番多くなる【D】ではなく，【A：互いに「提供する」場合】でした。

　こうした研究からは，他者の助けになれたことへの喜びが持続するのは，自分が「他者を助ける」だけでなく，相手からも助けられる，いわゆる互恵的な関係が形成される場合であると言えそうです。他者の助けになれて嬉しいのは，他者は誰でも良い訳ではなく，その他者自身も他の人の助けになろうとしている場合なのだとも考えられます。人は，他者とのそのような関わりをもつことで，満足や幸福を感じると考えられるのではないでしょうか。

第 3 節　集団心理学と幸福に関するワーク

(1) 囚人のジレンマワーク

　ここまでを読んだみなさんに，再びお聞きします。1 回限りの囚人のジレンマを，誰か分からない相手と行う場合，あなたは「提供する」と「提供しない」のどちらを選びますか。1 回限りならば，上で述べたような互恵的関係を形成しようがありません。なので「提供しない」を選ぶでしょうか。

　この章のワークでは，1 回限りの囚人のジレンマで「提供する」を選ぶ人と，「提供しない」を選ぶ人のどちらが幸福になるかについて考えてもらいます。前に述べたように，1 回限りの囚人のジレンマの状況についてしっかり理解させても 3，4 割の参加者は「提供する」を選びます。この 3，4 割の「提供する」を選ぶ人たちと，「提供しない」を選ぶ残りの 6，7 割の人たちでは，どちらが幸せになれるでしょうか。

　1回限りの場合，「提供する」を選んだ人の平均報酬額は，「提供しない」を選んだ人の平均報酬額より必ず少なくなります。そのことだけみれば，「提供する」を選ぶ人は幸福になれそうにありません。ただし考えて欲しいのは，どちらの人たちの方が人生をうまくやれるのかという長期的な結果です。「提供する」を選んでも得にならない状況で「提供する」人は，長期的にみてもうまくやれないのでしょうか。

　実は，それと矛盾する研究結果があります。1回限りの囚人のジレンマで協力する傾向は，年を経るほど高まるというものです（松本・山岸，2015）。それも，その傾向は知能が高い人ほど強いことが報告されています。知能が高い人ほど，年齢を重ね，様々な経験を積んでいくと，1回限りの囚人のジレンマにおいてその場では損になる「提供する」を選ぶようになっていくというのです。

(2) ワークの実施

　どちらが幸福になれそうかを考えやすくするために，次のような2人を想定してみてください。それぞれ，1回限りの囚人のジレンマでどちらを選択するかを問われて，どう答えたかを表しています。

A：「提供する」を選ぶ。そうすることで互いに協力する関係が生まれる可能性があるし，「提供しない」を選べば，その可能性を自分でなくすことになるから。それに，自分が「提供しない」を選んで，もし相手が「提供する」を選んでいたら，なんだか申し訳ない。

B：「提供しない」を選ぶ。そもそも，人のためになることに幸せを感じるという人ばかりではない。その場が明らかに「提供しない」の方が得な状況ならば，それをしっかり見極めて，利益になる行動を選ぶべき。この状況で「提供する」を選ぶ理由がない。

　AとBのどちらが幸福な人生を過ごせそうでしょうか。あなたの考えとその理由を書いてみましょう。

第4節　この章のまとめ

　他者を助けると嬉しいのは相手からも助けてもらえる場合だと言われると，「助けるときにそんなふうに得とかコストとか考えてないのに」とモヤっとする人がいると思います。そういう人は，実際に見返りが期待できなくても助けようとする人です。ただし，「互いに」を考えず，「助けるべき」とだけ思い過ぎると，自分がパンクしそうなときにも頼まれたことを断れません。しかし，パンクしそうなのは大抵「互いに」になってないからです。この話を思い出して，「だから断っても良い」と思って欲しいです。

　一方で，「互恵的関係を作れない1回限りの囚人のジレンマのような状況では「提供する」理由はない」と思う人もいると思います。得やコストで考えることは合理的で，それによれば見返りが期待できないときに他者を助けるのは不正解です。ただし，それはその場についてだけ考えた場合です。互恵的な関係には，お互い得るものが僅かな浅い関係から，両者に豊かな利益をもたらす深い関係まであります。深い関係は，両者がそういう関係の相手として互いに選び合うことで初めて形成・維持されます。目先の利益に流されない人は，深い関係の相手に選ばれることで，長い目でみてうまくやれるのかもしれません。

引用文献

Dawes, R. M.（1980）．Social dilemmas. *Annual Review of Psychology, 31*, 169-193.

Kollock, P.（1995）． Transforming social dilemmas: Group identity and cooperation． In P. Danielson （Ed.），*Modeling rational and moral agents.* Oxford University Press.

Levin, K.（1997）．*Resolving social conflicts and field theory in social science.* Washington, DC: APA.（猪俣佐登留 訳（2017）．社会科学における場の理論　ちとせプレス）

松本良恵・山岸俊男（2015）．向社会性と協力行動の年齢効果．日本社会心理学会第 56 回大会発表論文集，83.

Pruitt, D. G., & Kimmel, M. J.（1977）． Twenty years of experimental gaming: Critique synthesis, and suggestion for the future. *Annual Review of Psychology, 28*, 363-392.

Seligman, M. E. P.（2011）．*Flourish: A visionary new understanding of happiness and well-being.* New York: Simon and Schuster.（宇野カオリ（監訳）（2014）．ポジティブ心理学の挑戦―"幸福"から"持続的幸福"へ―　ディスカヴァー・トゥエンティワン）

浦　光博（1992）．支えあう人と人―ソーシャルサポートの社会心理学―　サイエンス社

渡部　幹・寺井　滋・林直保子・山岸俊男（1996）．互酬性の期待にもとづく 1 回限りの囚人のジレンマにおける協力行動　実験社会心理学研究，*36*(2)，183-196.

山岸俊男（1990）．社会的ジレンマのしくみ―「自分 1 人くらいの心理」の招くもの―　サイエンス社

Yamagishi, T.（1986）． The structural goal ∕expectation theory of cooperation in social dilemmas. In E. Lawler （Ed.），*Advances of group processes* （Vol. 3, pp. 51-87）． Greenwich, CT: JAI Press.

第 11 章　文化心理学と幸福

大橋靖史

第1節　文化心理学とは

　文化心理学は，人間の心と文化との関係について研究する心理学です。この心理学は，大きく2種類に分けることができます。1つは，比較文化心理学（cross cultural psychology）と言われ，全ての人間は普遍的な心をもっているが，異なる文化に暮らしているとそれぞれの文化に適した適応の仕方をすることで，心理的な傾向性は異なるという考えを前提として研究を行っています。もう1つの，人間の心的機能への社会文化的アプローチとしての文化心理学（cultural psychology）は，比較文化心理学が前提とする人間の心の普遍性を批判し，心それ自体が個人と文化の相互作用から生じる現象であると考える立場をとって研究を行っています。以下，これら2種類の文化心理学について概観してみます。

(1) 比較文化心理学（cross cultural psychology）

　心理学の研究法には大きく分けると量的研究法（quantitative method）と質的研究法（qualitative method）がありますが（厳密に言えば，この他に2つの研究法を組み合わせた混合法（mixed method）があります），比較文化心理学では前者の量的研究法が主に採られています。この考え方に基づくアプローチでは，人間の心の基礎的プロセスは人類に共通した普遍的なものであるという大きな仮説を立て，そのことを実証することが最終的な目標となります（北山，1997）。比較文化心理学的な研究においては，こうした普遍性を備えた人間の心のプロセスに対し，独立変数／説明変数としての文化が，従属変数としての人間の心（心理的傾向性）に対しどのような影響を及ぼしているかを明らかにすることを目指しています。つまり，比較文化心理学の研究対象は人の心の普遍性であって，文化はそれを説明する変数として扱われています。また，比較文化心理学は，人間と文化との関係について，人間が文化の中にいる（person in the culture）と考えます（木戸・サトウ，2019）。（日本で生まれ育った）私たちを例にとれば，日本もしくは東アジアといった国や地域が文化の範囲として設定され，私たちの心（心理的傾向性）は，日本文化もしくは東アジア文化といった私たちが属する文化から影響を受けていると考えます（また，現在日本に暮らす他の文化圏から来られた留学生や移住者の心理的傾向性は，その人が生まれ育った文化による影響を受けていると考えます）。

　この比較文化心理学では，異なる文化に暮らす人たちの心理的傾向（思考様式，自己認識，感情など）を比較検討する研究が行われてきました。その中の一つに，北山らの研究グループによる日本文化（もしくは東アジア文化圏）における自己観とアメリカ文化（もしくは欧米文化圏）における自己観との一連の比較研究があります（Markus & Kitayama, 1991）。表 11-1 をみてください。北山らは，日本を含む東アジア文化圏に暮らす人たちは自己と他者との協調関係を重視する自己観・人間観をもっており，これを相互協調的自己観（interdependent social orientation）と名づけました。一方，アメリカを含む欧米文化圏に暮らす人たちは自己を他者から切り離し，個性的・自律的であることを重視する自己観・人間観をもっており，これを相互独立的自己観（independent social orientation）と名づけました（こ

表 11-1　**文化による自己観・人間観の違い**（Varnum et al., 2010 より抜粋・改変）

領　域	欧米文化圏における 相互独立的自己観	東アジア文化圏における 相互協調的自己観
価値・信念	個性的・自律的であることの重視	自己と他者との協調関係の重視
自己認識	人は他の人や周りの物事から独立して存在するという 自己認識	人は周りの人たちと重なり合っているという自己認識
感情	社会的な結びつきの低い感情体験 そうした体験としての"幸福"	社会的な結びつきの高い感情体験 そうした体験としての"幸福"
動機づけ	個人的な目標の達成 自己高揚傾向	内集団の目標の達成 自己卑下傾向

の表を見ると，本書のテーマである「幸福」に対する見方も文化によって異なることが見て取れます）。

　このように，比較文化心理学では，特定の文化に浸り，その中で生きる人に焦点化して研究が進められてきました。先ほど述べたように，ある特定の文化の中で生きる個人を対象とした研究が進められ，その際，ある特定の国や地域が文化の単位とみなされてきました。文化と心の相互形成のプロセスを明らかにすると謳われてはいますが（北山，1994），実際には，国や地域といった枠組みがそこに生きる人間の心理的傾向性に影響を与えるという前提のもと，比較対象を位置づけることで文化の影響を見いだしてきたと言ってよいかもしれません（木戸・サトウ，2019）。

(2) 社会文化的アプローチとしての文化心理学（cultural psychology）

　これに対し，国や地域に既に存在する所与の文化とそれに影響を受ける人間の心理的傾向性といった枠組みではなく，個人と文化の相互作用から生じる心理プロセスそのものに焦点を当てた研究があります。これがもう一つの文化心理学である，社会文化的アプローチとしての文化心理学です。この立場では，ロシアの社会歴史的心理学（socio-cultural psychology）における文化と人間の心との関連についての基本原理に基づき，人間の心的機能は，文化に媒介され，歴史的に発達し，実践的活動から発生すると考えます（Cole, 1990）。先ほどの比較文化心理学が主に量的研究法を採ってきたのに対し，こちらの文化心理学では個人と文化の微視的な相互作用に注目し，主に質的研究法が採られています。また，比較文化心理学では，人間が文化の中にいる（person in the culture）と考えているのに対し，文化心理学では，文化が人に属する（culture belongs to the person）と考えています。これは，文化が人に寄り添うと言うこともできます。比較文化心理学のように，自己形成の背景に文化的な要因があるのではなく，自己と文化とが相互に関係し合いながら，個人が文化を創り上げると考えています（木戸・サトウ，2019）。

　社会文化的アプローチでは，人間の発達を経験や学習によって個体内で生じる変化としてみるのではなく，その個体を取り巻く社会文化的な文脈や状況全体の中で捉えていこうとしています。個人と社会，あるいは，個人と文化は，一方向的な因果関係でも二項対立的な関係にあるのでもなく，相互に影響し合う関係の中にあると考え，研究が進められています。そこでは，文化的道具／手段を媒介とした人間の行為の微視的な発生プロセスを捉えていく研究が行われています。行為を媒介する道具／手段により行為自体が変化する一例として，文化心理学者のワーチ（Wertsch, 1995）は，棒高跳びのポールの材質の歴史的な変遷を挙げています。1896 年当時，棒高跳びのポールは，ヒッコリー材やトネリコ材などの堅材を使ったものでした。それがその後，竹，アルミなどの材質を経て，今日の弾力性のあるグラスファイバーが導入されるようになりましたが，その間に，ポールを使用して跳ぶという棒高跳びの行為そのものの形態も大きく変化していきました。また，その結果としての世界記録も飛躍的に塗り替えら

れていくことになりました。近年におけるパラリンピックの記録の塗り替えも，こうした競技のための道具／手段の進歩と同時に，そうした道具を介した人間の行為の変化により生じていると言えます。ここではスポーツを一例に挙げましたが，私たちが日頃用いている「言葉」といった文化的道具／手段と，それを媒介とした人間の行為についても，同様の変化が生じてきたと考えることができます。言葉が変化すれば私たちの行為も変化することになります。

　このように媒介された行為（mediated action）という単位で人間の社会化のプロセスを捉えるためには，これまでの伝統的な心理学の実験法や観察法などの方法論に，異文化比較や微視発生的なアプローチを取り入れることが有用となります。文化的道具／手段としての言葉を介した行為の微視的発生プロセスを捉える手法としては，会話分析やディスコース分析といった手法が用いられるようになってきました（鈴木ら，2015）。いずれにしても，文化心理学では，文化的道具を介した人間の行為の発生プロセスそのものを捉えていく視点と方法論が必要となっています。

第2節　文化心理学と幸福の関連―比較文化心理学と社会文化的アプローチの視点から

（1）文化心理学からみた幸福
　前節では，文化心理学における比較文化心理学と社会文化的アプローチとしての文化心理学について手短かに紹介してきましたが，本節では，その中でも本書のテーマである「幸福」に関する文化心理学について検討していきたいと思います。2種類の文化心理学のうち，これまで「幸福」については主に

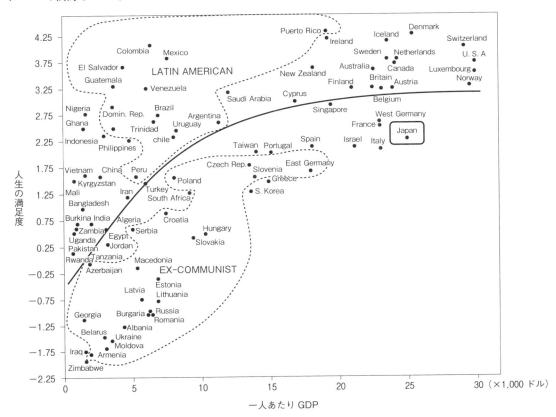

図 11-1　GDP と主観的幸福感の関係（Inglehart et al., 2008）

前者の比較文化心理学の立場から研究が行われてきました（内田, 2020）。すなわち,「幸福」感を人間の心理的傾向性の一つとして捉え, 異なる文化に暮らす人たちの幸福感を比較検討する研究が行われてきました。

　例えば, 図11-1は一人あたりのGDP（Gross Domestic Product：国内総生産）を横軸に, 主観的幸福感（subjective well-being）の指標である人生満足度を縦軸に取り, 両者の関係を示したものです。この図の特徴は, 一定程度の経済水準まではGDPが上昇するにつれ主観的幸福感も上がっていくが, それを越えると, GDPが上昇しても主観的幸福感はそれほど変化しないことです。これは, この現象を発見した研究者の名前にちなみ「イースターリンのパラドックス」（Easterlin paradox）と呼ばれています。そして, この図をみてもう一つ気がつくことがあります。それは, GDPが比較的高い国々の中では日本の主観的幸福感は相対的に低いことです。また, 幸福感尺度（0〜10点）の国別分布をみた場合にも, 日本の平均点は6.5点程度で他の先進国の平均点よりも低く, さらに9点や10点といった高得点者の割合が相対的に低く, 5点（どちらでもない）の割合が相対的に高いことが明らかとなっています。

　こうした現象について内田（2020）は次のように述べています。日本はしばしば経済水準の割に不幸せな国として取り上げられることがあり, 確かに日本人は長時間働き, 家族の関わりが希薄で, 自信をもって生活している人の割合が低いといったことが幸福度の低さに関わっていることが考えられます。しかしながら, 日本人の幸福感の低さは, 従来の幸福感研究のモデルが主に欧米から提案されてきたことも関係しているかもしれません。前節の文化による自己観の違いを欧米の視点から見た場合, 欧米文化圏に暮らす人々は個性的・自律的な自己を確立しているのに対し, 東アジア文化圏に暮らす人々は個性がなく自律しておらず自己が十分確立していないと価値的に捉えられるかもしれません。それと同様に, 幸福感についても欧米に暮らす人々の価値的評価を基準にして捉えているために, 日本人の幸福感が低くなっていることが考えられます。

　つまり,「幸福観」やそれに付随して人々が感じる「幸福感」は文化によって変わることが考えられます。そこで, 内田らは, 先ほどの北山らの文化による自己観の違いに関する研究と同じように, 文化による幸福観の違いに関する研究を進めています（内田, 2012；内田・荻原, 2012；内田, 2020）。

　日本文化と北米文化の幸福観の違いをまとめたものが表11-2です。この表からは以下のことを読み取ることができます。まず, 幸福と感じる感情に違いがあることが分かります。日本文化では幸福なときはおだやかで親しみの感情を, 北米文化では高揚し誇りの感情を抱くことが多いようです。次に, 日本文化では物事には良い面と悪い面の両面が同時に存在するという陰陽思想の影響がみられ, 良いことと悪いことが同数存在するのが真の人生であるというバランス志向的幸福観が共有されていると考えられます。これに対し北米文化では良いことが更なる幸福を招く幸福増大モデルをもち, 幸福をポジティ

表11-2　文化と幸福観の関係（内田・荻原, 2012より抜粋・改変）

領　域	日本文化における幸福観	北米文化における幸福観
幸福感情	低覚醒感情：おだやかさ 関与的感情：親しみ	高覚醒感情：うきうき 脱関与的感情：誇り
幸福の捉え方	良いことと悪いことのバランス重視 ネガティブさの内包	良いことが更なる幸福を招く ポジティブ
幸福の予測因	関係志向 関係性調和 人並み志向・比較志向	自己価値・自尊心 個人の目標達成 自由選択

ブに捉える傾向が認められます。さらに，先ほど示した幸福感尺度で日本は 5 点（どちらでもない）を付ける人がやや多いことから，自分だけが周囲から飛び抜けて幸福であるよりも，関係性の結びつきを確認したり，他者と調和的な関係にあったり，人並みの日常的幸せが日本人にとって大切にされていることが分かります。これに対し，北米では自己の能力の発現である個人的な達成が幸福の主要な要素であり，達成感を味わうことで初めて幸福が実現されると考えられています（大石，2009：大石・小宮，2012：内田・荻原，2012：内田，2020）。

(2) 社会文化的アプローチからみた幸福

　さて，ここまで前節 (1) の比較文化心理学における幸福研究について紹介してきましたが，今度は，前節 (2) で挙げた社会文化的アプローチの視点からこうした幸福研究をやや批判的にみてみたいと思います（大学での学びにおいては，批判的な見方はとても大切です）。すると気づかれるのは，比較文化心理学において日本文化と北米文化の幸福を比較する場合，人間（日本人やアメリカ人）が各々の文化の中にいる（person in the culture），それぞれの文化という容器の中に生きていると考えている点です。日本文化の中で暮らす集団と北米文化の中で暮らす集団とを互いに独立した 2 つの集団として扱い，両者を比較しています。そして，2 つの異なる母集団を想定し，2 群間の統計的差異を検討する分析手法が採られています。調査対象者を量的研究の立場からみれば確かにそうなのでしょうが，しかしながら，こうした研究を行っている研究者自身に目を向けると，必ずしもいずれかの文化の中でのみ暮らしていないことに気がつきます。比較文化心理学の研究手法を用いて幸福研究を行ってきた内田や大石らは，日本で育ち日本の大学で学んだ後，北米の大学で学び北米において現在も研究を続けたり，あるいは，研究員となった経歴を有しています。彼らは，一つの文化の中で暮らしている人（the person in a culture）と言うより，むしろ，日本文化と北米文化がその人に属している（cultures belong to the person），あるいは日本文化と北米文化の両方がその人に寄り添っていると言えます。彼らは，日本文化と北米文化という 2 つの文化とともにあり，それらの文化との関わりにおいて，幸福の問題を考えているのではないかと思います。

　そこで，次節の文化心理学における幸福ワークでは，内田や大石らと同じように，あなた自身と複数の文化との関わりにおいて，文化と幸福観の関係をふりかえるワークを行ってみましょう[1]。

1）次節のワークへと展開するためここではこれ以上触れませんが，社会文化的アプローチによる幸福研究の可能性について一言述べておきたいと思います。例えば，遊園地における楽しさについて考えてみましょう。現在では，東京ディズニーランドに代表される各地のテーマパークが遊園地の主流になっていますが，それ以前は豊島園や後楽園遊園地といった遊興施設の人気が高く，また今はほとんど残っていませんが，デパートの屋上にある遊園地が流行っていた頃もありました。そうした遊興施設における遊びのための道具／手段である遊具やアトラクションは時代とともに大きな変遷を遂げており，また，そうした変遷に伴い訪れる客の楽しみ方も大きく変わってきたと言えると思います。このように，遊園地という遊興施設における道具／手段と，そうした道具を介した人間の行為の変化を社会文化的な視点から検討することにより，（遊びの）文化と幸福との関係について検討することが考えられます。さらには，実際に友人と遊園地に行き，そこで交わされる言語的・非言語的なやりとりを録音・録画し，その場で生み出されていく幸福について，その微視的発生プロセスを詳細に検討していくといった研究も考えられます。ただし，こうしたことを短時間のワークとして行うことは難しいことから，本文上では扱いませんでした。

第 3 節　文化心理学と幸福に関するワーク

　本節では，「文化心理学における幸福ワーク」として 2 つのワークを行ってみましょう。1 つは，表11-2「文化と幸福観の関係」と同様に，あなた自身がこれまで関わってきた「文化と幸福観の関係」の表を作成することです。そして，もう 1 つは，あなたと文化との関係から，あなたがある文化に関わることでその文化における幸福観が変化した体験，あるいは，その文化と接することであなたの幸福観が変化した体験について思い出してみることです。

（1）あなたが関わる文化と幸福観の関係（ワーク 1）

　文化とは，それぞれの民族・地域・社会が有する風習・伝統・思考方法・価値観などの生活様式全般を指します。前節までは日本文化，北米文化といった比較的大きな単位で文化を捉えてきましたが，より小さな単位で文化を捉えることも可能です。例えば，高校時代に通学していた高校には，その高校に特有な文化があったのではないでしょうか。また，さらに小さな単位では，高校の中でも所属していた部活にも特有な文化があったのではないでしょうか。運動部に所属し大会で優勝することを目標にそれが達成されることで喜びを感じる，あるいは，部活の中での仲間同士が仲良く過ごすことに楽しさを感じるといったように，文化によって喜びや楽しみは異なっていたかもしれません。みなさんは学校文化，部活の文化，サークルの文化等々，様々な文化と関わってこられたと思います。そう考えると，前節で挙げた内田や大石と同じように，複数の文化と関わってきたと言うことができます。

　そこで，ワーク 1 では，あなたがこれまでの人生の中で関わってきた様々な文化の中から代表的な 2 つの文化を取り上げ，先ほどの表 11-2 と同じように，それらの文化と幸福観の関係について表を作成してみましょう。まず，カッコの中にはその文化の名称を記してみましょう。次に，それぞれの文化における幸福感情・幸福の捉え方・幸福の予測因について記してみましょう（表 11-3）。

　ただし，学校や家庭といった文化が「幸福」と結びつきにくい方もいらっしゃるかもしれません。そこで，浅野（2011）が言う「趣味縁」といった集まりもここで言う文化に含めたいと思います。「趣味縁」とは，趣味に関するサークルや団体のことであり，いわゆるオタクやアイドルのファンクラブといったものだけでなく，高校までブラスバンド部に入っていたが，大学に入ってからはその OB 会でブラスバンドを続けているといった場合や，社会人も加わっている地元のテニスクラブに入り活動する場合も含まれます。また最近ではネット上のバーチャルな空間上でのゲーム仲間といったものもあるかもしれません。

　作成した表をもとに，前節の表 11-2 と同じように，表 11-3 からどのようなことを読み取ることができるか，400〜600 字程度にまとめてみてください。

表 11-3　あなたが関わる文化と幸福観の関係

領　域	（　　　　　）文化における幸福観	（　　　　　）文化における幸福観
幸福感情		
幸福の捉え方		
幸福の予測因		

(2) あなたと文化との関わりにおける幸福観や幸福感の変容（ワーク 2）

　社会文化的な立場から見ると，文化は決して固定的なものではありません。むしろ，あなたとの関わりの中でも文化は変わり得るものです。例えば，部活動の場合，以前までは後輩を自分の手足のように使うことに先輩は喜びを見いだしていたが，あなたが先輩の立場になったとき，それが嫌で先輩と後輩が対等な立場で意見を出し合うことに喜びを見いだすといったように，その部活動の文化・伝統を変えたことがあったかもしれません。文化が一方的に個人に影響を及ぼすのではなく，個人と文化は相互作用的な関係にあり，その関係は変わり得るものだと考えられます。

　そこで，ワーク 2 では，表 11-3 に挙げた 2 つの文化のうち一つを取り上げ，あなたとその文化との関わりにおいて，幸福観や幸福感に変化が生じた体験があればそれについて 300～400 字程度にまとめてみてください。この場合の変化とは，あなたがその文化と関わることで，その文化における幸福観や幸福感が変容した体験でも構いませんし，反対に，その文化にあなたが接することで，あなた自身の幸福観や幸福感が変容した体験でも構いません。その際，変容以前はその文化においてはどのような幸福観や幸福感がメンバーに共有されていたのか，また，変容がどのようなことをきっかけに生じたのか，変容が生じた際にあなた自身やメンバーの行為や考え方にどのような変化が生じたかを，時間の経過に沿ってまとめるとよいと思います。

第 4 節　この章のまとめ

　前節の 2 つのワークを通してみなさんは，様々な文化と関係していることにあらためて気づかれたことと思います[2]。また，文化によって影響を受けるだけでなく，文化に対して私たち自身が影響を及ぼしていることにも気づかれたことと思います。このように，私たちの幸福の捉え方は，文化との関わりにおいて変わり得るものであり，文化との関わりの中で幸福の感じ方にも違いが生じていることに気づかれたことと思います。例えば，ワークにおいて次のような気づきが報告されています（受講生のレポートからその一部を抜粋）。

- ワークを行って，自分で表にまとめてみて，幸福感情には他者の存在が影響していることに気がついた。サークルでは同世代や先輩との交流が多く，気軽にコミュニケーションが取れるため，外部のクラブ活動と比較してみると幸福の捉え方に違いが生じていた。
- 高校までの私は，自分と趣味の合う友人ばかりと付き合っていたが，部活に入り仲間と濃い時間を過ごしていく中で，仲間と友人の関係性の違いの良さを知ることができた。
- その文化に関わったことで私自身の幸福観が変化した体験は趣味縁でのキャンプ仲間に関するものである。今までは基本的に一人でいることが好きで休日など自分の為に時間を使うことが幸福であったため，キャンプも一人で好きな小説を読んだり，ご飯を食べたりすることに幸福を感じていた。しかし，あるときに友だちに誘われ一緒にキャンプをした。そこで初めて皆で作業することが楽しいと思えた。自分の好きなもの，相手の好きなものを共有することが，つながることができた感覚でうれしかった。

---

2) ワーク 1 は，二分法的な見方を促す形式になっており，文化と幸福の関係をかなり単純に捉えることとなり，分かりやすい反面，単純化し過ぎ静的でステレオタイプな見方となってしまうおそれもあります。これに対し，ワーク 2 は，文化と人の関係を相互的な関係と捉え，人も文化も動的に変容し得るものとみることができますが，得られた知見は必ずしも普遍的な法則ではなく，事例に特有で局所的なものかもしれません。このように研究法の違いにより，文化と幸福の関係は異なった姿を現すことになります。

- 書道の文化において，幸福観が変化したことがある。部活動に所属していたとき，書道パフォーマンスといった仲間と一緒に作り上げる作品を通して変化が起こった。それは，個人での成長を喜ぶことから仲間同士の成長を喜ぶようになったことである。以前は書道パフォーマンスに向けて練習する際に，個人での練習を積み重ね，個々の成長に喜んでいた。そのため，先輩と後輩が関わる機会が少なかった。しかし，私が先輩の立場になったとき，個々の成長ではなく，仲間全体の成長を喜ぶようになった。先輩と後輩の間でコミュニケーションをとる機会が増え，一体感が生まれた。

　こうした様々な気づきが，みなさんの幸福観や幸福感のバリエーションをより豊かなものにし，文化との関わりにおいて自分によりしっくりした幸福観や幸福感を見つけ出すことができるかもしれません。一方，固定した幸福観は，硬直した自己や文化を招くことになり，環境や状況の変化に上手く対処できなくなるおそれがあります。様々な文化との出会いや関わりを通して感じられる幸福は変わり得るものです。また，文化それ自体も変わり得るし，みなさん自身も文化によって変わり得ます。そうした変容し得る文化との関わりにおいて幸福について考えていきましょう。

引用文献

浅野智彦（2011）．若者の気分：趣味縁からはじまる社会参加　岩波書店

Cole, M. (1990). Cultural psychology: A once and future discipline? In J. J. Berman (Ed.), *Nebraska symposium on motivation, 1989: Crosscultural perspectives* (Vol. 3 pp. 279-335). Lincoln, NE: University of Nebraska Press.

Inglehart, R., Foa, R., Peterson, C., & Welzel, C. (2008). Development, freedom, and rising happiness. *Perspectives on Psychological Sciences, 3*, 264-285.

木戸彩恵・サトウタツヤ（編）（2019）．文化心理学：理論・各論・方法論　ちとせプレス

北山　忍（1994）．文化的自己観と心理的プロセス　社会心理学研究，*10*，153-167.

北山　忍（1997）．文化心理学とは何か　柏木惠子・北山　忍・東　洋（編）文化心理学：理論と実証（pp. 17-43）東京大学出版会

Markus, H. R., & Kitayama, S. (1991). Culture and the self: Implications for cognition, emotion, and motivation. *Psychological Review, 98*, 224-253.

大石繁宏（2009）．幸せを科学する：心理学からわかったこと　新曜社

大石繁宏・小宮あすか（2012）．幸せの文化比較は可能か？　心理学評論，*55*，6-21.

鈴木聡志・大橋靖史・能智正博（編著）（2015）．ディスコースの心理学：質的研究の新たな可能性のために　ミネルヴァ書房

内田由紀子（2012）．日本における文化的幸福観と幸福度指標　行動経済学，*5*，162-164.

内田由紀子（2020）．これからの幸福について：文化的幸福観のすすめ　新曜社

内田由紀子・荻原祐二（2012）文化的幸福感：文化心理学的知見と将来への展望　心理学評論，*55*，26-42.

Varnum, M. E., Grossmann, I., Kitayama, S., & Nisbett, R. E. (2010). The origin of cultural differences in cognition: The social orientation hypothesis. *Current Directions in Psychological Science, 19*, 9-13.

Wertsch, J. V. (1995) The need for action in sociocultural research. In J. V. Wertsch, P. del Rio, & A. Alvarez (Eds.), *Sociocultural studies of mind* (pp. 56-74). New York: Cambridge University Press.

コラム3　大事な人を亡くした後の幸せを見つけるために

　日本で進行している少子「高齢化」問題は，「将来の社会を担う労働力人口の減少」，「高齢者の医療や介護サービス保持の困難さ」といった，経済や社会保障に影響を及ぼすだけでなく，国民一人ひとりの生活の質を低下させ，個人の幸福感にも影響を与える恐れがあると考えられています。老年期にある高齢者は，発達心理学的にみると，「仕事や子育ての機会から離れ心身の衰えや死に対する意識が高まる中で，人生を回顧する時期である」とされています。誰もが，いつかはこの時期を迎えると言えますが，近年は，老年期を豊かで幸福に生きるための心理学的な研究も展開されています。そこで本コラムでは，河合・佐々木（2004）の研究をもとに，近親者との死別というライフイベントが起きやすい老年期での死別からの回復の在り方が，理想的な老いや幸福な老いを意味する「サクセスフルエイジング」にどのような影響を与えるのかという点についてみていきたいと思います。

　この研究では，「生存し，重篤な障害がないこと」，「精神的健康」，「幸福感」の3つの指標が達成されることをサクセスフルエイジングとして定義していますが，従来のサクセスフルエイジングの研究では，「配偶者との死別」がサクセスフルエイジングに影響を与える要因の一つであるとされてきました。また，これまでの喪失に関する研究では，配偶者との死別によって生じる抑うつ感や孤独感などの悲嘆が精神的な健康に影響を与えるため，社会的な支援が重要であると報告されてきました。これらを踏まえて，この研究では，「配偶者との死別後の悲嘆過程を上手に克服した人は，その後の人生を豊かに生き，サクセスフルエイジングに到達できるのではないか」と考えて検討を行いました。

　配偶者と死別した人々の悲しみの影響は長期にわたる可能性があることを踏まえ，配偶者と死別した50代から80代の男女の中高年者に対して，約16年間にわたって3回の質問紙調査を行いました。第1回と第2回の調査結果によれば，配偶者と死別した人のその後の病気や死亡のリスク要因には，年齢や性別，孤独感といった心理的な要因が影響していることが示されました。さらに，第3回の時点で病気等がない健在者に対して，死別からの回復過程と精神的健康や幸福感との関連を検討した調査結果からは，「孤独感が精神的健康と幸福感に影響を与える」ことが示されました。特に，「死別直後から16年もの間，常に孤独感が高い人や，死別直後よりも16年の間で孤独感が上昇した人は，孤独感が低い人よりも精神的健康の状態が悪い」，「死別後16年の間で孤独感が低下した人は，孤独感が高い人よりも幸福感が高くなる」という結果が得られました。これらのことから，孤独感の強さだけでなく，孤独感が時間経過とともにどのように変化していくのかについて着目することが，将来のサクセスフルエイジングに影響している可能性があると考えられています。

　河合・佐々木の研究では，「死別後しばらくして孤独感が高まる人は，サクセスフルエイジングに到達できない」可能性が示唆されています。しかし，死別を経験した人が社会的支援を求める行動をとり，友人や家族などからの支援が得られた場合や，「配偶者のいない人間としての新たな自分を獲得する」，「新たな人生観をもつ」などのような考え方の変容が起きる場合には，孤独感の低下が期待できます。老年期に関わらず，身近にいる大事な人を亡くすという経験は，誰にとっても長期にわたって悲しみや孤独感を感じやすい体験です。加齢を防ぐことはできなくても，「今後の生活に意識を向ける」などの対処を周囲の人たちと積極的に共有することができれば，抑うつ感や孤独感の予防に加えて，幸福感を高めていくことも可能と言えるでしょう。

（髙橋あかね）

引用文献

河合千恵子・佐々木正宏（2004）. 配偶者の死への適応とサクセスフルエイジング―16年にわたる縦断研究からの検討― 心理学研究, 75(1), 49-58.

理 論 編

・・・

　ここまでみなさんには「実践編」として，心理学の各領域の概要を学び，その領域と関連した幸福感についてのワークに取り組んでもらいました。ここからは「理論編」になります。本書全体の目的として，「①心理学の各領域の基礎的内容を理解すること」と「②幸福感が心理学の各領域でどのように用いられているのか理解すること」を最初に挙げました。理論編のねらいは，②の目的に含まれるものであり，幸福について考える際に日常的に疑問となりやすいトピックとの関連から考えていく内容になります。そのため，読者のみなさんが気になるであろう内容として，「性格って幸福と関連する？」「ラッキー！って思うことも幸福？」「信仰が厚い人は幸せなの？」といった内容を心理学的に取り上げました。

　上記のトピックの前提として，はじめに第12章では，「ポジティブ心理学と幸福の測定」について解説します。ポジティブ心理学自体が心理学の一つの領域とも言えますが，実践編で学んだ各領域に比べればまだその歴史は浅く，どこの大学の心理学科でも必ず学ぶような内容というわけでもありません。一方で，心理学の中で「幸福感」について扱う際には，ポジティブ心理学の概要を理解しておくことで，心理学での位置づけや歴史が分かりやすくなります。また，「科学的なアプローチを行う」というポジティブ心理学の目標は，構成概念の検証や測定道具の開発にも関連してきます。ここでは，読者のみなさんの今後の研究や調査に役立つように，幸福の測定に関する内容にも触れました。

　第12章を受けて，次からの章では「パーソナリティ」，「運」，「宗教」と幸福の関係を取り上げます。これらは心理学を専門としない人にとっても，幸福との関連で「気になるトピック」だと思われます。幸せそうにみえる人のことを想像してみると，なんとなく明るくて社交的な性格の人がイメージされるかもしれません。それはおそらく，人々がパーソナリティと幸福に関連をみているからだと考えられます。しかし実際にはどうなのでしょうか。控えめで孤独を好む人であっても，自分の希望通りの生活が送れていれば，幸福感は高いかもしれません。また，運がいいという人も幸福な人にみえるのではないでしょうか。宝くじで大金が当たった人は少なくともその時点ではとても幸せでしょう。しかしそもそも運がいいとはどのような状態を指すのでしょうか。それを決めるのは誰でしょうか。それによっても運がいい人が幸せかどうかは変わってくる可能性があります。最後に「幸福」という言葉を聞いて宗教的な雰囲気を感じた人もいるかもしれません。あまりに幸せ幸せと連呼されると，すこし身構えてしまう，幸福にはそのような側面も確かにあります。何かを信じることで人は幸福になれるのか，そういった知識も，みなさんが心理学的に幸福を理解するのに役立つものとなるでしょう。

　実践編での学びを経て，みなさんの中には自分なりの幸せのイメージと，心理学からみた幸福感の形の両方が密接に絡み合い，これまではそれほど意識していなかった新しい「幸福感」についての理解が生まれているかもしれません。ここで取り上げたトピックが面白いと思った方は，さらに幸福感について詳しく学ぶとともに，新しい研究にもチャレンジしてみましょう。

第 12 章　ポジティブ心理学と幸福の測定

中坪太久郎

第1節　ポジティブ心理学とは

(1) ポジティブ心理学のはじまり

　現在の「ポジティブ心理学（positive psychology）」は，マーティン・セリグマン（Seligman, M. E. P.）が American Psychological Association（APA；アメリカ心理学会）の会長であった1998年に始まったとされています。2000年の「Positive psychology; An introduction」において，セリグマンとチクセントミハイ（Csikszentmihalyi, M.）は，「ポジティブ心理学は，心理学者が，個人，コミュニティ，社会が繁栄するための要因を理解し，構築することを可能にする」と述べ，科学的手法による学問的発展の可能性について言及しています。その後の歴史の中でポジティブ心理学の定義が様々にされており，「人間の生活におけるポジティブな側面，つまり，幸福やウェルビーイング（よい生き方，心身ともに健康な生き方），繁栄について研究する学問」（Boniwell, 2012 成瀬訳 2015），「私たちが生まれてから死ぬまで，またその間のあらゆる出来事について，人生でよい方向に向かうことについて科学的に研究する学問」（Peterson, 2006 宇野訳 2012）といった主張がされています。

　当初のポジティブ心理学の主張は，（特に臨床）心理学が，精神疾患をはじめとする人間のネガティブな部分に対して多くの注意を向け過ぎてきたことに対する反省でもあります。セリグマンとチクセントミハイ（2000）が挙げているように，過去の心理学にはターマン（Terman, L.）による giftedness（天才・才能）研究，ワトソン（Watson, J. B.）による効果的な子育てに関する記述，ユング（Jung, C. G.）の人生における意味の探求と発見に関する著作など，人間のポジティブな部分への着目も多くありました。その後のネガティブな部分への傾倒についてセリグマンらは，歴史的経緯から研究資金が得られやすかった点などを挙げていますが，一方でこれまでに得られた，精神疾患や障害に対する詳細な理解についても心理学の貢献を認めています。ただし，病気や障害の理解や改善だけでヒトが幸福になれるかと言われれば，それはまた別の話になります。セリグマンらは，心理学に与えられた残り2つの基本的使命である「全ての人々の生活をより良くすること」と「才能のある人を育てること」が忘れ去られてしまったと述べて，ポジティブ心理学の必要性を説いています。このようにそれまでの心理学研究に対する批判とセットで語られることが多いポジティブ心理学ですが，実際には様々な研究者が人間のポジティブな側面についての記述をしてきました。ボニウェル（2012 成瀬訳 2015）は，ロジャーズ（Rogers, C. R.）やポジティブ心理学という用語を初めて用いたマズロー（Maslow, A. H.）を挙げて，「人間性心理学」と言われる分野がポジティブ心理学の前身としてあること，一方でこの分野では科学的手法よりも質的な分析を求めたことを指摘しています。現代のポジティブ心理学は，これまでの人間の成長や幸せに関する知見を土台として，科学的心理学的手法によって，ヒトの生活をより良くするような新たな理解を積み重ねていく心理学の一領域ということができるでしょう。

　もともとセリグマンは「学習性無力感」の理論を動物実験の結果から提唱した研究者です。学習性無力感とは，コントロール不可能な出来事を経験することによって，将来も同じようにコントロール不可

能な出来事を避けられないと考えてしまう（Peterson et al., 1993 津田訳 2000）ことで，あきらめの状態に陥ってしまうような現象です。抑うつ状態形成の説明の一つとして用いられることもあります。後の著書でセリグマンは，この学習性無力感の研究について，「逃避不可能なショックを与えたとき，全ての人間や動物が無力になったわけではなかった」ことから，「どのような人間が決して無力にならなかったのかを知りたいと思った」（Seligman, 2011 宇野訳 2014）と述べています。ここからセリグマンは「楽観主義者」の一連の研究（Seligman, 1990 山村訳 1994 など）を行っています。セリグマンらのポジティブサイコセラピーのエクササイズに「うまくいったことに目を向ける」ワークなどが取り入れられているのは，悲観主義者が楽観的な部分へと目を向けることが意図されており，このような部分にも彼自身の研究の歴史が反映されているのをみることができます。

(2) セリグマンのポジティブ心理学理論を中心に

　はじまりから 20 年以上を経て，ポジティブ心理学はたくさんの研究を積み重ねてきており，その対象の範囲についても広がりをみせています。ここでは，セリグマンの理論を中心にみていきたいと思います。この分野では他にも著名な心理学者が多くいますが，一人の研究者の主張を知ることで，今後みなさんがその他の理論に触れたときの参照枠としてください。

　セリグマンはポジティブ心理学に関する著書の最初期において，「幸福の公式」を，「$H = S + C + V$」として提案しています（Seligman, 2002 小林訳 2004）。H は「永続する幸福のレベル」，S は「その人にあらかじめ設定されている幸せの範囲」，C は「生活環境」，V は「自発的にコントロールできる要因」とされます。特に重要なのが自発的にコントロールできる部分の V であり，幸福感の変化の重要な部分を担っていると考えられます。その後の著書では，「私はかつてポジティブ心理学のテーマは『幸せ』だと考えていた。（中略）私は今や，ポジティブ心理学のテーマはウェルビーイングだと考えている」と述べて，その違いを強調しています（Seligman, 2011 宇野訳 2014）。その中で，幸福（happiness）理論とウェルビーイング（well-being）理論を分けて説明しており，幸福感と人生の満足度（これは本質的にはそのときの気分を測定しているに過ぎない）はウェルビーイングの一つの要素であるとしています。さらに，幸福理論の目標は人生の満足度（良い気分）の増大であるが，ウェルビーイング理論の目標は持続的幸福（flourish）の増大と言います。具体的には，ウェルビーイングという構成要素があり，それを構成する 5 つの要素としての「PERMA」を提案しています。持続的幸福（flourish）とは，複数の心理社会的領域にまたがって良好に機能することから生じる，心理社会的機能の動的最適状態であり，ウェルビーイングには単一の最適なモデルは存在しないものの，ウェルビーイングという抽象的な構成要素を捉えて測定や開発をしていくための要素として，セリグマンの PERMA 理論が説明されています（Butler & Kern, 2016）。

　セリグマンによれば，P は「positive emotion」の頭文字，すなわち「ポジティブ感情」です。幸福感を理解する際に感情経験が重視されてきたことは第 0 章でも述べた通りです。E は「engagement」の頭文字で，「従事することや没頭（Seligman, 2011 宇野訳 2014 ではカタカナで『エンゲージメント』と表記）」といった意味で使われています。この背景としては，ポジティブ心理学の創始者のひとりとされるチクセントミハイの「フロー体験理論」があります。フローとは，一つの活動に深く没入しているので他の何ものも問題とならなくなる状態，その経験それ自体が非常に楽しいので，純粋にそれをするということのために多くの時間や労力を費やすような状態（Csikszentmihalyi, 1990 今村訳 1996）とされています。R は「relationship」の頭文字で，「ポジティブな関係性」を指しています。社会的な関係が幸福感と大きな関連があることはこれまでの章でもみてきた通りです。セリグマンは「ポジティブなも

ので孤独なものは実に少ない」と記述していますが，著名なポジティブ心理学者であるリュボミアスキー（Lyubomirsky, 2013 金井訳 2014）は「結婚した人は，全体的に前よりも幸せな生活を送っていると報告されるが，必ずしも一瞬一瞬においてより多くの幸せを感じているわけではない」と述べており，単純に他者が近くにいることだけを幸福と結びつけることの問題を指摘しています。M は「meaning」の頭文字で，「意味・意義」と訳され，主観的および客観的な判断を含むものとされます。意味・意義は，自分の人生が重要であるという感覚を与えてくれるものです（Butler & Kern, 2016）。A は「accomplishment（当初の文献では achievement の表記）」の頭文字で，「達成」とされます。主観的には，目標に向かって努力し，それに到達するという感覚，達成感，タスクを完了するための有効性を含むもので，既存のウェルビーイング尺度には，コンピテンス（competence：能力のような意），マスタリー（mastery：熟達のような意），エフィカシー（efficacy：有能性のような意）に関連する項目が含まれているものの，国際比較の調査などでは達成度の客観的指標に焦点を当てることが多いとされています（Butler & Kern, 2016）。このウェルビーイングを構成する 5 つの要素としての PERMA ですが，結局のところ PERMA の基礎となる因子は従来の subjective well-being（SWB）と同じタイプの幸福感を捉えている（Goodman et al., 2018）との指摘や，それに対するセリグマンの意見（Seligman, 2018）もあり，既存の幸福感尺度との差別化や幸福の構成要素に関する議論は続いています。

　セリグマンの主張は，「ポジティブ心理学の目指すところは，人間の持続的幸福を測定し，構築することにある」というものですが，PERMA の理論は持続的幸福を実現するために何が人を幸福にするのかという問いに対する一つの仮説とも言えます。セラピストでもあるセリグマンは，後半の「構築する」の部分を体現する手段として，ポジティブ心理学に基づく介入（positive psychotherapy）や，その中で用いる尺度も提案しています（Seligman, 2011 宇野訳 2014; Seligman et al., 2006）。エクササイズとして紹介されているメニューの中でも「特徴的強みの活用（using your strengths）」はポジティブ心理学らしい介入技法の一つと言えます。強みの活用のワークでは，はじめに VIA-IS というテスト（web 上で無料で実施可能）を受けて，自身の上位 5 つの強みを同定します（創造性，自己コントロール，審美眼，など）。それを受けて，日常生活の中でそれらの強みを活用する方法について考える，というものです。「うまくいったこと」と「特徴的強み」の 2 つのエクササイズによって，抑うつの低下と 6 ヶ月間の幸福度の増大がみられたと報告されています。

　以上，簡単に，セリグマンを中心としたポジティブ心理学の成り立ちとその内容についてみてきました。この領域では，ここ数十年の間に相当な量の研究が蓄積されており，常に新しい情報へとアップデートされてきています。一般向けに書かれた書籍なども多く出されており，数ある心理学領域の中でも日常生活へのヒントとして受け入れられやすい知見も多くあります。一方で，このようなポジティブ心理学を取り巻く状況には注意も必要です。ポジティブ心理学者のピーターソン（2006 宇野訳 2012）は，「通俗心理学（筆者注：分かりやすく受け入れられやすいが科学的な知見からは飛躍しがちなポップな知見）が心理学を安売りすることに成功した」との指摘でポジティブ心理学が安易な使われ方をする危険性と，学問としての価値が下がることに警笛を鳴らしています。「何が事実で何が事実でないかを見定める」ことに重点を置くべきだとして，ポジティブ心理学がこの先も重要な学問であり続けるために，その科学性を失わないように注意を払っていると言えます。心理学を学ぶ者としては，ポジティブ心理学の研究結果をみる際に，自分の中に 2 つの視点があることを意識しておく必要があります。一つは科学者としての視点で，その研究結果が適切な手続きで行われたものかをみる視点です。もう一つは，ユーザーとしてその研究結果を利用する視点です。そもそも心理学全体として，実験心理学のように厳密に科学として真実を追究する姿勢と，臨床心理学の一側面のように物語としての個別性を重視す

る姿勢があります。実際，通りすがりのおじさんに言われた何のエビデンスもない一言で救われることも私たちにはあり得ます。科学性と物語性は相反するものではなく，その 2 つの視点を意識しながら，ヒトの，そして自身の幸福について考えていく姿勢が求められていると言えるでしょう。

第 2 節　幸福の測定

(1) 幸福感を測定するために用いられる尺度

　ポジティブ心理学は，ポジティブな体験や満足感などの良い気分に関わるような「主観的階層」，良い人生の構成要素や，良い人間になるための強みなどの資質といった「個人的階層」，道徳，社会的責任，ポジティブな組織，政策などに関わる「社会的階層」の 3 つから構成されています（Boniwell, 2012 成瀬訳 2015）。ここでは，特に「主観的階層」で必要となることが多い，「幸福の測定」のために利用可能な心理尺度の紹介をしていきたいと思います。

　幸福の測定に関しては第 0 章でも触れました。現在の心理学調査で最もよく使われる主観的指標は，人生に対する主観的な評価を表す「人生満足感尺度」，「感情経験を調べる尺度」，「はしご型尺度」とされています（内田，2020）。また，幸福感を「主観的」に測定するために，どれくらい自分の人生に満足しているかやどれくらい頻繁に幸せを感じるかの判断自体は，個人の価値観によって判断してもらい，研究者の価値観（何が幸福感なのか）を押し付けない方法（大石，2009）によって測定が行われます。この中で，はしご型尺度については一つの質問によって評価が行われ，感情経験を調べる尺度については「Positive and Negative Affect Schedule: PANAS（Watson et al., 1988）」などがよく用いられています。ここでは，「人生満足感尺度」および「感情経験を調べる」尺度で，日本語版での報告がされているものについて，その特徴とともにみていきたいと思います。尺度間に共通でみられる特徴もあれば，その尺度にオリジナルの部分もありますので，今後みなさんが幸福感研究を行う際にはそれぞれの特徴に合わせて選んだり，自身の尺度開発の参考としてもらえればと思います。

　さて，幸福感に関する研究について調べてみると，かなりの量の尺度が作成されたり，使用されたりしていることがみてとれますが，それらはいくつかのグループに分類することができます。1 つめのグループは，「特定の対象向け」に作成された「幸福感尺度」です。例えば，「高齢者」や「青年期」といったようにある程度年代を限定して用いることを想定しているものや，「育児中」や「慢性疾患」のように特定の属性をもつ人々への実施を想定しているものもあります。これらの尺度は，その対象や属性の特徴を踏まえた尺度構成になっています。研究対象者が既に決まっており，研究デザインに合致する尺度があれば，使用を検討するとよいでしょう。

　2 つめのグループは，「メンタルヘルスに関わる尺度」を幸福感の 1 つの指標として用いているパターンです。正確には元々「幸福感」を測定するものとして開発されたわけではありませんが，良好なメンタルヘルスと幸福感は似たような意味で使われることもあるため，このような使われ方をされます。尺度としては，「抑うつ」や「不安」などの比較的よくみられやすい精神症状を測る尺度や，全般的な「精神的健康度」を測る尺度，生活の質を測定する「Quality of Life: QOL」尺度などが用いられることが多いようです。これらの尺度では，症状がみられた場合や，精神的健康度や QOL が低いことによって，幸福度が低いと判断されます。中には，Warwick-Edinburgh Mental Well-being Scale（Tennant, et al., 2007：日本語版は，日本語版 Warwick-Edinburgh Mental Well-being Scale（菅沼ら，2016））のように，ウェルビーイングの概念を用いて精神的健康を測定する尺度もあります。幸福感の中でも特定の精神状態に特化して調査を行いたい場合や，これらの尺度が用いられている他の研究との比較を行い

たい場合などには使用を検討してみるとよいでしょう。

　最後に，特定の対象や属性を想定しておらず，はじめから「幸福感」を測定するものとして開発された尺度のグループがあります。幸福感の分類として，「情緒的・感情的・短期的側面」と「認知的・判断的・長期的側面」に分ける方法があることは第0章でも述べましたが，尺度によってはこれら全体を含んだ構成になっているものもあります。

(2) 日本語版で利用可能な尺度

　以下に，当初から「幸福感の測定」を目的として作成されたもので日本語版が利用可能な幸福感尺度（①〜⑧），その中でも感情経験についての尺度（⑨および⑩），幸福感そのものではないが関連する心理的事象について測定する尺度（⑪および⑫）について紹介していきたいと思います。

① The Satisfaction With Life Scale（SWLS）（Diener et al., 1985）

　日本語版は，「人生に対する満足尺度」（角野，1994）という尺度名で報告がされています。単一の概念として想定されており，【大体において，私の人生は理想に近い】（原文では，[In most ways my life is close to my ideal.]）などの5項目7件法で実施されます。これまでも何度か言及してきましたが，この尺度の最大の特徴は，非常に少ない項目数での実施が可能であること，様々な国や地域で実施されており，尺度の信頼性や妥当性が報告されていることから，他の尺度との関連や集団間の差を検証する場合にも使いやすいという点が挙げられます。

② Subjective Happiness Scale（SHS）（Lyubomirsky & Lepper, 1999）

　日本語版は，「日本版主観的幸福感尺度」（島井ら，2004）という尺度名で報告がされています。単一の概念として想定されていますが，認知的側面と感情的側面の両方を含むものであるとされています。【全般的にみて，わたしは 自分のことを（　　）であると考えている（カッコ内に入るものとして，「非常に不幸」から「非常に幸福」の中から選択する）】（原文では，[In general, I consider myself] に対して，"1. not a very happy person" から "7. a very happy person" の中から選択）などの4項目7件法で実施され，4項目の平均点が用いられます。日本版では，General Health Questionnaire（GHQ）や自尊感情との関連から妥当性の検証が行われています。

③ 主観的幸福感尺度（伊藤ら，2003）

　この尺度は，Subjective Well-Being Inventory（SUBI）をもとに開発がされています。SUBIとは，World Health Organization（WHO）によって開発された尺度で，11の下位尺度からなり，心の健康度（陽性感情，19項目）と心の疲労度（陰性感情，21項目）を測定する計40項目より構成されており，認知的側面と感情的側面が含まれています（伊藤ら，2003）。SUBI自体の日本語版については購入して使用することができます。主観的幸福感尺度はこのSUBIをもとに，「人生に対する前向きの気持ち」「達成感」「自信」「至福感」「人生に対する失望感」の5領域について，【あなたは人生が面白いと思いますか】などの15項目が，4件法で実施されます。ただし，同論文内のその後の研究では，項目の文化的な馴染みと統計的な問題等から，「至福感」を除いた4領域12項目が使用されています。

④ Psychological Wellbeing（PWB）Scale（Ryff, 1989; Ryff & Keyes, 1995）

　リフ（Ryff, C.）らによって作成された尺度で，原文の尺度はスタンフォード大学のサイト（http://

sparqtools.org/mobility-measure/psychological-wellbeing-scale/）で，18項目版と42項目版（7件法）が公開されています。このリフの心理的well-beingの概念を用いて作られたのが，「心理的Wellbeing尺度（西田，2000）」です。「人格的成長」「人生における目的」「自律性」「自己受容」「環境制御力」「積極的な他者関係」の6つの次元からなり，【これからも，私はいろいろな面で成長し続けたいと思う】など43項目が，6件法で実施がされます。西田の研究では成人女性を対象に実施がされていますが，項目的にもどの対象者にも使用可能なものとなっており，実際様々な研究で使用されています。

⑤ The Oxford Happiness Questionnaire（OHQ）（Hills & Argyle, 2002）

　The Oxford Happiness Questionnaire（OHQ）は，Oxford Happiness Inventory（OHI）をもとに作られた29項目6件法の幸福感尺度です。この尺度の日本語版は，「オックスフォード・幸福感尺度」という名称で報告がされています（祁ら，2011）。元の尺度とは異なり，4件法で実施され，【私は自分の望む通りどんなこともできる】などの23項目3因子（「自己効力感」「ポジティブな感情体験」「人生の満足度」）からなっています。自己効力感や人生の満足度といった認知的・長期的側面と，ポジティブな感情体験という情緒的・短期的側面の両方が含まれていることから，幸福感を広く測定できることが期待されます。

⑥ Questionnaire for Eudaimonic Well-Being（QEWB）（Waterman et al., 2010）

　エウダイモニックな幸福（詳細は第0章を参照）を測定するための尺度で，5件法の21項目から構成されます。ウォーターマンら（Waterman et al., 2010）は，エウダイモニアの側面が，自己発見（self-discovery），「個人の最高の可能性への認識（perceived development of one's best potentials），人生における目的と意味の感覚（a sense of purpose and meaning in life），活動への熱心な関与（intense involvement in activities），意義深い努力への投資（investment of significant effort），個人的な表現活動を楽しむこと（enjoyment of activities as personally expressive）から構成されるとしています。榊原ら（2019）は，「日本語版エウダイモニック・ウェルビーイング尺度」として構成因子の検討を行っています。

⑦協調的幸福感尺度（Hitokoto & Uchida, 2014）

　論文では「Interdependent Happiness Scale（IHS）」として報告がされており，日本的な文化の幸福感に関する定義をもとに開発された尺度です。【自分だけでなく，身近なまわりの人も楽しい気持ちでいると思う】などの9項目5件法で実施されます。この尺度が必要な理由を内田（2020）は，「日本では穏やかで，人並みの，また，自分だけではなく他者とともに実現される幸福感が重要になることも多く，人生満足感尺度ではあまりうまく日本の幸福感が捉えきれない可能性がある」としています。本尺度については，日本人の得点を欧米と比較しても低いスコアにならなかった（内田，2020）ことから，従来の幸福感尺度とはまた異なる側面も包含した尺度となっており，国際比較も可能と考えられます。

⑧ Flourishing Scale（FS）（Diener et al., 2010）

　2009年の論文では「Psychological Well-Being」となっていますが，項目内容に合わせる形で2010年の発表において「Flourishing Scale」という名称にて紹介がされています。この尺度は，ポジティブな人間関係や，能力（competence）の実感，人生の意味や目的といった，「人間の機能の重要な側面」に関する8つの項目からなっており，7件法での回答が求められます。日本語版は鷲見（Sumi, 2014）に

よって信頼性と妥当性の検討がされており，【私は目的や意味のある生活をおくっている】などの1因子8つの項目について，原版同様7件法での回答が行われます。ディーナーらはこの尺度の特徴について，それまでに報告されてきた様々な幸福感に関する知見を取り入れたものであると述べていますが，最初に紹介したSWLSと比較してみると，社会的な関係性の評価や楽観性のようなパーソナリティに近い項目などが含まれていることがみてとれます。

⑨ Scale of Positive and Negative Experience（SPANE）（Diener et al., 2010）

　上記と同じディーナーの論文（Diener et al., 2009; Diener et al., 2010）で紹介されている尺度で，ポジティブな感情のスコア（6項目）とネガティブな感情のスコア（6項目）の2つを組み合わせてバランススコアを作成することができるとされています。ディーナーらによれば，これまでの感情経験に関する尺度と比較して，特定のタイプの感情だけでなく，ネガティブな経験やポジティブな感情を幅広く評価することができるとされています。こちらも鷲見（Sumi, 2014）によって標準化がされており，原版同様に2因子が確認されています。日本語版では，【ここ4週間に，あなたは次の気持ちをどのくらい経験しましたか？】という教示の後に，12の「気持ち」それぞれがどの程度あったか，5件法で回答を行います。ディーナーらは，感情経験の尺度としてよく用いられるPANAS（下記）との比較において，PANASの項目は，覚醒度の高い感情が取り上げられていること，感情とはみなされない項目も多いこと（強気な，活気のある，など）を指摘しています。実際，SPANEには【快適な気持ち】や【満ち足りた気持ち】など，低覚醒の項目も含まれています。

⑩ Positive and Negative Affect Schedule（PANAS）（Watson et al., 1988）

　感情経験を測定する尺度で，日本語版のPANASは，佐藤・安田（2001）によって報告がされています。しかし，原版が20項目であるのに対して，日本語版では因子分析の結果から，2因子の16項目として提案されています。それに対して，川上ら（2011）は，原版に沿って20項目を用いて信頼性と妥当性を報告しています。現在の感情状態として，【活気のある】等のポジティブ感情，【おびえた】等のネガティブ感情について，6件法で回答を行います。

⑪ Orientations to Happiness（Peterson et al., 2005）

　幸せ（happy）になるための3つの方法があるとして，個人がそれらの志向性をどの程度もっているのかを測定するために開発された尺度です。3つの志向性とは，「快楽追求による幸せへの志向性（life of pleasure）」，「意味追求による幸せへの志向性（life of meaning）」，「没頭追求による幸せへの志向性（life of engagement）」（熊野, 2011）（カッコ内の英文は原文から）とされています。原版では，5件法で最終的に3因子18項目が提案されています。熊野（2011）はこの尺度をもとに「幸せへの3志向性尺度」を作成しており，因子分析の結果から【"人生は短いから，楽しいことを優先する"という言葉は，そのとおりだと思う】などの10項目からなり，「快楽志向性」「意味志向性」「没頭志向性」の3つの因子をもつ尺度として提案しています。熊野の報告では，原版のピーターソンらの調査結果とは，項目数や同時に測定した人生満足度との関連についても異なる結果となっており，「幸せへの志向」についても，日本とアメリカの文化の違いが反映される可能性が示唆されています。

⑫ Hedonic and Eudaimonic Motives for Activities（HEMA）（Huta & Ryan, 2010）

　この尺度も上記のOrientations to Happinessと同様に幸せな行動や生き方への動機づけに関連した

ものです。快楽主義的なヘドニアと幸福主義的なエウダイモニアによって動機づけられた活動に関連する尺度となっています（浅野ら，2014）。浅野らは，「日本版 HEMA 尺度」として報告しており，【自分自身の力を最大限に生かす方法を追求すること】などの9項目について7件法での実施を行っています。原版が「ヘドニア」と「エウダイモニア」の2因子を想定しているのに対して，日本版では「幸福追求」「喜び追求」「くつろぎ追求」の3因子が報告されています。「ヘドニア」因子が「喜び追求」と「くつろぎ追求」として独立の因子を構成した点については，従来の感情研究の知見として「ポジティブ感情が高覚醒―低覚醒の軸で分類される」点と合致していることや，文化の違いを反映している可能性についても考察されています。

引用文献

浅野良輔・五十嵐祐・塚本早織（2014）．日本版 HEMA 尺度の作成と検討―幸せへの動機づけとは―　心理学研究，*85*(1)，69-79.

Boniwell, I. (2012). *Positive psychology in a nutshell: The science of happiness*. London: Open International Publishing.（成瀬まゆみ（監訳）（2015）．ポジティブ心理学が1冊でわかる本　国書刊行会）

Butler, J., & Kern, M. L. (2016). The PERMA-Profiler: A brief multidimensional measure of flourishing. *International Journal of Wellbeing, 6*(3), 1-48.

Csikszentmihalyi, M. (1990). *Flow*. New York: HarperCollins（今村浩明（訳）（1996）．フロー体験―喜びの現象学―　世界思想社）

Watson, D., Clark, L. A., & Tellegen, A. (1988). Development and validation of brief measures of positive and negative affect: The PANAS Scales. *Journal of Personality and Social Psychology, 54*(6), 1063-1070.

Diener, E., Emmons, R., Larsen, J., & Griffin, S. (1985). The satisfaction with life scale. *Journal of Personality Assessmemt, 49*(1), 71-75.

Diener, E., Wirtz, D., Biswas-Diener, R., Tov, W., Kim-Prieto, C., Choi, D., & Oishi, S. (2009). *New measures of well-being*. The Netherlands: Springer. The collected works of Ed Diener.

Diener, E., Wirtz, D., Tov, W., Kim-Prieto, C., Choi, D. won, Oishi, S., & Biswas-Diener, R. (2010). New well-being measures: Short scales to assess flourishing and positive and negative feelings. *Social Indicators Research, 97*(2), 143-156.

Goodman, F. R., Disabato, D. J., Kashdan, T. B., & Kauffman, S. B. (2018). Measuring well-being: A comparison of subjective well-being and PERMA. *Journal of Positive Psychology, 13*(4), 321-332.

Hills, P., & Argyle, M. (2002). The Oxford Happiness Questionnaire: A compact scale for the measurement of psychological well-being. *Personality and Individual Differences, 33*(7), 1073-1082.

Hitokoto, H., & Uchida, Y. (2014). Interdependent Happiness: Theoretical Importance and Measurement Validity. *Journal of Happiness Studies, 16*(1), 211-239.

Huta, V., & Ryan, R. M. (2010). Pursuing Pleasure or virtue: The differential and overlapping well-being benefits of hedonic and eudaimonic motives. *Journal of Happiness Studies, 11*(6), 735-762.

伊藤裕子・相良順子・池田政子・川浦康至（2003）．主観的幸福感尺度の作成と信頼性・妥当性の検討　心理学研究，*74*(3)，276-281.

川人潤子・大塚泰正・甲斐田幸佐・中田光紀（2011）．日本語版 The Positive and Negative Affect Schedule（PANAS）20 項目の信頼性と妥当性の検討　広島大学心理学研究，*11*，225-240.

熊野道子（2011）．日本人における幸せへの3志向性―快楽・意味・没頭志向性―　心理学研究，*81*(6)，619-624.

Lyubomirsky, S. (2013). *The myths of happiness: What should make you happy, but doesn't, what shouldn't make you happy, but does*. New York: Inkwell Management.（金井真弓（訳）（2014）．リュボミアスキー教授の人生を「幸せ」に変える 10 の科学的な方法　日本実業出版社）

Lyubomirsky, S., & Lepper, H. S. (1999). A measure of subjective happiness: Preliminary reliability and construct validation. *Social Indicators Research, 46*(2), 137-155.

西田裕紀子（2000）．成人女性の多様なライフスタイルと心理的 well-being に関する研究　教育心理学研究，*48*，433-443.

大石繁宏（2009）．幸せを科学する―心理学から分かったこと―　新曜社

Peterson, C. (2006). *A primer in positive psychology*. New York: Oxford University Press.（宇野カオリ（訳）（2012）．ポジティブ心理学入門―「よい生き方」を科学的に考える方法　春秋社）

Peterson, C., Maier, S., & Seligman, M. (1993). *Learned helplessness: A theory for the age of personal control.* New York: Oxford University Press.（津田　彰（監訳）(2000). 学習性無力感—パーソナル・コントロールの時代をひらく理論—　二瓶社）

Peterson, C., Park, N., & Seligman, M. E. P. (2005). Orientations to happiness and life satisfaction: The full life versus the empty life. *Journal of Happiness Studies, 6*(1), 25-41.

祁　秋夢・浅川潔司・福本理恵・南　雅則 (2011). 大学生の主観的幸福感と学校適応感の関係に関する日中比較研究　学校教育学研究, *23*, 35-42.

Ryff, C. D. (1989). Happiness is everything, or is it? Explorations on the meaning of psychological well-being. *Journal of Personality and Social Psychology, 57*(6), 1069-1081.

Ryff, C. D., & Keyes, L. M. (1995). The structure of psychological well-being revisited. *Journal of Personality and Social Psychology, 69*(4), 719-727.

榊原良太・石井　悠・久保田（河本）愛子 (2019). 日本語版エウダイモニック・ウェルビーイング尺度の作成　日本心理学会第 83 回大会発表論文集, 385.

佐藤　徳・安田朝子 (2001). 日本語版 PANAS の作成　性格心理学研究, *9*(2), 138-139.

Seligman, M. E. P. (1990). *Learned optimism.* New York: Knopf.（山村宜子（訳）(1994). オプティミストはなぜ成功するか　講談社）

Seligman, M. E. P. (2002). *Authentic happiness: Using the new positive psychology to realize your potential for lasting fulfillment.* New York: Free Press.（小林裕子（訳）(2004). 世界でひとつだけの幸せ—ポジティブ心理学が教えてくれる満ち足りた人生—　アスペクト）

Seligman, M. E. P. (2011). *Flourish: A visionary new understanding of happiness and well-being.* New York: Simon and Schuster.（宇野カオリ（監訳）(2014). ポジティブ心理学の挑戦—"幸福"から"持続的幸福"へ—　ディスカヴァー・トゥエンティワン）

Seligman, M. (2018). PERMA and the building blocks of well-being. *Journal of Positive Psychology, 13*(4), 333-335.

Seligman, M. E. P., & Csikszentmihalyi, M. (2000). Positive psychology: An introduction. *American Psychologist, 55*(1), 5-14.

Seligman, M. E. P., Rashid, T., & Parks, A. C. (2006). Positive psychotherapy. *American Psychologist, 61*(8), 774-788.

島井哲志・大竹恵子・宇津木成介・池見　陽・Lyubomirsky, S. (2004). 日本版主観的幸福感尺度（Subjective Happiness Scale: SHS）の信頼性と妥当性の検討　日本公衆衛生雑誌, *51*(10), 7.

菅沼慎一郎・平野真理・中野美奈・下山晴彦 (2016). 日本語版 Warwick-Edinburgh Mental Well-being Scale（WEMWBS）の作成と信頼性・妥当性の検討— hedonic/eudaimonic を包括した状態指標—　臨床心理学, *16*(4), 471-475.

Sumi, K. (2014). Reliability and Validity of Japanese Versions of the Flourishing Scale and the Scale of Positive and Negative Experience. *Social Indicators Research, 118*(2), 601-615.

角野善司 (1994). 人生に対する満足尺度（the Satisfaction With Life Scale [SWLS]）日本版作成の試み　日本教育心理学会総会発表論文集, *36*, 192.

Tennant, R., Hiller, L., Fishwick, R., Platt, S., Joseph, S., Weich, S., ⋯ Stewart-Brown, S. (2007). The Warwick-Dinburgh mental well-being scale (WEMWBS): Development and UK validation. *Health and Quality of Life Outcomes, 5*, 1-13.

内田由紀子 (2020). これからの幸福について—文化的幸福感のすすめ—　新曜社

Waterman, A. S., Schwartz, S. J., Zamboanga, B. L., Ravert, R. D., Williams, M. K., Bede Agocha, V., ⋯ Brent Donnellan, M. (2010). The questionnaire for eudaimonic well-being: Psychometric properties, demographic comparisons, and evidence of validity. *Journal of Positive Psychology, 5*(1), 41-61.

Watson, D., Clark, L. A., & Tellegen, A. (1988). Development and validation of brief measures of positive and negative affect: The PANAS Scales. *Journal of Personality and Social Psychology, 54*(6), 1063-1070.

第 13 章　パーソナリティと幸福

平野真理

● 第 1 節　パーソナリティ・モデルと幸福

「幸せになりやすい人の性格」と聞いて，どのような性格を思い浮かべるでしょうか。あなたの周りのいつも幸せそうな人の性格をイメージするでしょうか。自分はなかなか幸せを感じにくい性格だと感じている方もいらっしゃるかもしれません。しかし，生まれもった性格によって，幸せになるかそうでないかが決まってしまうというのは，少し切ないような気もします。

パーソナリティ研究においては，どのようなパーソナリティが幸福を予測するのかについての探索的な研究が世界中で行われてきました。本章では，それらの研究で明らかにされてきた知見を確認するとともに，様々な性格特性がどのように幸せにつながる可能性をもつのか，またその影響はどの程度大きいものなのか，についても考えていきます。

まずは，人のパーソナリティを包括的に理解するパーソナリティ・モデルの枠組みにおいて明らかにされている，パーソナリティと幸福の関係についてみていきます。

(1) ビッグ・ファイブ・パーソナリティと幸福

パーソナリティを包括的に理解するにあたって，現在最も活用されている枠組みはビッグ・ファイブ（Big Five Personality: Costa & McCrae, 1992）であると言えます。神経症傾向，外向性，開放性，協調性，勤勉性という 5 つの性格特性からパーソナリティを捉えるこのモデルは世界中で用いられており，これらの性格特性の特徴によって，個人の行動傾向，認知傾向，パフォーマンス，環境への適応性などを予測しようとする研究が積み重ねられています。それらの研究から，5 つの性格特性はいずれも，基本的に得点が高いほど（神経症傾向のみ，得点が低いほど）適応や健康につながる特性であるということが共通認識となっています。それはつまり，ビッグ・ファイブの全ての得点が高いこと，すなわちパーソナリティが全般的に社会的に「望ましい」方向に沿っていることが，精神的健康や適応を導くということを意味します。本書のテーマである幸福との関係に焦点を当てた最新のメタ分析（Anglim et al., 2020）では，これまでに行われた 462 の研究（対象者計 334,567 名）から，どの性格特性が，どのような主観的・客観的なウェルビーイングに関連するのか検討されています。表 13-1 をみると，客観的なウェルビーイングを指す心理学的健康（psychological well-being）については 5 つの特性がおおむね全般的に関連していますが，主観的幸福感（subjective well-being）については，「神経症傾向の低さ」と「外向性の高さ」という 2 点が特に関連していることが読み取れます。また，イギリス，中国（香港），日本の 3 カ国における比較を行った研究においても，「外向性の高さ」が最も強く主観的幸福感と関連することが共通して示されています（Furnham & Cheng, 1999）。

では，この「神経症傾向の低さ」や「外向性の高さ」という性格特性をもつ人は，なぜ幸福感が高くなるのでしょうか。それについては，いくつかの異なる媒介要因を経て影響を与えているという説明が試みられています。例えば人生満足度を測定する尺度（Satisfaction With Life Scale: SWLS）を開発し

表13-1　メタ分析によるビッグ・ファイブとウェルビーイングの相関係数 (Anglim et al., 2020)

	主観的幸福感 (subjective well-being)			心理学的健康 (psychological well-being)						平均
	人生満足度	ポジティブ感情	ネガティブ感情	積極的な他者関係	自律性	環境制御性	自己成長	人生の目的	自己受容	
神経症傾向	−.39	−.34	.56	−.43	−.45	−.58	−.34	−.45	−.60	−.46
外向性	.32	.44	−.21	.47	.26	.38	.39	.39	.43	.37
開放性	.08	.24	−.05	.20	.24	.11	.44	.21	.16	.19
協調性	.20	.19	−.25	.39	.10	.28	.31	.28	.28	.25
誠実性	.27	.35	−.25	.32	.30	.51	.32	.50	.44	.36

注：下線は .30 以上の値

たディーナー（Diener et al., 1985）はこの関係を，「感情」が媒介するという視点から説明しています。すなわち，外向性の高い人は，対人場面でポジティブな感情が喚起されやすいことで人生満足度が高まるということです。反対に，神経症傾向の高い人は，ストレスフルな状況に置かれた際にネガティブな感情が喚起されやすく，それにより人生満足度が低下すると言います。このことは，状況一致モデル（ある特性をもつ人は，その特性と一致するような状況を経験するときにより強く感情が誘発される）と行動一致モデル（特性と一致した行動を行っているとき，より高い肯定的感情が喚起される）という枠組みでも説明されています（Moskowitz & Coté, 1995）。

　一方で，ポジティブな出来事の「体験頻度」が媒介するという説明もあります。例えば，外向的な人が内向的な人に比べて対人交流を通してポジティブな出来事をたくさん体験しやすかったり，神経症傾向が高い人が生活の中でネガティブな出来事を多く体験しやすいために，結果として幸福感が高くなったり低くなったりするということです（Argyle & Lu, 1990）。

　さらに，性格特性はそうした出来事の体験頻度に直接影響するというよりも，出来事への「認知」に影響しているという説明もあります。これはつまり，同じライフイベントを体験したとしても，外向性の高い人はポジティブな出来事として体験しやすく，神経症傾向の高い人はネガティブな出来事として体験しやすいために，体験頻度の差が生まれてくるということです（Magnus et al., 1993）。

　また，少し別の視点からの説明として，「自尊感情」が媒介となるというものもあります。外向性の高い人は他者からの評価をポジティブに受け取ることで自尊感情が高くなりやすく，神経症傾向の高い人は，その情緒の不安定性から自尊感情が低くなりやすいと考えられており，その自尊感情の状態が人生満足度に影響するということです（Cheng & Furnham, 2003; 門田・寺崎, 2009）。

(2) その他のパーソナリティ・モデルと幸福

　このように，ビッグ・ファイブの枠組みからみたパーソナリティと幸福感の関係は，主に神経症傾向という情緒の不安定性に関わる特性と，外向性という他者や世界との交流に関わる特性によって説明されています。つまり，情緒が安定していて，他者との関わりを積極的にもてるパーソナリティをもつ者が，幸福を感じられるということです。

　一方で，人のパーソナリティを包括的に捉える理論はビッグ・ファイブの他にも存在します。その一つがクロニンジャーによる気質－性格理論（temperament and character model: Cloninger et al.,

1993）です。この理論では人のパーソナリティを，遺伝的に規定されやすい4つの気質（新奇性追求，損害回避，報酬依存，固執）と，発達の中で育まれる3つの性格（自己志向性，協調性，自己超越）で説明します。3つの性格について少し補足すると，自己志向性とは自己決定力および選択に対する行動調整力，協調性とは他者と同一化し受容する能力，自己超越性とは自己を超えた世界全体に対して一体感を感じられる力のことを指します。これらの3つの性格は，成熟や自己実現に伴って，発達の中で高められていくことが想定されています。

　この気質－性格理論における性格と，幸福度との関連を検討した調査があります（Cloninger & Zohar, 2011）。それによると，3つの性格の中でも特に自己志向性が，幸福感全般と強く関連していることが示されており，その説明率はビッグ・ファイブにおける神経症傾向や外向性と同程度でした。したがって，自分の人生を自分で決定し切り開いていくような主体性に関わる性格特性も，情緒の安定や対人交流と同じくらい，幸福感に大きな影響をもたらすことが分かります。また，その他の2つの性格についても，協調性がソーシャルサポートの認知と関連し，自己超越性がポジティブ感情と関連することが示されています。協調性については，ビッグ・ファイブの協調性と重なりますが，自己超越性についてはスピリチュアリティにも関わる側面であり，ビッグ・ファイブではあまり捉えられていない部分です。そうした，世界との一体感やつながりを感じやすいパーソナリティをもつ人も，ポジティブ感情を感じやすいということが示唆されています。

第2節　幸福に関わるパーソナリティ特性

　ここまでは，包括的なパーソナリティ・モデルと幸福感の関係を確認してきましたが，次はもう少し具体的に，幸福感に影響するとされている特定の性格特性についてみていきます。

(1) コントロール
　ローカス・オブ・コントロール（locus of control）とは，自分の行動や状態を，自分自身がコントロールできると認識するか，自分の外（環境や他者）にあるものによってコントロールされると認識するかを示す概念です（Rotter, 1966）。人は大きなストレスにさらされると，そのストレスを自分で対処することはできない，すなわちコントロールの所在は自分の外にあると認識しやすくなりますが，そのような場合には幸福感が低下しやすいことが報告されています（Brandstadter & Renner, 1990）。

　ドヌーブら（DeNeve & Cooper, 1998）によって実施されたメタ分析においても，コントロールに関わる変数（コントロールの所在，欲求，知覚など）はすべて，主観的幸福感と相関関係があることが示されました。しかし，他のレビュー研究においては，コントロールに関する特性は幸福感と関係しないという報告もあります（Kozma & Stones, 1978）。そこで，中国と南アフリカという異なる文化の人々への調査を通して，コントロールが幸福感に与える影響の文化差を検討した研究が行われました（Stocks et al., 2012）。比較の結果，中国ではローカス・オブ・コントロールが外的なものと認識されるほど幸福感が低下するという相関が示されたのに対して，南アフリカでは有意な相関が示されませんでした。つまり，ストレス状況に対して自分がコントロールする感覚をもつことが幸福感をもたらすかどうかは，文化によって異なる可能性が考えられます。

　また，自分がストレスに対処できるという感覚に関連する概念に，首尾一貫感覚（sense of coherence: Antonovsky, 1993）というものがあります。これは，自分の人生を理解可能で，管理可能で，意味のあるものとして知覚する特性です。この首尾一貫感覚も，幸福感を予測することが多くの研究で示されて

います（Nilsson et al., 2010）。

(2) 楽 観 性

　楽観性とは，人生の重要なことがらについて，良いことが自分に起こるという期待をもちやすい性格特性のことです（Carver & Scheier, 2009）。楽観性の高い人は，抑うつが低く，ネガティブな感情を抱きにくく，人生満足度が高いことが示されています（Chan et al., 1997; Vickers & Vogeltanz, 2000; Wrosch & Scheier, 2003）。この傾向は，思春期の若者から高齢者まで広く確認されており，楽観性は幸福を予測する重要な性格特性とされています（Ben-Zur, 2003; Ferguson & Goodwin, 2010）。楽観性がなぜ幸福感を予測するのかについては，楽観性の高い人はポジティブな結果を期待するため，積極的にストレス対処に取り組みやすいことなどが指摘されていますが（Nes & Segerstrom, 2006），楽観性がポジティブな自己認識をもたらすことも関係しているようです。その説明の一つに，楽観性が高い人が，「自分は価値のある目標に向かっている」という認識をもちやすいことが関係しているというものがあります（Carver & Scheier, 2009）。人は，価値のある目標を設定できるとポジティブ感情を経験しやすく，こうしたポジティブ感情は幸福感を高めると説明されています（Krok, 2015）。一方で，現実はどうあれ他者よりも自己をより良く認知する傾向をポジティブ・イリュージョン（Taylor & Brown, 1988）と言いますが，この場合のポジティブな自己評価はウェルビーイングをもたらすとする研究もあれば，影響しないという研究もあり，一貫した結果は得られていないようです（Dufner et al., 2019; Schimmack & Kim, 2020）。なお日本で行われた研究においては，楽観性が，自己や現実を今よりもよりポジティブに捉える思考を媒介して幸福感に影響することが示されています（橋本・子安，2011）。

(3) レジリエンス

　レジリエンス（resilience）とは，つらい状況やストレスフルな状況における適応力のことです（Masten et al., 2010）。これは，人が逆境下において適応する現象そのものを表す概念ですが，そうした適応力の高い人がもつ能力のことを指してレジリエンスと呼ぶこともあり，その能力はパーソナリティの一つとしても位置づけられています。レジリエンスが高い人は，ネガティブな環境に置かれても精神的病理や不適応に陥りにくいことが示されていますが，それだけではなく，幸福感も高くなることが報告されています（Liu et al., 2013）。つまり，レジリエンスは心におけるマイナスのリスクを解消させる機能をもつと同時に，心においてプラスをもたらす機能もあるということです。

　レジリエンスと包括的パーソナリティの関連を確認するメタ分析（Oshio et al., 2018）によると，レジリエンスはビッグ・ファイブの全ての因子と関連が強いことが示されています。つまりレジリエンスの高い人は，総合的にみて望ましいパーソナリティをもっており，そのため幸福感が高くなるという理解ができます。また，高齢者を対象とした調査からは，レジリエンスが年齢に対する否定的な認識やステレオタイプへの影響を緩和し，仕事に意味を見いだしたり，有意義な活動に参加することを促進することが報告されました（James et al., 2011）。このようにレジリエンスは，人生に対する肯定的な意味づけや，新たな肯定的体験を得るにあたってのネガティブな障壁を取り除くことで，結果的に幸福感をもたらす可能性があります。

　また，レジリエンスと幸福感には直接的な関係はなく，ホープ（hope）が媒介要因となっていると主張する研究もあります（Satici, 2016）。ホープは日本語では希望と訳されることのある単語ですが，ここで言うホープは，希望という言葉が意味する「あることを成就させたいという願望や期待」よりも，その願望が達成されるという信念に基づく目標指向的思考が中心となる概念であり，目標への道筋を見

いだす「能力」と「意志」の要素から測定されます（加藤・Snyder, 2005）。つまり，レジリエンスの高い人は，目標達成に向かって具体的に計画を立てて成し遂げる力が高く，それによって幸福感が高くなるということです。

(4) 幸福なパーソナリティとは

　幸福感との関連が確認されているパーソナリティ特性は他にもたくさんあり，今回取り上げたものはその一部です。近年，このようなウェルビーイングや成功につながるポジティブなパーソナリティは，非認知能力とも呼ばれ，とりわけ教育分野において注目されています（西田ら，2019）。

　総合的にみると，幸福につながるパーソナリティは，自分がストレスに対処でき価値ある目標を達成できるといった自己効力感や，肯定的な自己評価につながるものであることがうかがえます。先に挙げた包括的パーソナリティの特徴ともあわせて考えると，幸福につながるパーソナリティをもつ人とは，「ストレスに対処する力が高く，情緒的に安定していて，他者との間で積極的に交流をもち，自分を肯定的に評価し，未来に前向きな目標を掲げて自分の人生を切り開いていく人物」であるということになります。どこかのアニメの主人公のような，私たちが頭の中に思い描く優等生のような人物ができあがってしまいました。しかし本当に，このような完璧なパーソナリティをもつ人が，最も幸せなのでしょうか。世の中はそんなにシンプルなのだろうか？という気持ちも湧き上がってきます。

第3節　「望ましくない」パーソナリティと幸福

　パーソナリティの中には，不適応につながる特性や，社会的に「望ましくない」性質をもつ特性も存在します。例えば，抑うつや精神疾患につながりやすいような特性や，犯罪や反社会的な嗜癖につながりやすいような特性です。それらのパーソナリティと幸福はどのような関係にあるのでしょうか。

(1) ダークトライアド

　ダークトライアドとは，ナルシシズム（narcissism），マキャベリアニズム（machiavellianism），サイコパシー（psychopathy）という社会的に望ましくない3つのパーソナリティの総称であり，反社会的な行動を予測することが数々の研究で示されています（Paulhus & Williams, 2002）。一方で，ダークトライアド傾向の高い人は，政治家や経営者として高いパフォーマンスを示す場合があることも明らかにされており，ある種の適応や成功にもつながる特性であると言えます（Blais & Pruysers, 2017; Fernández-del-Río et al., 2020）。ダークトライアド得点の高い人が，将来をどのように予測するのかという観点で行われた研究では，ダークトライアドの3つの要素がいずれも，将来自分が権力を得ることや，良い配偶者を得るだろうというポジティブな予測につながっていることが報告されています（Jonason & Tome, 2019）。

　このダークトライアドの高さと幸福感の関係について検討した研究では，ダークトライアドは基本的にはポジティブ感情とは負の関連をもつ傾向にありました。しかし，3要素の中でもナルシシズムだけは少し性質が異なり，幸福感と正の関連があることが示されています（Aghababaei & Błachnio, 2015）。ナルシシズムがなぜ幸福感を予測するかについてはいくつかの観点から検討が行われています。例えば，ナルシシズムの高い人は，情緒不安定になってネガティブ感情をもつ場合と，誇大的になって強いポジティブ感情をもつ場合があるため（Egan et al., 2014），後者の場合に幸福感を感じやすいという理解が可能です。また，ナルシシズムはストレス下でのうつ病リスクを低下させる効果をもつという報告もあ

り（Lyons et al., 2019），そうした意味でも間接的に幸福感が高くなる可能性もあるでしょう。さらに，ナルシシズムと幸福感の関連には「エンゲージメント」が媒介となっていることを示す研究もあります（Limone et al., 2020）。これはつまり，ナルシシズムの高い人が，自分が思い入れや愛着をもって所属できる組織の中に身を置くことで，安定した幸福感を感じることができる可能性を示しています。

(2) 敏 感 さ

　敏感さ（highly sensitivity: Aron & Aron, 1997）という特性は，日本において最近急速に注目を浴びています。この敏感さは，易興奮性（刺激に対して大きく反応しやすい特性），低感覚閾（小さな刺激を感じ取りやすい特性），美的感受性（人生を豊かにする高い美的感覚）という３つの要素から説明される概念ですが，ストレスを敏感に感じ取りやすいことから，抑うつや不適応へのつながりやすさが報告されています（Yano et al., 2019; 髙橋・熊野，2019）。日本人の大規模データを用いて，敏感さと人生満足度および自尊感情の関係を検討した最新の研究においても，敏感さの高い人々の人生満足度と自尊感情が低いことが示されています（上野ら，2020）。

　しかしこの敏感さは，必ずしもネガティブなだけの特性ではありません。上述した構成概念に「美的感受性」が含まれているように，敏感さの高い人は，ネガティブなことに対する感受性だけでなく，ポジティブな感受性も同時に併せもっているのです。こうした敏感さの高い人が，環境からのネガティブな影響とポジティブな影響をどのように受けるのかについて調査した研究があります（Iimura & Kibe, 2020）。それによると，敏感さの高い子どもたちは，中学校から高校への進学という環境変化にあたって，ネガティブな環境からの悪影響よりもむしろ，ポジティブな環境からの良い影響をより受けやすく，ポジティブな環境の中では社会情緒的な適応が高まりやすいことが示されました。この結果を踏まえると，敏感さの高い人は，良い環境に置かれた際にはむしろ幸福感を通常の人々以上に高く感じ取ることができる可能性があると言えるでしょう。

(3) 悲観主義

　楽観性が幸福感を予測するということについては既に述べた通りですが，その対極にある悲観主義をもつ人は，やはり幸福感や人生満足感が低い傾向が示されています（Chang et al., 1997）。ただ，この悲観主義というのは，場合によってはポジティブな機能をもつことが明らかにされています。それは，あえて悲観的な将来を想定することで，良いパフォーマンスにつながるという認知方略としての悲観主義であり，防衛的悲観主義（Norem & Cantor, 1986）と呼ばれます。防衛的悲観主義者は，何か課題に取り組むときに，ポジティブな結果のイメージトレーニングをするのではなく，失敗の可能性を書き出すことによって，むしろ楽観主義者よりもパフォーマンスが向上するという報告もあります（石山ら，2020）。

(4) 幸福をどのように捉えるか

　こうした例をみていくと，「望ましくない」パーソナリティをもつ人々は基本的に幸福感や人生満足度が低いとされていますが，良い環境や，その個人に合った環境に置かれた場合にはむしろ強く幸福感を感じることができる可能性がうかがえます。幸福感を測定する上では，尺度に回答したそのときの気分で評価が行われやすいため，そうした個人内の幸福感の変動性はなかなか反映されにくいと言えます。しかし例えば，生活の中で９割は幸福を感じられないが，１割ぐらいは幸福を感じられるときがある，といったように，もしかしたら得点としてはみえてこない幸福がその人の中に存在しているかもしれま

せん。

　また，幸福感の主要素とされるポジティブ感情とネガティブ感情は，一つの軸の両極にあると錯覚されやすいですが，そもそも両者は別の軸として存在する感情です（山崎，2006）。つまり，全てポジティブか，すべてネガティブか，という状態はあり得ず，実際には両方の感情を併せもちその間で揺らぐのが通常です。したがって，尺度で測定されている幸福感や人生満足感は，その人のその瞬間の評価を一面的に切り取ったものに過ぎず，本来はもっと奥行きのあるものとして理解する必要があります。

　さらにもう一つ考えるべきは，こうしたいわゆる「望ましくない」パーソナリティをもつ人にとっての幸福と，「望ましい」パーソナリティをもつ人にとっての幸福は，果たして同質のものなのかということです。もちろん，研究のためには「幸福」を測定するための一つの操作的定義が必要なわけですが，個々人の物事の捉え方に沿って丁寧に考えてみると，ポジティブ感情よりもフラットな感情が落ち着く人もいるでしょうし，満足を感じない状態がむしろ心地よい人もいるであろうと想像できます。そう考えると，パーソナリティは幸福感の高低に影響するというよりも，幸福感の捉え方や感じ方に影響すると考える必要があると言えます。

第 4 節　この章のまとめ

(1) パーソナリティによる予測の限界

　ここまでみてきたように，パーソナリティと幸福には，直接的あるいは間接的に一定の関連があることは間違いないと言えるでしょう。幸福感や人生満足度は，何らかのライフイベントがあった直後には大きく変動するものですが，パーソナリティはそれをその人のベースラインに戻し，恒常性を保つ役割を担っているとされています（Headey & Wearing, 1989; Cummins et al., 2002）。

　実はパーソナリティの影響は，幸福の遺伝の話にも関連してきます。双生児研究のレビュー（Bartels, 2015）によると，ウェルビーイングの遺伝率は 36%，人生満足度の遺伝率は 32% であることが示されています。そして，1,516 名の中年期の双生児を対象に行われた研究（Roysamb et al., 2018）においても，人生満足度の遺伝性は 31% であると示されましたが，そのうち 65% はパーソナリティへの遺伝的影響を媒介とすることが明らかになりました。

　しかしそのようなパーソナリティの影響は，幸福に影響を与える他の要因と比べたときに，どの程度の影響力をもつと言えるでしょうか。1998 年に行われたメタ分析（DeNeve & Cooper, 1998）では，幸福に対するパーソナリティの効果量が .19 であるのに対して，教育が .14, 社会活動が .15, 宗教が .16, 収入が .17, 社会経済地位が .19, そして健康の効果量は .32 でした。この研究は 20 年前のものですが，パーソナリティの影響は他の様々な影響要因の中の一つに過ぎず，健康のもつ影響力と比べればその力は低いと言えます。

　最後に，パーソナリティや遺伝といった，コントロールが難しい要因ではなく，人が幸福に向けてとる意図的な行動に着目した研究（Tkach & Lyubomirsky, 2006）を紹介します。この調査では大学生を対象に，幸福を維持したり増加させたりするために自ら行った活動（例えば，パーティーに参加するとか，メンタルコントロールをする，目標を追求する，余暇活動をするなど）が幸福感にもたらす影響を検討しました。その結果，それらの活動は幸福の 52% を説明し，ビッグ・ファイブの性格特性による説明を 16% 上回っていました。これはすなわち，パーソナリティや，そのパーソナリティを規定する遺伝的要因といった，ある種生まれもった個人差よりも，自分の意思で行う行動の方が幸福に大きく影響するということを意味します。

(2) おわりに

　本章では，パーソナリティと幸福の関係について，ビッグ・ファイブとの関連や，その他のパーソナリティ特性との関連について明らかにされている知見を概観しました。パーソナリティが幸福にどのように影響するのか，というメカニズムについては様々な観点からの検討が行われていますが，総じて社会的に「望ましい」パーソナリティが幸福を予測することを示す研究が多いことが確認されました。しかし一方で，「望ましくない」パーソナリティをもつ人々についても，「望ましい」パーソナリティをもつ人々とは異なる形で幸福感を得ている可能性についても言及しました。パーソナリティは，確かに幸福に影響をもたらしますが，それは単に「こういう性格の人が幸せになる」というシンプルな話ではありません。パーソナリティは，幸せをどう感じ，どう捉え，どう意味づけ，どう価値づけるのかといったことに個人差をもたらします。そのように個人によって異なる捉え方をされた「幸せ」は本来，数値化して他者と比較することのできないものであろうと考えられます。幸福感を尺度で一義的に数値化することは研究を行う上で必要なことであり，より有用な尺度開発を目指した研究も多く行われていますが，どんなに工夫をしても，こうした個人差を完全に反映した尺度の作成は難しいでしょう。したがって，研究知見を実際の人間理解に活用していく上では，様々なパーソナリティをもった人々が，様々に捉えている幸福があることを忘れないことが重要です。

引用文献

Aghababaei, N., & Błachnio, A. (2015). Well-being and the Dark Triad. *Personality and Individual Differences*, *86*, 365-368.

Anglim, J., Horwood, S., Smillie, L. D., Marrero, R. J., & Wood, J. K. (2020). Predicting psychological and Subjective well-being from personality: A meta-analysis. *Psychological Bulletin*, *146*(4), 279-323.

Antonovsky, A. (1993). The structure and properties of the sense of coherence scale. *Social Science & Medicine*, *36*(6), 725-733.

Argyle, M., & Lu, L. (1990). The happiness of extraverts. *Personality and Individual Differences*, *11*(10), 1011-1017.

Aron, E. N., & Aron, A. (1997). Sensory-processing sensitivity and its relation to introversion and emotionality. *Journal of Personality and Social Psychology*, *73*, 345-368.

Bartels, M. (2015). Genetics of wellbeing and its components satisfaction with life, happiness, and quality of life: A review and meta-analysis of heritability studies. *Behavior Genetics*, *45*(2), 137-156.

Ben-Zur, H. (2003). Happy adolescents: The link between subjective well-being, internal resources, and parental factors. *Journal of Youth and Adolescence*, *32*(2), 67-79.

Blais, J., & Pruysers, S. (2017). The power of the dark side: Personality, the dark triad, and political ambition. *Personality and Individual Differences*, *113*, 167-172.

Brandtstadter, J., & Renner, G. (1990). Tenacious goal pursuit and flexible goal adjustment: Explication and age-related analysis of assimilative and accommodative strategies of coping. *Psychology and Aging*, *5*, 58-67.

Carver, C. S., & Scheier, M. F. (2009). Action, affect, and two-mode models of functioning. In E. Morsella, J. A. Bargh, & P. M. Gollwitzer (Eds.), *Social cognition and social neuroscience. Oxford handbook of human action* (p. 298-327). Oxford University Press.

Cheng, H., & Furnham, A. (2003). Personality, self-esteem, and demographic predictions of happiness and depression. *Personality and Individual Differences*, *34*(6), 921-942.

Chang, E. C., Maydeu-Olivares, A., & D'Zurilla, T. J. (1997). Optimism and pessimism as partially independent constructs: Relationship to positive and negative affectivity and psychological well-being. *Personality and Individual Differences*, *23*(3), 433-440.

Cloninger, C. R., Svrakic, D. M., & Przybeck, T. R. (1993). A psychobiological model of temperament and character. *Archives of General Psychiatry*, *50*(12), 975-990.

Cloninger, C. R., & Zohar, A. H. (2011). Personality and the perception of health and happiness. *Journal of Affective Disorders*, *128*(1-2), 24-32.

Costa, P. T. Jr., & McCrae, R. R. (1992). *Revised NEO personality inventory* (*NEO-PI-R*) *and NEO five-factor inventory* (*NEO-FFI*) *manual.* Psychological assessment resources.

Cummins, R. A., Gullone, E., Lau, A. L. D. (2002). A model of subjective well-being homeostasis: The role of personality. In E. Gullone, & R. A. Cummins (Eds.), *The Universality of Subjective Wellbeing Indicators. Social Indicators Research Series*, vol. 16. Springer.

DeNeve, K. M., & Cooper, H. (1998). The happy personality: A meta-analysis of 137 personality traits and subjective well-being. *Psychological Bulletin, 124*(2), 197.

Diener, E. D., Emmons, R. A., Larsen, R. J., & Griffin, S. (1985). The satisfaction with life scale. *Journal of Personality Assessment, 49*(1), 71-75.

Dufner, M., Gebauer, J. E., Sedikides, C., & Denissen, J. J. (2019). Self-enhancement and psychological adjustment: A meta-analytic review. *Personality and Social Psychology Review, 23*(1), 48-72.

Egan, V., Chan, S., & Shorter, G. W. (2014). The Dark Triad, happiness and subjective well-being. *Personality and Individual Differences, 67*, 17-22.

Ferguson, S. J., & Goodwin, A. D. (2010). Optimism and well-being in older adults: The mediating role of social support and perceived control. *The International Journal of Aging and Human Development, 71*(1), 43-68.

Fernández-del-Río, E., Ramos-Villagrasa, P. J., & Barrada, J. R. (2020). Bad guys perform better? The incremental predictive validity of the Dark Tetrad over Big Five and Honesty-Humility. *Personality and Individual Differences, 154*, 109700.

Furnham, A., & Cheng, H. (1999). Personality as predictor of mental health and happiness in the East and West. *Personality and Individual Differences, 27*(3), 395-403.

橋本京子・子安増生 (2011). 楽観性とポジティブ志向および主観的幸福感の関連について　パーソナリティ研究, *19*(3), 233-244.

Headey, B., & Wearing, A. (1989). Personality, life events, and subjective well-being: Toward a dynamic equilibrium model. *Journal of Personality and Social Psychology, 57*(4), 731.

Iimura, S., & Kibe, C. (2020). Highly sensitive adolescent benefits in positive school transitions: Evidence for vantage sensitivity in Japanese high-schoolers. *Developmental Psychology, 56*(8), 1565-1581.

石山裕菜・鈴木直人・及川昌典・及川　晴 (2020). 表現筆記が防衛的悲観主義者のパフォーマンスに及ぼす影響　教育心理学研究, *68*(1), 1-10.

James, J. B., Besen, E., & Pitt-Catsouphes, M. (2011). Resilience in the workplace: Job conditions that buffer negative attitudes toward older workers. In B. Resnick, L. P. Gwyther, & K. A. Roverto (Eds.), *Resilience in aging* (pp. 331-349). New York: Springer.

Jonason, P. K., & Tome, J. (2019). How happiness expectations relate to the Dark Triad traits. *The Journal of Social Psychology, 159*(4), 371-382.

門田　昌・寺崎正治 (2009). パーソナリティ，日常的出来事と主観的幸福感との関連　パーソナリティ研究, *18*(1), 35-45.

加藤　司・Snyder, C. R. (2005). ホープと精神的健康との関連性　心理学研究, *76*(3), 227-234.

Kozma, A., & Stones, M. J. (1978). Some research issues and findings in the study of psychological well-being in the aged. *Canadian Psychological Review/Psychologie Canadienne, 19*(3), 241.

Krok, D. (2015). The mediating role of optimism in the relations between sense of coherence, subjective and psychological well-being among late adolescents. *Personality and Individual Differences, 85*, 134-139.

Limone, P., Sinatra, M., & Monacis, L. (2020). Orientations to happiness between the Dark Triad Traits and subjective well-being. *Behavioral Sciences, 10*(5), 90.

Liu, Y., Wang, Z., & Lü, W. (2013). Resilience and affect balance as mediators between trait emotional intelligence and life satisfaction. *Personality and Individual differences, 54*(7), 850-855.

Lyons, M., Evans, K., & Helle, S. (2019). Do "dark" personality features buffer against adversity? The associations between cumulative life stress, the dark triad, and mental distress. *Sage Open, 9*(1), 2158244018822383.

Masten, A. S., Best, K. M., & Garmezy, N. (1990). Resilience and development: Contributions from the study of children who overcome adversity. *Development and Psychopathology, 2*(4), 425-444.

Magnus, K., Diener, E., Fujita, F., & Pavot, W. (1993). Extraversion and neuroticism as predictors of objective life events: A longitudinal analysis. *Journal of Personality and Social Psychology, 65*(5), 1046.

Moskowitz, D. S., & Coté, S. (1995). Do interpersonal traits predict affect? A comparison of three models. *Journal of Personality and Social Psychology, 69*(5), 915.

Nes, L. S., & Segerstrom, S. C. (2006). Dispositional optimism and coping: A meta-analytic review. *Personality and*

Social Psychology Review, 10(3), 235-251.

Nilsson, K. W., Leppert, J., Simonsson, B., & Starrin, B. (2010). Sense of coherence and psychological well-being: improvement with age. *Journal of Epidemiology & Community Health, 64*(4), 347-352.

西田季里・久保田（河本）愛子・利根川明子・遠藤利彦（2019）．非認知能力に関する研究の動向と課題：幼児の非認知能力の育ちを支えるプログラム開発研究のための整理　東京大学大学院教育学研究科紀要, *58*, 31-39.

Norem, J. K., & Cantor, N. (1986). Defensive pessimism: Harnessing anxiety as motivation. *Journal of Personality and Social Psychology, 51*(6), 1208-1217.

Oshio, A., Taku, K., Hirano, M., & Saeed, G. (2018). Resilience and Big Five personality traits: A meta-analysis. *Personality and Individual Differences, 127*, 54-60.

Paulhus, D. L. & Williams, K. M. (2002). The Dark Triad of personality: Narcissism, Machiavellianism, and psychopathy. *Journal of Research in Personality, 36*, 556-563.

Rotter, J. B. (1966). Generalized expectancies for internal and external control of reinforcement. *Psychological Monographs, 609*, (80), 1-28.

Røysamb, E., Nes, R. B., Czajkowski, N. O., & Vassend, O. (2018). Genetics, personality and wellbeing. A twin study of traits, facets and life satisfaction. *Scientific Reports, 8*(1), 1-13.

Satici, S. A. (2016). Psychological vulnerability, resilience, and subjective well-being: The mediating role of hope. *Personality and Individual Differences, 102*, 68-73.

Schimmack, U., & Kim, H. (2020). An integrated model of social psychological and personality psychological perspectives on personality and wellbeing. *Journal of Research in Personality, 84*, 103888.

Stocks, A., April, K. A., & Lynton, N. (2012). Locus of control and subjective well-being — a cross-cultural study. *Problems and Perspectives in Management, 10*(1), 17-25.

髙橋　徹・熊野宏昭（2019）．日本在住の青年における感覚処理感受性と心身の不適応の関連―重回帰分析による感覚処理感受性の下位因子ごとの検討―　人間科学研究, *32*(2), 235-243.

Taylor, S. E., & Brown, J. D. (1988). Illusion and well-being: A social psychological perspective on mental health. *Psychological Bulletin, 103*(2), 193.

Tkach, C., & Lyubomirsky, S. (2006). How do people pursue happiness?: Relating personality, happiness-increasing strategies, and well-being. *Journal of Happiness Studies, 7*(2), 183-225.

上野雄己・髙橋亜希・小塩真司（2020）．Highly Sensitive Person は主観的幸福感が低いのか？―感覚処理感受性と人生に対する満足度，自尊感情との関連から―　感情心理学研究, *27*(3), 104-109.

Vickers, K. S., & Vogeltanz, N. D. (2000). Dispositional optimism as a predictor of depressive symptoms over time. *Personality and Individual Differences, 28*(2), 259-272.

Wrosch, C., Scheier, M. F., Miller, G. E., Schulz, R., & Carver, C. S. (2003). Adaptive self-regulation of unattainable goals: Goal disengagement, goal reengagement, and subjective well-being. *Personality and Social Psychology Bulletin, 29*(12), 1494-1508.

山崎勝之（2006）．ポジティブ感情の役割―その現象と機序　パーソナリティ研究, *14*(3), 305-321.

Yano, K., Kase, T., & Oishi, K. (2019). The effects of sensory-processing sensitivity and sense of coherence on depressive symptoms in university students. *Health Psychology Open, 6*(2), 2055102919871638.

第14章　運と幸福

土井孝典

第1節　運と幸福の関係

　運と幸福というタイトルを見たとき，みなさんはどのようなことを連想したでしょうか？　「運が良い人はやっぱり幸せなのだろうか？」「幸福な人は運に恵まれているのだろうか？」「運と幸福って関係あるの？」「運が良くなる心理学とかってあるのかな？」など，いろいろなことを思い浮かべたかと思います。そしておそらく「運が良い」と「幸福」，「運が良くない」と「不幸」を関連づけて考えたのではないでしょうか。幸運と幸福，不運と不幸は一般的にはほぼ同義で使われるくらい，運と幸福には密接な関係がありそうです。

　私たちは生きていく中で，成功や失敗は自分の力だけでなんとかなるものではないことを経験します。どれだけがんばって受験勉強をしていたとしても，受験当日に交通事故に遭ってしまっては水の泡です。逆に，破綻寸前の経営者がたまたま買った宝くじの当選により経営を立て直すことができた，といった話もあります。人間の幸・不幸には，自分の力だけではどうにもならない「運」という要素が関係してきそうです。そのため開運祈願や開運グッズなどと呼ばれるものがあるのでしょう。開運祈願や開運グッズは，単に良い運に恵まれるよう望むことを意味しません。そこにはセットで運に恵まれて幸せになりたいという想いが込められています。

　この章では，幸福に密接に関連している「運」について考えていきたいと思います。もちろん心理学的観点からです。運を研究するにはどのようにすればよいのでしょう。また，運と幸福の関連はどのように研究することができるでしょうか。

第2節　運研究の難しさ

(1) 運を定義することの難しさ

　運を心理学的に研究することは，幸福の研究と同様の難しさがあります。ある事象を研究するためには，まずはその事象を定義する必要があります。運とは何か？　そこに内包されるイメージは実に多様です。まずは運にまつわる言説を拾っていきましょう。例えば次のような言説があります。「運をつかむ」「強運の持ち主」「運を使う」「運が良かっただけ」。これらの特徴をみていきましょう。

　　「運をつかむ」：個人の外側にあって，つかんだりつかみそこねたりする何か。
　　「強運の持ち主」：個人の属性として生得的に備わっている力。
　　「運を使う」：物質のように増えたり減ったりする。
　　「運が良かっただけ」：個人の外側の要因として，偶然に近いニュアンス。

　「運」と一口に言っても，そこから連想される運の中身は様々です。このことから生じる定義の難し

さは運を研究する上で大きな困難をもたらします。

　研究で運という言葉が使われているものに，ワイナーら（Weiner et al., 1971）の原因帰属の研究があります。ワイナーは，課題達成場面において，その成功・失敗の原因をどこに帰属したかによって，人のその後の行動が変わってくることを示しました。帰属は，原因が自分の内にあるか外にあるかという「統制の所在次元」と，原因が安定しているか不安定かという「安定性次元」から成る4つの要因に分類されました。4つの要因とは，「能力」・「努力」・「課題の困難さ」・「運」です。ここで「運」は「外的・不安定要因」と定義されています。つまり運とは自分の力ではどうしようもないものであり，かつ良かったり悪かったりする要因です。確かにシンプルに考えればこのように定義・分類されると思いますが，実際には「運」帰属をしていても，そこに「俺は運が強いから」という意味が込められていれば，その「運」は能力に近いニュアンスになります。また，ワイナーの研究では「運」は外的・不安定要因，一方「努力」は内的・不安定要因であり，「統制の所在次元」において対立軸をなすものです。つまり「努力」でつかみとったなら「運」ではないし，「運」でつかみとったのなら「努力」の結果ではないということになります。しかし実際には，「努力をした人にのみ運がめぐってくる」といった言葉にも示されるように，努力と運は関連するものとして語られる場合もあります。また実証実験においても，ワイナーの理論では負の相関が想定される「運」と「努力」に正の相関がみられる場合も報告されています（竹綱ら，2017）。やはり「運」を単純に「外的・不安定要因」と位置づけることは難しいようです。

（2）運と幸福の関連を想定することの難しさ

　運という言葉に単一の意味を定義づけることは難しそうですが，定義がきちんと定められないと心理学としての実証研究は難しいものとなります。心理学の実証研究では，「Aが上がるほど，Bも上がる」といった研究があります。このとき結果を引き起こす要因になる変数を独立変数（A），その要因によって変化していく変数を従属変数（B）と言います。実証研究では，独立変数と従属変数を定義しないことには研究が進められません。例えば，「運が良い人ほど幸福だ」という研究では，運得点の高群・低群によって，幸福度に有意な差がみられるかを検証するという実験計画が考えられます。しかしここで運得点を測るためには運とは何かが定義できないと研究が進められません。ある人が指し示している運と別の人が指し示している運が違うものになれば実験結果の妥当性が低くなることが想定されるからです。もちろんこれはここでの従属変数である幸福にもあてはまります。このことからも，運と幸福をかけ合わせた実証研究をすることはなかなか難しいことが分かるでしょう。

第3節　運研究の3つのスタンス

村上（2007）は，「運」といった非合理な現象を研究する際のスタンスとして以下の3つを挙げています。

①否定のための科学—非合理とされる現象やそれに関わる者の非合理性を科学的な立場から暴く研究。
　例：超能力（ESP）実験の否定。
②非合理とされる現象やそれに関わる者自体について，科学的な立場から（手法を用いて）明らかにする研究。例：占いがなぜ当たると思うのかのメカニズム解明。
③科学的な合理性からかけ離れたものであったとしても，実証軸とは独立して，「合理的に」検討する研究。例：「運」や「ツキ」のしろうと信念や語りの収集。

(1) 超 能 力

　研究スタンス①，すなわちある非合理な現象の存在自体を否定していく研究は，例えばテレパシー実験などが挙げられるでしょう。ちまたでは超能力者として名を売っている人が，研究所などのきちんと統制された実験室においてはその力を発揮できないことがあります。その結果，これは超能力ではなく，なんらかのトリックを使っていたのではないかと推測され，同時に「超能力なんてものはない」と結論づけていくタイプの研究です。運研究で言えば，「運なんてものはない」という結論にもっていく研究です。

　ここでワイズマン（Wiseman, 2002）の研究を紹介します。ワイズマンは，実験参加者を質問紙の回答結果によって「運の良い人」「中間の人」「運の悪い人」に分類しました。そして彼らにロト6のような数字選択式の宝くじに挑戦してもらいました。もし「運の良い人」「運の悪い人」というのがあるのなら，「運の良い人たち」が選んだ数字は当たりやすく，「運が悪い人」が選んだ数字は外れやすいとなることが予想されました。実に興味深いです。運が良い人たちに乗って同じ数字を選びたいものです。さて結果はどうなったでしょうか？　結果は，平均すると運の良い人も悪い人も当たった数に差はなく，金額的にはともに少しずつの損になったとのことでした。この実験結果をみると，やはり運が良いとか悪いとかそんなものはないんだという話ができると思います。「運が良い」「運が悪い」と主観的に思っている人たちはいるにしても，実際に客観的に証明できるような運の良さを備えているわけではないといえそうです。もちろん試行回数が1回では結論づけることはできません。もしかすると運の良い人は長期的にみればやはり当選の確率が多いなんてこともあるかもしれません。こういった研究に興味をもった方は追試という形で研究することもできます。

(2) 夢

　研究スタンス②，すなわち非合理な現象を合理的な説明によって捉えなおそうという研究として，「夢による予知」に関する研究が挙げられるでしょう。ある人が次のような夢を見ました。

> ある日，夢枕に亡くなった祖父が立っていた。祖父は「電車に乗ってはいけないよ」とつぶやいていた。

　この人は，この夢を見た朝，なんとなく胸騒ぎを覚えてその日は車で出勤したところ，いつもだったら乗っているはずの電車が事故を起こすということが起こりました。この人は予知夢によって命を救われることになったのです。このような不思議な体験をすると，予知夢だとか，霊はいるんだとか，いろいろな解釈が生まれると思います。しかしこの現象は本当に超常的なものでしょうか。

　例えば，夢を見る人もしくは覚えている人が3人に1人とします。そのうち身内が出てくる夢を見る人が10人に1人，何かしら警告めいたことを言われるのが30人に1人，警告が電車に関係していることが10人に1人，そして実際に何かしらの電車事故に遭う確率が1,000回に1回とします。そうなると，$3 \times 10 \times 30 \times 10 \times 1,000 = 900$万です。「ある人の夢に身内が出てきて電車に乗ることを警告してきた。そして，その日に電車の事故が起こる確率」が900万分の1だとします。途方もない数ですが，日本の人口が1億2650万人だとすると，なんとこのような経験をしている人は，1日に14人もいる計算となります。もっと厳密に要素をかけ合わせていくと，それが起こるのは1日に0.1人の割合になるかもしれません。しかし1日に0.1人ということは，10日に1人。100日に10人。1年365日に36.5人です。「ここ1年でこういった経験をした人はいますか？」という問い方をすると，日本で36人もいることになります。ましてや「今まで生きてきたなかで」といった幅にすれば，実はこういった経験をし

ている人はごく当たり前にいるかもしれません。つまり，特別に予知夢などの超常的なものや運の良さといった非合理なものを持ち出さなくとも，こういった現象はマクロな視点でみれば確率的に起こって当たり前のこととなります。つまり，予知や運などといった非合理なものを持ち出さなくとも，確率という観点から現象を合理的に説明し直すことができるのです。このようなタイプの研究が研究スタンス②となります。

(3) 物　　語

　研究スタンス③は，超常的なものを否定しにいくわけでもなく，またその非合理性を合理的に説明しようとしにいくわけでもなく，人が信じる非合理なその信念そのもののあり方や，その非合理な信念をもつことにより，その人の態度や行動がどう変わっていくかを研究するスタンスになります。

　例えば，村上（1995）は「運資源ビリーフ」という概念を提示しています。運をあたかも資源のように捉えている人は，幸運な結果を得たあとに起こる不確定な事象に対して成功確率を低く見積もったり，リスキーな行動を避けたりする傾向をもつことを見いだしました。「運を使ってしまったので，次は運がもう残っていない」と思うということです。研究スタンス③では，このように人々が運というものをどのように考え，その結果として，どのように行動が変わったり，どのような感情的な変化が起こったりするかを研究することになります。言い換えれば，運などのある概念に対して人がどのような自分なりの「物語」をもっているか，またその「物語」をもっていることによってどのような行動が起こるかを研究するスタンスになります。

第 4 節　幸福に関係する運研究

　さて，運と幸福に話を戻してみましょう。運と幸福との関係を研究するにあたっては，研究スタンス②と③が有益かと思います。②については，運と捉えているものを別の観点から説明します。運と捉えているものが本当は別のメカニズムで説明でき，それが私たちにもコントロール可能なものだとしたら？　その要因を操作することによって，運が良い人が得ている幸福を得ることができるはずです。ここでは再びワイズマンの研究を紹介します。③については，「運」という非合理で不安定なものと自分の「努力」という主体的でコントロール可能なものとの関係やバランスによって「生き方のありよう」を分類する土井（2012）の研究を紹介します。「運に身を任せること」「運に頼らず自力で人生を切り開いていくこと」など，どのようなバランスを取ることが自分にとっての幸せとなるか？　運との距離感や向き合い方，すなわち自分のもっている「運という物語」のありようを見直すことで幸福のあり方を考えてみましょう。

(1) 運は性格によってつかめる

　ワイズマンは質問紙の回答に基づき，「運の良い人」「中間の人」「運の悪い人」に参加者を分けました。そして，運の良い人と悪い人で，以下の 5 つの性格傾向に差があるかを調査しました。5 つの性格傾向とは，①協調性，②誠実さ，③外向性，④神経症的傾向，⑤開放性です。その結果，①協調性と②誠実さについては有意な差はみられませんでした。一方，③外向性，④神経症的傾向，⑤開放性については差がみられました。それらの結果と，彼らへのインタビューから，ワイズマンは運の良い人の性格傾向を分析しています。では，それぞれの性格傾向と運の良さがどのように関連しているかみてみましょう。

　③の外向性とは，興味や関心が外側に向けられる傾向です。運の良い人は外向性が高く出ました。外

向性が高い人は，自分の外にある物事や人への関心が高く，その結果，色々なチャンスをつかむことができるという訳です。例えば，初めての人が集まる場でもすぐに人に声をかけて友人を増やせるＡさんがいます。一方，Ｂさんは内向的であまり人に話かけるのが得意ではありません。さて，二人がいま心理職としての就職先を探しているとします。あちこちに友人をつくり「いま心理職としていい就職先を探しているんだ」とたくさん相談しているＡさんと，自分の身近な範囲だけで黙々と職を探しているＢさん，どちらがいい就職先を見つけられると思いますか？　おそらくＡさんではないでしょうか。ひょっとしたらＡさん自身は「運よく就職先が見つかった」と考えるかもしれません。しかし実際には，友人づての情報網をたくさんもっているという事実に裏づけられた確率的に当然の結果であると言えるでしょう。運ではなく，日頃の言動の結果です。外向性を高くすると良いチャンスにめぐり会う機会が増え，主観的には「運が良かった」「自分は幸せだ」と思えることが増えることが期待されます。

　④の神経症的傾向とは，不安や緊張を感じやすい傾向です。運が良い人は神経症的傾向が低く出ました。すなわち，落ち着いてゆったりしているということです。様々な研究から，不安や緊張は視野を狭めるということが分かっています。運の良い人は普段から肩の力を抜き，視野を狭めないことにより，結果としてめぐってきたチャンスをつかむことができるようです。これも運が良い悪いという話ではなく，自分自身がゆったりとした広い視野を普段からもつことによって，結果として運や幸せをつかむ確率が増えていると言えるでしょう。

　⑤の開放性は，新しい経験にどれくらい開かれているかという傾向です。運が良い人は開放性が高く出ました。すなわち，しきたりや既成概念に縛られず，常に新しい経験を好む傾向です。例えば，レストランに行ったら毎回新しいものを食べてみたり，新商品が出たと分かれば，まっさきに試してみるといった感じです。新しいものが好きで，それを体験してはブログに綴っていたら書籍化の話が舞い込み，その本がベストセラーになったという話があったとします。これも単に運が良いというよりは，新しい経験に開かれており，それを発信するというこの人の性格傾向がベースになっていると理解できます。新しい経験，新しい出会いをすればするほど，そこに人や物事との新しいつながりが生まれ，良い結果をつかむ可能性が増えるのです。

　以上のように，「自分は運が良い」おそらくその結果「自分は幸福だ」と思っている人は，運という自分では目に見えないものの力によってその結果を得ているのではなく，本人は意識していなくてもある種の性格傾向がその結果をもたらしていることが推測されます。私たちは，運そのものを直接コントロールはできないかもしれませんが，性格であれば変えられる可能性が出てきます。性格を変えることによって，主観的に感じる運や幸福感を増すことができる可能性がこれらの研究からみえてきます。

(2) 運という物語

　おそらくみなさんは程度の差こそあれ，「運」というものを意識したことがあるでしょう。ちょっとした運のめぐり合わせで人生が大きく変わることもあります。こういった経験を積み重ねることによって，「運とはこういうものだ」という自分なりの「運という物語」をもつようになるのだと考えられます。「運という物語」とは，例えば「最後は運によって決まるんだ」「自分は運が良いからなんとかなる」「運なんてない。全ては自分の努力次第だ」などといった信念です。

　土井（2012）は，運に対する態度として，「運に対してポジティブかネガティブか」という軸と，「運は自分と関係があるか否か」という軸の2軸から，運に対する人々の態度を分類しました。「運に対してポジティブかネガティブか」というのは，「自分は運が良いか悪いか」「最後は運が味方してくれる，あるいは最後は運が台無しにしてしまうんだ」というような「運が自分にとって良いものか悪いも

か」についての信念です。「運は自分と関係があるか否か」というのは「自分が良い行いをしていれば良い運もめぐってくるのだ」というように自分の行動や態度と運を関連づけているか，あるいは「自分が良いことをしようが悪いことをしていようが，運は運として独自にある」という自分と運をそれぞれ独立したものと考えているかどうかです。この軸の掛け合わせにより，運の物語はA型B型C型D型に分類されました。

> **A型：運に対してポジティブ×運と自分に関連があると思っている**
> このタイプは，例えば自分が良い行いをしていれば良いことが起こると考えやすい。また，最後は運がなんとかしてくれるだろうと考えるタイプです。
>
> **B型：運に対してネガティブ×運と自分に関連があると思っている**
> このタイプは，例えば自分は何をしてもろくな目に遭わない。結局，最後は運が人生を支配してしまうのだと考えるタイプです。
>
> **C型：運に対してネガティブ×運と自分には関連がないと思っている**
> このタイプは，例えば自分が成功していない原因は運ではなく自分の努力不足だという認識があるが，かつ運も良い結果を自分にもたらさないだろうと思っているタイプです。
>
> **D型：運に対してポジティブ×運と自分には関連がないと思っている**
> このタイプは，例えば成功は自分の手でつかみとることが大事だという認識があり，かつ運も良い結果を自分にもたらしてくれるだろうと思うタイプです。

　みなさんはどのタイプに近いでしょうか？　またこれらのタイプと幸福はどのように関係しているでしょうか？

　A型の人は，客観的には良くない状況にあったとしても主観的には「自分は運が良い」と思っていたり，また日頃から道のゴミを拾うなど，「自分なりに良いことを積み重ねているのでやがて運がめぐってくる」のように思っています。楽観的であり，主観的には幸福なことが多いのではないでしょうか。しかし現実には，運が良いという思いにあぐらをかいて何の努力もしなければ，良い結果は得られないと思います。受験などはそうでしょう。勉強しないことには成績は上がりません。ゴミを拾ったところで英単語がいつの間にか記憶できているなんてことは起こりません。したがって，A型は主観的な幸福感はあっても，現実という壁にぶつかったときにリスクが高そうです。現実とぶつかって初めて，主体的な努力の必要性の世界に開かれるかもしれません。

　D型はどうでしょうか。このタイプの人は，現実的な努力の積み重ねが大切なことを知っています。また自分と運には直接的な関連がなく，運は制御不能であることも知っています。したがって，物事を達成するためには自分の努力の積み重ねが大事であること，しかしそこに運の要素も加わり，より良い結果がもたらされることもあれば，努力が台無しになることがあることも知っています。そのような運のランダム性も織り込み済みで努力できるタイプがD型です。一流の勝負師たちは，努力でどうにかなる世界と，それを超えて運といった要素が絡んでくる世界の掛け合わせで世界が成り立っていることを知っています。「勝負は時の運」という言葉は，努力を積み重ねた上で，なお不確定な要素があることも織り込んでいる言葉です。不確定な要素がありつつも，そこに乗って最後は運次第でなんとかなると非現実的に楽観的にならず（A型），逆にどうせ運次第でダメになってしまうんだと投げやりにならず（B型），自分にできる努力を積み重ねていくタイプです。おそらく現実的な成功を収める人はD型が多いのではないでしょうか。

　さて，D型の人の幸福感はどうでしょうか。基本的にD型は物事の成否は自分の努力の結果と考える

ため，成功した場合は達成感という形で幸福感を得やすいでしょうし，失敗した場合にも努力不足の後悔はあれ，不幸という形にはならないと思います。また繰り返しになりますが，このタイプは自分の努力だけではどうにもならない「運」という自分とは独立したランダム性の要素を織り込んでいますので，悪いめぐり合わせが起きたとしても，「そういうことも人生にはある」と消化し，また努力を積み重ねていくことができるでしょう。しかし人間とは弱い生き物です。Ｄ型のように努力と運の認識のほど良いバランスがあったとしても，想定を超えるような不運に遭ったとき，それでも「そういうこともある」と織り込めるものでしょうか。おそらくそういった大きな経験をすると，「これは運命なのか」「自分だけ不運なのか」「結局自分の努力なんて運の前では無意味なのではないか」といった信念の揺らぎが起こるかもしれません。楽観的であったＡ型の人がいかんともし難い現実に直面することによって，運だけではダメなことに気づいていくのと対称的に，Ｄ型の人がいかんともし難い現実に直面することによって，「努力」という人間の営為を凌駕する「運」が全てかもしれないという認識に変化していくかもしれません。

　人間が自分の力でなんとかできることと，自分の力ではどうすることもできないこととの網の目で生きているとすれば，自分と自分を超えたものとの関係をいかに捉えていくかは幸福を感じる上においてもとても重要な問題となってくると考えられます。時には自分のもっている「運という物語」を相対化し，自分と自分を超えたものとの関係について見つめ直すことが大切になってくるかもしれません。

第5節　この章のまとめ

　この章では，運と幸福について検討してきました。どちらも定義の難しさから実証的な研究をする際には困難が伴うことが分かりました。しかしながら，非合理で定義しにくい現象や概念も，心理学的な観点から光を当てることで，実証可能でコントロール可能な要素へと変換し，人々の役に立つ知見として提供できることもみてきました。さらには，実証を目的とするのではなく，それらの現象や概念を人々がもつことによって，人々の生き方がどのように変化するのかという視点の研究もみてきました。しかし，「運」にしろ「幸福」にしろ，研究によって「こういうものだ」と捉えようとした瞬間に「いや，それは運とはいわない」「いや，それは幸福とはいわない」というように，私たちの理解から逃げていくもののように思えます。……というのが私の「運や幸福についての物語」です。またみなさんは違った「物語」をもっているかもしれません。どのような「運の物語」「幸福の物語」が「真の幸福の物語」につながっていくのでしょうか？　また本当に「真の幸福の物語」などというものはあるのでしょうか？　そのとき，運はどのようにその物語に組み込まれていくのでしょうか？　興味をもたれた方は，心理学的に研究をしてみましょう。

引用文献

土井孝典（2012）．「運」という物語と主体との関係　学習院大学大学院臨床心理学研究，*7*, 3-10.

村上幸史（1995）．運に関する統制感の研究　日本社会心理学会第36回大会発表論文集，26-29.

村上幸史（2007）．「運を研究する」ということ　てんむすフォーラム，*2*, 17-30.

竹綱誠一郎・土井孝典・平井　花（2017）．運帰属と努力帰属に関する実験的研究　学習院大学文学部研究年報，*63*, 89-101.

Weiner, B., Frieze, I., Kukla, A., Read, L., Rest, S., & Rosenbaum, R. M.(1971). Perceiving the causes of success and failure. In E. E. Jones, D. E. Kanouse, H. H. Kelley, R. E. Nisbett, S. Valins, & B. Weiner (Eds.), *Attribution: Perceiving the causes of behavior* (pp. 95-120). Morristown, NJ: General Learning Press.

Wiseman, R. (2003). *The luck factor.* London: Century.（矢羽野薫（訳）（2011）．運のいい人の法則　角川書店）

第 15 章　　宗教と幸福

綾城初穂

第 1 節　近づきすぎないという心理

　「宗教と幸福」というタイトルを目にして，どういったことを思い浮かべたでしょうか。語弊を恐れずに言えば，おそらく何か「怪しげ」な印象を抱いたのではないかと思います。何を隠そう，幸福に関しても宗教に関してもいくつか研究をしてきた私自身，最初にこのテーマをいただいたときに同じ感覚をもちました。

　しかし，この「怪しい」という直感をよく考えてみると，その理由はあまり判然としないのではないでしょうか。授業で仕方なくという人もいるかもしれませんが，本書を読んでいる人の多くは少なからず幸福に関心がある人だと思います。また，クリスマスや正月を引き合いに出すまでもなく，私たちが生活の中で宗教的な営みに（時に積極的に）触れているのもまたほとんどの人が首肯するところでしょう。それではなぜ，「宗教と幸福」というキーワードにある種の抵抗感を感じるのでしょうか。

　社会科学分野で定期的に国際比較調査を行っている ISSP（International Social Survey Programme）の 2018 年の日本の結果によれば（小林，2019），信仰している宗教はないという回答は 6 割に上り，「宗教が平和よりも争いをもたらす」という意見を肯定する人も 43% と，そう思わないと回答する人（12%）よりもずっと多い結果でした。一方で，初もうでや墓参りによく行く，神社や教会などへの参拝・礼拝に年に 1 回〜数回行くと回答した人も 5 割〜6 割と決して少なくありません。また，毎年発行される幸福に関する国際比較調査である World Happiness Report の 2020 年版の調査結果によると（Helliwell et al., 2020），日本の幸福度は 156 か国中 62 位（0 点を最低点，10 点を最高点として平均 5.87 点）と，あまり高くありません。こうした結果については色々と論じられていますが，一つの理由として，物事に表裏があると考える陰陽思想や協調的な社会関係を重視する価値観の影響によって，幸せ過ぎることを否定的に捉える日本文化の傾向（内田・萩原，2012）があるためかもしれません。こうしてみると，日本においては宗教に対しても幸福に対しても，否定することはないけれども全面的に肯定するわけでもないといった，やや距離のある態度があると言えそうです。怪しいという直感は，宗教や幸福に近づきすぎないようにしようという日本的な心理の反映なのかもしれません。

第 2 節　宗教は幸福に（おおむね）寄与する

(1) 宗教と幸福の関連

　近づきすぎない，という日本的な心理と対照的に，諸外国，特に欧米圏では，宗教に近づくほど幸福感も高まるようです。この分野の先行研究としてしばしば引用されるエリソン（Ellison, 1991）は，宗教を信仰する人はそうではない人に比べて人生満足感が高く，強い信仰を報告する人の方が幸福感が高く，トラウマ的な出来事によって受ける負の影響も少ないと指摘しています。1996 年から 2015 年までに出版された宗教と幸福に関する先行研究を系統的にレビューしたリズヴィとフセイン（Rizvi &

Hossain, 2017）は，宗教や性別，国籍，人種の違いに関係なく，ほとんどの研究で宗教が幸福に寄与することが示されていたと指摘しています。また，2001 年から 2015 年に Journal for the Scientific Study of Religion に掲載された宗教と幸福に関する先行研究をレビューした櫻井（2017）も，幸福に対する宗教の効果は，健康や収入よりは低いものの統計的に有意であったことを確認しています。

　このように，信仰に篤くなれば幸福になるというのは，少なくとも欧米圏の研究を概観すると，おおむね一致しています。しかしもう少し詳しくみると，その関係はやや複雑なようです。例えば，1981 年から 2004 年までの 4 期分の世界価値観調査のデータを用いて 93 カ国を対象に検討した研究では（Gundlach & Opfinger, 2013），宗教性が幸福度に影響する一方で，宗教性と所得の間には負の相関があり宗教による幸福への影響は所得で置き換えられる可能性があること，所得が低い場合の宗教から幸福への効果は所得が高い場合の自由や寿命といった別の要素からの効果で代用できることが指摘されています。また，シュニットカー（Schnittker, 2001）は，宗教が日常生活で非常に重要であると回答した人と全く重要ではないと回答した人は，中程度の重要性であると回答した人よりも抑うつ的であるという，宗教と幸福の間の逆 U 字型の関係を見いだしています。さらに，宗教的な人々は非宗教的あるいは無神論と自認する人々よりも人生満足度が高い一方で，人生に不満があるという回答も非宗教的・無神論の人々より多いことを示す研究もあります（Okulicz-Kozaryn, 2010）。実際，世界宗教のうち最も多くの関連研究があると思われるキリスト教においては，宗教と幸福の間に相関があることを示すものと（例として，French & Joseph, 1999; Ferriss, 2002），相関がみられないことを示すもの（例として，Lewis et al., 1996; Argyle & Hills, 2000）があります。これについては例えば，キリスト教で強調される「良いことも悪いことも神の御心である」という考え方が，黒人では社会経済的地位に関係なく心理的苦痛を低減する一方，白人においては低い社会経済的地位においてはむしろストレスを高めるという研究もあり（Schieman et al., 2006），宗教が幸福にもたらす影響はおおむね肯定的と言えても，個人の置かれた状況によってかなり変わるということも十分ありそうです。

(2) 地域によって変わる関連

　個人の置かれた状況として重要なものの一つに地域ごとの違いがありますが，宗教と幸福の関係も居住地域によって変わることが分かっています。リズヴィとフセイン（Rizvi & Hossain, 2017）は，アメリカや中東，アフリカでは，宗教と幸福感に正の関連が一貫して報告されているものの，ヨーロッパ圏では，トルコ（Eryilmaz, 2005）やハンガリー（Lelkes, 2006; Halama et al., 2010）のように正の関係がみられるところもある一方で，ドイツ（Francis et al., 2003）やスロバキア（Halama et al., 2010）のように関連がみられないところもあると指摘しています。世界価値観調査による 79 カ国のデータをもとに宗教と人生満足度との関係を分析した研究では，国自体が宗教的である方が宗教的な人の人生満足度が高いことが指摘されており（Okulicz-Kozaryn, 2010），おそらく宗教と幸福の関係には社会的文脈も大きく関わってくるのでしょう。

　東アジアにおける宗教と幸福の関係は，欧米圏のそれと際立った違いがあります（櫻井，2017）。幸福感は経済成長によってある程度までは予測できると言われていますが（Inglehart, 1997），アジアだけを取り出せばそうした予測が成り立たないという指摘もあるように（真鍋，2019），宗教と幸福の関係においても，東アジアに関しては信仰に篤くなればなるほど幸福になるとは一概には言えないようです。例えば韓国では，宗教と幸福感の関連は女性においてのみ見いだされています（Jung, 2014）。台湾では，日々の感謝や祈りは幸福と関連しているものの，カルマや道教の最高神への信仰とは負の関連がみられています（Liu et al., 2012）。さらに，中国農村部の青年期女性を対象に行った研究では（Wei & Liu,

2013），宗教性や宗教実践がストレスを増加させることも指摘されています。さらに同研究では，宗教性が高くなっても低くなっても抑うつは下がり，宗教性が中程度の場合に抑うつが最も高くなること，つまり，先に引用したシュニットカー（Schnittker, 2001）とは反対に，宗教と幸福の間にU字型の関係があることを見いだしています。こうしたU字型の結果はアメリカでも女性の間でみられているという報告もあるため（Eliassen et al., 2005），単純な文化差とは言えないかもしれませんが，同研究では文化の影響もあり得るのではないかと考察されています。

第 3 節　日本における宗教と幸福の不安定な関係

（1）相反する結果

　それでは，日本において，宗教と幸福の関係はどのようなものなのでしょうか。ISSP の 1998 年の結果を検討した金児（2004）は，信仰する特定の宗教があることも，死後の世界を信じる，参拝するなどといった宗教的な態度をもつことも，どちらも幸福感とは関連がなかったことを報告しています。これはアメリカの結果とは対照的でした。また，日本では自分を宗教的ではないと考えている人の方が，自分のことをいくらか宗教的であると考えている人よりも心理的苦痛が有意に低かったという報告もあります（Roemer, 2010）。一方，松島ら（2019）は，日本人キリスト教徒においてはキリスト教的な宗教意識が幸福感に肯定的な影響を与えることを指摘しています。また，櫻井・清水（2019）は，年齢や健康などの変数を統制すると，来世や祖先の霊的な力を信じるといった慣習的な宗教意識が幸福感に寄与することを見いだしています。このように，特定の宗教を信仰しているか否かにかかわらず，日本においても欧米圏と同様に宗教に対する傾倒が幸福感をもたらすことも示唆されています。つまり，表面上は相反した研究結果が混在しているわけです。幸福と宗教の先行研究をレビューした櫻井（2017）は，日本ではアメリカでみられるような宗教による幸福への安定した効果は確認されていないと結論づけています。

（2）宗教をどのように捉えるか

　どうしてこのような不安定な結果が生じるのでしょうか。一つ考えられるのが，宗教と幸福の間の関係がそれほど単純なわけではないという可能性です。実際，宗教実践の中には，お祭りや神社への参拝など頻度が上がることで幸福感も上がるものもあれば，占いやパワースポットめぐりのように頻度が上がると幸福感が逆に下がるものもあるようです（櫻井・清水, 2019）。また，レーマー（Roemer, 2010）は，京都市で行った研究で，仏壇を所持していることと心理的苦痛との間には負の相関があり，神棚を所持していることとの間には逆に正の相関があったことを報告しています。祖先を想起させる「仏」に比べ，抽象概念に近い「神」には怖い印象をもつためではないかと推察されていますが，この対照的な結果からは，聖なるものと個人との関係が幸福に影響し得ることが示唆されると言えるでしょう。さらに，大学生と高齢者を対象にした研究（小林・宮本, 2019）では，宗教に対して肯定的であるほど幸福感が高く，無関心であるほど幸福感が低い傾向がみられましたが，同時に，高齢者では宗教を肯定する群が多く，一方で大学生においては宗教を否定する群が多いこと，そして，大学生においては宗教に無関心な群より宗教に否定的な群の方が主観的幸福感が高かったことも報告されています。確かに若いときは宗教を否定していても，高齢者になると身近な人の死や自らの老いから宗教を肯定するようになるということはありそうです。また，小林・宮本（2019）も指摘するように，物事に批判的な若者の方が物事に無関心な若者よりも幸福感が高いということも十分考えられます。こうした結果を踏まえると，

日本においては宗教をどのくらい篤く信じているかということより，宗教をどのように信じ，捉えているかということの方が，幸福に大きく影響するのかもしれません。

　今述べてきたこととも関連しますが，不安定な結果に影響する要因としてもう一つ大きいと思われるのが，測定の問題です。冒頭でも述べたように，「宗教」や「幸福」という日本語から私たちが受ける印象は決して単純なものではありません。そもそも特定の宗教を信仰する者がマイノリティである日本における「宗教」が，キリスト教やイスラム教など特定の宗教を信仰することが一般的である諸外国の「宗教」と同じものを指しているとは考えにくいでしょう。実際，横井・川端（2013）は，「宗教的な心」というやや曖昧な表現にすると欧米で測定される宗教性に類似することを示しています。また，「幸福」という言葉には日本語ではもともとめぐり合わせ（仕合せ）が良いといった意味が，「さち」（幸）という言葉には海や山で獲物を取った人に豊かさがもたらされるといった意味が，それぞれ含まれており，明治期に欧米から由来した個人が追求していくものとしての happiness とはかなり違った含意があったと言われています（山田，1983）。もしも現代日本の幸福感にもこうした受動性や運の要素が色濃く残っているとするならば，積極的に物事に取り組むことや理想通りの人生であることを幸福の条件とする欧米の概念でそうした心理を捉えようとしても，あまりうまくはいかないでしょう。

　実際，今挙げた「宗教的な心」（横井・川端，2013）という項目と幸福感の関係を検討した櫻井・清水（2019）は，本項目を肯定する人ほど主観的幸福感が高くなること，つまり，日本でも宗教が幸福に寄与することを確認しています。また，これに関しては，渡辺ら（2011）も大変興味深い試みをしています。彼らは，まず仏教やキリスト教などの異なる宗教概念を一般的な表現で表しました。例えば「終末」というキリスト教の概念は「世界には終わりがある」といった表現にして 100 項目の宗教概念に整理しました。そして，そうした表現を賛成から反対までの 7 段階で尋ねる質問紙を作りました。さらに，幸福に関する質問項目から，日米での共通性が高いと判断された項目だけを抜き出し，幸福度の指標としました。このようにして，宗教や文化の違いによる質問紙への影響をできるだけ減らす工夫をした訳です。その上で日本とアメリカで同数の協力者に行った調査を分析した結果，日米とも，信仰者の方が非信仰者よりも幸福度が高いことが分かりました。興味深いことに，神を人格的に捉える信仰は幸福感を高め，神を究極的原理のように非人格的に捉える信仰は幸福感を低めるという傾向も，日米で共通していたそうです。こうした結果は，測定上の課題がある程度クリアできれば，日本においても宗教と幸福について欧米圏と同じ結果がみられることを示唆しています。

第 4 節　スピリチュアリティと幸福

(1) スピリチュアリティと宗教

　ここまで宗教と幸福の関係をみてきましたが，類似した概念としてスピリチュアリティにも触れておきたいと思います。島薗（2010）によれば，スピリチュアリティとは，神や霊といった聖なるものと関わる際の人の経験や特性のことです。島薗（2010）は，スピリチュアリティは欧米では伝統的な宗教と対立的に捉えられる一方で，アジアでは親和的なものとみなされる傾向があると指摘しています。ただしスピリチュアリティの定義も，制度的・教義的なものとしての宗教と対比される個人的・主観的なものとみなされることもあれば，聖なるものを探そうとするプロセスであって，制度的な宗教を通しても個人的な形でも経験され得るものであるとみなされる場合もあるようです（Pargament & Mahoney, 2005）。本質的に違うのか強調点のズレなのかは議論の分かれるところだと思いますが，先行研究をみると，R/S（religion and spirituality）といった形で宗教性とスピリチュアリティが同じものと扱われ

ることも多いため（例えば，Koenig, 2012），宗教にはなくスピリチュアリティにはある幸福への効果はあまりはっきりとは分かりません。ただ，スピリチュアリティは幸福感に直接的に寄与すると同時に，宗教性を媒介して幸福感に間接的にも寄与するという結果があることを踏まえると（Khashab et al., 2015），そもそも宗教とスピリチュアリティを対立的・相互排他的に分けようとするのはあまり意味がないのかもしれません。とはいえ，神の存在を信じる，参拝に行くといった形で測定される「宗教」ではなく，聖なるものに関する経験を測定しようとする点で，特定の宗教の信仰者が多くない日本においては有用な概念の一つであると言えるでしょう。

(2) スピリチュアリティと幸福の関連

　先行研究をみる限り，スピリチュアリティもまた宗教と同様に幸福と正の相関があるようです。例えば，スワランラタ（Swaran Lata, 2020）はニューデリーに住む 40 歳から 60 歳の成人に対して調査を行い，幸福感とスピリチュアリティの間に－.30 程度の相関があったことを見いだしています（この研究では尺度得点が低いほどスピリチュアリティが高いことを意味するため負の相関になっています）。また，ウクライナで行われた調査では，感情的な側面を測った主観的幸福感はスピリチュアリティのうち利他的な因子によって最も高められ，エウダイモニックな幸福感はスピリチュアリティのうち自己実現的な因子（基本的エゴイズム）と負の関連を，集団に協調していく因子（社会的エゴイズム）とは逆に正の関連があったことが報告されています（Danylchenko, 2020）。スピリチュアリティのどういった側面が，幸福のどういった側面に寄与するかという点は興味深く，今後の研究の一つの方向性と言えるでしょう。

　日本でも，小林・宮本（2019）は，高齢者と大学生を協力者として行った調査で，どちらも主観的幸福感とスピリチュアリティの複数の下位因子の間に相関がみられたことを報告しています。同調査では，高齢者の方が両変数の相関が高かったことも見いだしています。先にも論じたように，高齢になるとより宗教的な次元に対して親和的になるというのは，宗教に対してだけでなく，スピリチュアリティにおいても同じなのかもしれません。実際，後期高齢者を対象にスピリチュアリティについて調査した伊波ら（2009）は，スピリチュアリティが高い群は低い群よりも主観的幸福感が高いことを見いだしています。興味深いことに，同研究ではスピリチュアリティが高い人の方が独居者が多く，伝統的な行事に参加していないことも示され，スピリチュアリティが老いに伴う孤独への対処になっているかもしれないと考察されています。スピリチュアリティ高群と低群の間で地域活動への参加に違いがないことから不明瞭な点もありますが，高齢者の場合は，宗教に伴う社会的な営みに参加せずとも幸福感が上がり得るというのは重要な知見でしょう。ただし，子どもにおいてもスピリチュアリティが幸福感を予測したという研究もあり（Holder et al., 2010），高齢者だけが恩恵を受けるという訳ではないようです。

　このように，スピリチュアリティもまた宗教と同様に幸福に寄与することが示されていますが，若者を対象に行われた調査では（Burney et al., 2017），スピリチュアリティと幸福感の間には，女子において下位因子間にいくつか関連はみられたものの，全体としての関連はみられなかったという報告もあります。また，櫻井（2019）は，占いをする，パワースポットに行くといったスピリチュアルな宗教実践は，主観的幸福感に負の影響をもたらすことを明らかにしています。実際，これらの実践を行う頻度が多い人の幸福感は下がっていました。なお櫻井（2019）は，同研究で占いやパワースポットに関連する宗教実践を「スピリチュアル」と呼んでいるのは日本の一般的な言葉の使い方に従ってのことであり，先行研究の定義と一致するものではないと付言しています。確かに先にみたようなスピリチュアリティとは様相が違うように思われ，その点では注意が必要でしょう。しかし，宗教やスピリチュアリティを

思わせる世界観への傾倒が幸福感と負の関係にあるという結果は重要であるように思います。本結果について櫻井（2019）は，幸福感が低い人がこうした実践を行っていることが結果に反映されている可能性を指摘していますが，これを踏まえると，スピリチュアリティから幸福への影響もまた，宗教から幸福への影響と同様に，個々人がどのように捉えているのかに大きく左右されると言えるのかもしれません。

第 5 節　宗教はなぜ幸福をもたらすのか

　ここまでの議論を踏まえると，不透明な部分や矛盾する知見もあるものの，日本においても諸外国においても，宗教が幸福に何かしら肯定的な影響をもたらすということはおそらく確かなようです。それでは，宗教はなぜ幸福に肯定的な影響をもたらすのでしょうか。

　その理由としてリズヴィとフセイン（Rizvi & Hossain, 2017）は，宗教が，健全な自己，困難に耐えうるマインドセット，そして社会的ネットワークを与えるからだと指摘しています。宗教を信じると，誠実で勤勉で穏やかな人間になろうとしますし，あらゆる物事に理由があると考えれば困難な状況にも耐えることができます。教会などを通して社会的なコミュニティへの継続的な参加もできます。同様に，アイドラー（Idler, 1987）は宗教への関与が健康に寄与する理由として，信者に①飲酒や性生活において健康にリスクのある行動を避けさせる健康行動説，②お互いをケアし合えるネットワークを提供する社会的凝集説，③予期しない出来事に出会ったときに希望や楽観性を与える一貫性説，④老いなどの人生の苦痛の意味を与える神義論説の 4 つの仮説を挙げています。これも，リズヴィとフセイン（Rizvi & Hossain, 2017）が示唆する宗教から幸福へのメカニズムとほぼ重なっています。また，ヴィシュキンら（Vishkin et al., 2014）は，宗教が感情調節に寄与し，適応や幸福に影響を与える可能性があることを指摘しています。こうした説をまとめるならば，宗教が幸福に肯定的な影響をもたらすのは，健全な心身の保持増進，ストレスへの対処方略，人生の意味，そして社会的なネットワークにつながるため，ということになるでしょう。こうしてみると宗教が幸福に寄与するのも，ある意味で当然のように思えてきます。節度ある健康な暮らしをし，人生に意味を感じ，人生の苦しみを認知的・感情的に処理し，他者との間で温かい関係性を保てるならば，幸福感が上がらない方が不思議です。

　ただし，宗教から幸福を得る効果はそれほど劇的なものではないかもしれません。例えば，ヨーロッパ社会調査を分析したヤゴチンスキー（2019）は，宗教性は健康状態が悪い人の幸福感を押し上げる効果があったものの，だからと言って非宗教的かつ健康的な人と同じくらい幸福感が高くなるわけではないということを見いだし，宗教は「健康状態に起因する損失を完全に補償してやれるものではない」（ヤゴチンスキー，2019, p. 151）と指摘しています。また，櫻井・清水（2019）は，祖先の霊的な力を信じる，ご利益を信じるといった宗教意識も，参拝する，おみくじを引くといった宗教実践も，どちらも主観的幸福感との間に有意な相関がみられたことを報告していますが，最も高い相関でも .15 程度であり，宗教と幸福の間に強い関連があるとは言えないこともうかがえます。そもそも，特定の宗教を信仰している人，あるいは特定の宗教を信仰していなくとも宗教に親和的な人は，幸福になりたいからそうしている訳ではありません。また，信じていることと矛盾するような出来事を目のあたりにすることも多くあるはずです。信仰に誠実に向き合っている人ほど，そうしたギャップに戸惑いや葛藤を抱くでしょう。さらに，宗教コミュニティに関与する度合いが高くなればなるほど，人間関係上の問題に悩まされる可能性も高くなると思います。加えて，特定の宗教を信じる者が少なく，宗教に否定的な見方も多い日本社会においては，宗教信者は，自身の信仰と社会との間に軋轢を感じることも多いでしょう。こう考え

ると，宗教は幸福と同時に苦しみをもたらし得るものでもあり，宗教が幸福感を大きく高める訳ではないということもまた当然であるように思います。

第6節　この章のまとめ

（1）これからどのような研究が必要か

　ここまで宗教が幸福にどう影響するかを扱った先行研究を概観してきました。まとめるならば，宗教が幸福に寄与するのはおそらく確かであるけれども，一方でとても大きな効果がある訳でもなさそうであるということ，また，宗教が幸福に影響を及ぼすメカニズムはある意味で分かりやすいものではあるけれども，より細かくみていくと宗教や幸福への向き合い方によって左右され得るものでもあるということ，となるでしょう。こう考えると，これからの研究は，宗教が幸福に影響を及ぼすかどうかよりも，宗教が幸福にどのような影響を及ぼすのか，そしてそこにはどのような多様性があるのかを捉えていくことが重要になってくると思われます。本章で触れたもので言うならば，宗教や幸福に関する複数の質問紙を駆使して下位因子間のつながりを検討するような研究（Danylchenko, 2020）や，宗教と幸福の多様な関係がどんな変数によってどのように媒介されているのかをモデル化するような研究（Khashab et al., 2015）が一例として挙げられます。

　宗教と幸福の先行研究に関する系統的レビューを行ったリズヴィとフセイン（Rizvi & Hossain, 2017）は，今後必要な研究として，異なる宗教間の比較を挙げています。宗教が幸福に影響を及ぼすその多様性を捉えようとする場合にも，こうした研究は必要不可欠であると考えられます。ただし，こうした研究が宗教間の優劣を競い合わせるものにならないよう注意することが必要でしょう。繰り返しになりますが，宗教を信じている人々は幸福になりたくて信仰をもっているわけではありません。したがって，幸福という基準で宗教間のヒエラルキーを示す研究は，その信仰の多様性を矮小化して貶めてしまいかねず，不適切と言えます。そうではなく，宗教の違いによって幸福にどのような捉え方の違いが生まれ，それが幸福を含む個人の生き方にどのように寄与するのかといった点から比較研究を行う方が多様性を捉える上で有益であると思います。

　また，宗教や幸福の意味合いが文化で異なる以上，欧米圏で作られた既存の質問紙を単純に組み合わせるだけでは，多様な在り方は取り出せないかもしれません。そのため，渡辺ら（2011）のように質問紙そのものを工夫していくことも必要でしょう。こうした点で有益だと思われるのが，質的研究です。宗教や幸福への意味づけや向き合い方がその関係性に影響しているのであれば，まずは個々人の主観的な心理を検討することから始めるのは理にかなっていると言えます。私も，これまで先行研究では別々に捉えられていた宗教を用いたストレスコーピングが一連のプロセスとして統合的に整理できること，その一連のコーピングの背景には，神と自己との関係の変化があり得ることを，質的研究を通して示しました（綾城，2012）。このように質的研究から示唆された仮説をもとに量的研究へと検討の段階を進めるのは，特に幸福と宗教の関係性を検討する上では有益でしょう。

　別の方向性として，「宗教」や「幸福」の言葉の使い方そのものに目を向ける研究も重要かもしれません。私たちは宗教や幸福という言葉を色々な社会文化政治的な含意との兼ね合いの中で使っています。この文脈の違いに着目すると，私たちが宗教や幸福とどのように関わっているのかが，よりはっきりとみえてくるはずです。実際，私は日本人キリスト教徒が「宗教」という言葉を矛盾と思えるほど多様な意味で用いていることを見いだし，それを日本社会とキリスト教信仰との間で折り合いをつける一種の発話行為であると論じました（綾城，2011, 2014）。このように，言葉自体の検討によっても人々の多様

で複雑な生に光を当てることができると思います。

(2) おわりに

　「宗教と幸福」と聞いて，今はどういうことを感じるでしょうか。「怪しい」という直感も多少は薄くなったかもしれません。おそらくそれは宗教と幸福との関係がある程度輪郭をもつものとして，そして同時に，思った以上に複雑なものとして，理解できたからではないかと思います。幸福や宗教をとりたてて意識しない人にとっても，その人自身の世界観や喜びは，宗教が幸福に与える影響のように，ある種の明快さと固有の複雑さとをもち合わせているのではないでしょうか。そうであるならば，人々が宗教との間で自らの幸せをいかに捉えるのかという問いは，誰にとっても重要なものであると言えると思います。こうした意味で，心理学を通して宗教や幸福に「近づいて」いくことは，私たちの心理の共通性と固有性を理解する上で，つまりは私たち自身を理解する上で，有用な視点を得ることにつながるかもしれません。

引用文献

Argyle, M., & Hills, P. (2000). Religious experiences and their relations with happiness and personality. *The International Journal for the Psychology of Religion, 10*(3), 157-172.

綾城初穂 (2011). 日本人プロテスタントは「宗教」という言葉をどのように語るのか―ポジショニング分析による「宗教」に関する語りの質的検討　宗教と社会, *17*, 31-46.

綾城初穂 (2012). 日本人プロテスタントの宗教コーピングにおける神―自己関係とストレッサーの所在―GT法による質的研究―　健康心理学研究, *25*(1), 1-10.

綾城初穂 (2014).「聖域」としての個人―日本人キリスト教徒は日本社会の「宗教」ディスコースにどうポジショニングするのか　質的心理学研究, *13*, 62-81.

Burney, N., Osmany, M., & Khan, W. (2017). Spirituality and psychological well-being of young adults. *Indian Journal of Health & Wellbeing, 8*(12), 1481-1484.

Danylchenko, T. (2020). Correlation between Level of Personal Well-Being and Spirituality. *Journal of Education, Culture & Society, 11*(2), 267-280.

Eliassen, A. H., Taylor, J., & Lloyd, D. A. (2005). Subjective religiosity and depression in the transition to adulthood. *Journal for the Scientific Study of Religion, 44*(2), 187-199.

Ellison, C. G. (1991). Religious involvement and subjective well-being. *Journal of Health & Social Behavior, 32*(1), 80-99.

Eryilmaz, A. (2015). Investigation of the relations between religious activities and subjective well-being of high school students. *Educational Sciences: Theory & Practice, 15*(2), 433-444.

Ferriss, A. L. (2002). Religion and the quality of life. *Journal of Happiness Studies, 3*(3), 199-215.

Francis, L. J., Ziebertz, H.-G., & Lewis, C. A. (2003). The relationship between religion and happiness among German students. *Pastoral Psychology, 51*(4), 273-281.

French, S., & Joseph, S. (1999). Religiosity and its association with happiness, purpose in life, and self-actualisation. *Mental Health, Religion & Culture, 2*(2), 117-120.

Gundlach, E., & Opfinger, M. (2013). Religiosity as a determinant of happiness. *Review of Development Economics, 17*(3), 523-539.

Halama, P., Martos, T., & Adamovová, L. (2010). Religiosity and well-being in slovak and hungarian student samples: The role of personality traits. *Studia Psychologica, 52*(2), 111-115.

Helliwell, J. F., Richard, L., Jeffrey, S., & Jan-Emmanuel, D. N. (Eds.) (2020). *World Happiness Report 2020*. New York: Sustainable Development Solutions Network.

Holder, M. D., Coleman, B., & Wallace, J. M. (2010). Spirituality, religiousness, and happiness in children aged 8-12 years. *Journal of Happiness Studies, 11*(2), 131-150.

伊波佑香・金城芳朗・豊里竹彦 (2009). 80歳以上高齢者のスピリチュアリティと Subjective well-being（主観的幸福感）との関連―沖縄県N町における訪問面接調査の結果から―　明治安田こころの健康財団研究助成論文集, *45*, 110-118.

Idler, E. (1987). Religious involvement and the health of the elderly: Some hypotheses and an initial test. *Social Forces, 66*(1), 226-238.

Inglehart, R. (1997). *Modernization and postmodernization: Cultural, economic, and political change in 43 societies*. Princeton, NJ: Princeton University Press.

ヤゴチンスキー，ウォルフガング（Jagodzinski, W.）(清水香基・櫻井義秀 (訳) (2019)．宗教的な人々はより幸せか？―ヨーロッパ社会調査からの知見―　櫻井義秀 (編著) 宗教とウェルビーイング――幸せの宗教社会学―(pp. 127-178) 北海道大学出版会)

Jung, J. (2014). Religious attendance, stress, and happiness in South Korea: Do gender and religious affiliation matter? *Social Indicators Research, 118*(3), 1125-1145.

金児　恵 (2004)．日本人の宗教的態度とその精神的健康への影響―ISSP 調査の日米データの 2 次分析から―　死生学研究, *3*, 348-367.

Khashab, A. S., Khashab, A. M., Mohammadi, M. R., Zarabipour, H., & Malekpour, V. (2015). Predicting dimensions of psychological well being based on religious orientations and spirituality: An investigation into a causal model. *Iranian Journal of Psychiatry, 10*(1), 50-55.

小林照典・宮本邦雄 (2019)．宗教性とスピリチュアリティ及び主観的幸福感の関連―大学生と高齢者の比較―　東海学院大学紀要, *13*, 39-53.

小林利行 (2019)．日本人の宗教的意識や行動はどう変わったか　放送研究と調査, *69*(4), 52-72.

Koenig, H. G. (2012). Religion, spirituality, and health: The research and clinical implications. *International Scholarly Research Notices, 2012*, Article ID 278730, 33 pages, 2012.

Lelkes, O. (2006). Tasting freedom: Happiness, religion and economic transition. *Journal of Economic Behavior & Organization, 59*(2), 173-194.

Lewis, C. A., Joseph, S., & Noble, K. E. (1996). Is religiosity associated with life satisfaction? *Psychological Reports, 79*(2), 429-430.

Liu, E. Y., Koenig, H. G., & Wei, D. (2012). Discovering a blissful island: Religious involvement and happiness in Taiwan. *Sociology of Religion, 73*(1), 46-68.

真鍋一史 (2019)．アジアにおける幸福と満足の文化―その理論的考察と方法論的検討―　櫻井義秀 (編著) 宗教とウェルビーイング―幸せの宗教社会学―(pp. 95-126) 北海道大学出版会

松島公望・林　明明・荒川　歩 (2019)．キリスト教信者におけるキリスト教的宗教意識と主観的幸福感との関連：ローマ・カトリック教会とホーリネス系 A 教団を対象にして　社会心理学研究, *35*(2), 39-49.

Okulicz-Kozaryn, A. (2010). Religiosity and life satisfaction across nations. *Mental Health, Religion & Culture, 13*(2), 155-169.

Pargament, K. I., & Mahoney, A. (2005). Spirituality: Discovering and conserving the sacred. In S. J. Lopez & C. R. Snyder (Eds.), *Handbook of positive psychology* (pp. 646-659). New York: Oxford University Press.

Rizvi, M. A. K., & Hossain, M. Z. (2017). Relationship between religious belief and happiness: A systematic literature review. *Journal of Religion and Health, 56*(5), 1561-1582.

Roemer, M. K. (2010). Religion and psychological distress in Japan. *Social Forces, 89*(2), 559-583.

櫻井義秀 (2017)．人は宗教で幸せになれるのか：ウェル・ビーイングと宗教の分析　理論と方法, *32*(1), 80-96.

櫻井義秀・清水香基 (2019)．日本の宗教とウェルビーイング　櫻井義秀 (編著) 宗教とウェルビーイング―幸せの宗教社会学―(pp. 179-242) 北海道大学出版会

島薗　進 (2010)．救済からスピリチュアリティへ―現代宗教の変容を東アジアから展望する―　宗教研究, *84*(2), 331-358.

Swaran Lata, K. D. (2020). Optimism and spirituality in relation to psychological well-being among middle aged adults. *Indian Journal of Gerontology, 34*(1), 67-83.

内田由紀子・荻原祐二 (2012)．文化的幸福観―文化的心理学的知見と将来への展望―　心理学評論, *55*(1), 26-42.

Schieman, S., Pudrovska, T., Pearlin, L. I., & Ellison, C. G. (2006). The sense of divine control and psychological distress: Variations across race and socioeconomic status. *Journal for the Scientific Study of Religion, 45*(4), 529-549.

Schnittker, J. (2001). When is faith enough? The effects of religious involvement on depression. *Journal for the Scientific Study of Religion, 40*(3), 393-411.

Vishkin, A., Bigman, Y., & Tamir, M. (2014). Religion, emotion regulation, and well-being. In C. Kim-Prieto (Ed.), *Religion and spirituality across cultures* (Vol. 9, pp. 247-269). Dordrecht, Netherland: Springer Science + Business Media.

渡辺光一・黒崎浩行・弓山達也 (2011)．日米の宗教概念の構造とその幸福度への効果―両国の共通性が示唆する普

　　遍宗教性―　宗教と社会, *17*, 47-66.

Wei, D., & Liu, E. Y. (2013). Religious involvement and depression: Evidence for curvilinear and stress-moderating effects among young women in rural China. *Journal for the Scientific Study of Religion*, *52*(2), 349-367.

山田　洸（1989）. 言葉の思想史―西洋近代との出会い―　花伝社

横井桃子・川端　亮（2013）. 宗教性の測定―国際比較研究を目指して―　宗教と社会, *19*, 79-95.

おわりに

　本書が書かれた 2020 年度は，多くの人が経験したことのない危機に，世界中が飲み込まれました。それまで当たり前のことであった，人と会う，旅行をする，学校や会社に行く，といった行動が，実はとても脆いものであることを認識させられました。

　その一方で，オンラインや様々な対策をすることで，それらの行動をなんとか継続させようとする動きもあり，人と関わる，新しい体験をする，人生に意味を見いだす，といった幸福にまつわる行動は，ある意味では私たちの生存本能として，大きな変化をしながらも，求め続けるものであることも分かりました。

　本書の作成にあたっては，淑徳大学学術研究助成の支援を受けました。教育研究活動に対する大学の支援に厚く感謝申し上げます。

　また，構想から出版までの時間が短い中で，臨機応変に粘り強くサポートしていただいた，ナカニシヤ出版の山本あかねさんにも感謝申し上げます。

　最後に，本来は顔を合わせて本書の内容の授業を受ける予定だった大学生のみなさんが，オンラインでの授業の実施になったにもかかわらず，本書の作成に有益なフィードバックをたくさんくれました。事態が収まった日に，存分に幸福について議論できることを願っています。

著者を代表して　中坪太久郎

人名索引

事項索引

【執筆者一覧】（執筆順，＊は編者）

中坪太久郎（なかつぼ・たくろう）＊
淑徳大学総合福祉学部実践心理学科准教授
担当：第0章，第3章，第12章

千葉浩彦（ちば・ひろひこ）
淑徳大学総合福祉学部実践心理学科教授
担当：第1章

三村千春（みむら・ちはる）
淑徳大学大学院総合福祉研究科博士後期課程
担当：第2章

小嶋佑介（こじま・ゆうすけ）
淑徳大学大学院総合福祉研究科博士後期課程
担当：第4章，コラム2

金丸智美（かなまる・ともみ）
淑徳大学総合福祉学部実践心理学科准教授
担当：第5章

田中元基（たなか・もとき）
東京都健康長寿医療センター研究所研究員
担当：第6章

小川　恵（おがわ・さとし）
淑徳大学総合福祉学部教育福祉学科教授
担当：第7章

久保田美法（くぼた・みほ）
淑徳大学総合福祉学部実践心理学科准教授
担当：第8章

小森めぐみ（こもり・めぐみ）
淑徳大学総合福祉学部実践心理学科准教授
担当：第9章

神　信人（じん・のぶひと）
淑徳大学総合福祉学部実践心理学科教授
担当：第10章

大橋靖史（おおはし・やすし）
淑徳大学総合福祉学部実践心理学科教授
担当：第11章

平野真理（ひらの・まり）
東京家政大学人文学部心理カウンセリング学科講師
担当：第13章

土井孝典（どい・たかのり）
駿河台大学心理カウンセリングセンター助教
担当：第14章

綾城初穂（あやしろ・はつほ）
駒沢女子大学人間総合学群心理学類講師
担当：第15章

髙橋あかね（たかはし・あかね）
淑徳大学大学院総合福祉研究科博士後期課程
担当：コラム1，コラム3

幸せになるための心理学ワークブック
実践的に心理学を学ぶ

2021 年 3 月 31 日　初版第 1 刷発行　　定価はカヴァーに
表示してあります

編　者　中坪太久郎
発行者　中西　良
発行所　株式会社ナカニシヤ出版
〒606-8161　京都市左京区一乗寺木ノ本町 15 番地
Telephone 075-723-0111
Facsimile 075-723-0095
Website http://www.nakanishiya.co.jp/
Email iihon-ippai@nakanishiya.co.jp
郵便振替 01030-0-13128

装幀＝白沢　正／印刷・製本＝創栄図書印刷株式会社
Copyright © 2021 by T. Nakatsubo
Printed in Japan
ISBN978-4-7795-1554-5